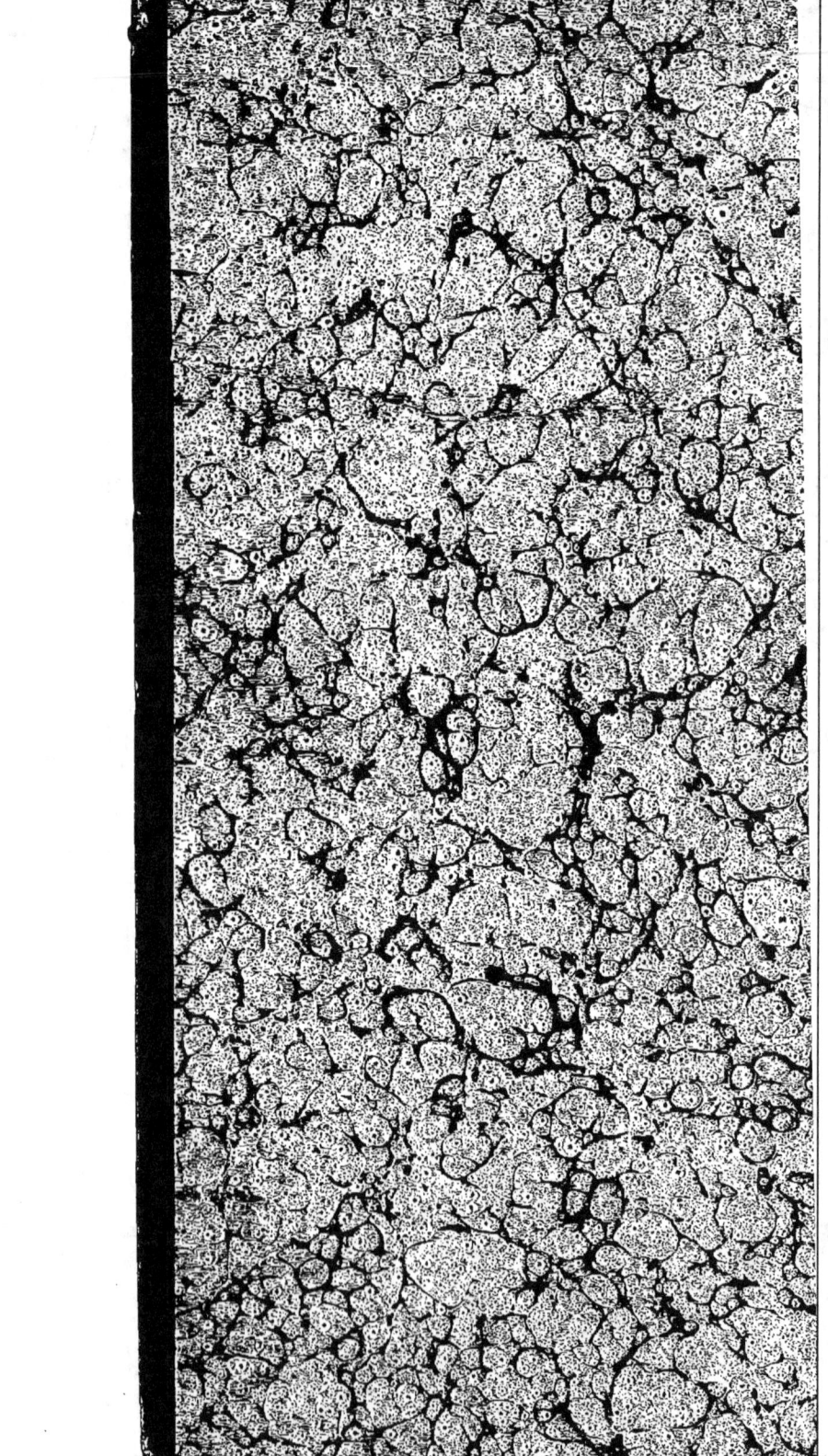

LES

PÈLERINAGES

DE PARIS

PROPRIÉTÉ.

A LA MÊME LIBRAIRIE.

Œuvres choisies de Monseigneur Dupanloup, évêque d'Orléans, membre de l'Académie française. 4 magnifiques volumes in-8.. 30 fr.

Défense de la liberté de l'Église, par le même auteur. Deux beaux volumes in-8.. 15 fr.

La Vérité de l'Évangile, par M. F. NETTEMENT. 1 beau volume in-8... 5 fr.

Le R. P. de Ravignan, sa vie, ses œuvres, par M. POUJOULAT. 1 beau vol. in-12.. 3 fr. 50

Sujets de méditation pour l'adoration perpétuelle, de Mgr DE LA BOUILLERIE, évêque de Carcassone, développés avec l'autorisation de Sa Grandeur, par M. l'abbé Ant. RICARD. 1 vol. in-18..... 2 fr. 50

ŒUVRES DU R. P. RAMIÈRE

Les Espérances de l'Église. 1 gros vol. in-12, de près de 800 pages.
    5 fr.
L'Église et la Civilisation moderne. 1 beau vol. in-8. 4 fr.
L'Apostolat de la Prière. 1 beau vol. in-12. Nouvelle édition.
    2 fr.
Le Messager du Sacré-Cœur. Bulletin mensuel de l'*Apostolat de la Prière*, etc... 3 fr.

CORBEIL, typ. et stér. de CRÉTÉ.

LES PÈLERINAGES DE PARIS

PAR

AMÉDÉE GABOURD

LIBRAIRIE CATHOLIQUE DE PERISSE FRÈRES

IMPRIMEURS-LIBRAIRES DE N. S. P. LE PAPE.

PARIS		LYON
NOUVELLE MAISON		ANCIENNE MAISON
RÉGIS RUFFET ET Cie, SUCrs		**RUE MERCIÈRE, 49**
RUE SAINT-SULPICE, 38		ET RUE CENTRALE, 34

1863

PRÉFACE

Le titre de *Pèlerinages* que nous inscrivons en tête de ce livre ne doit pas être pris dans le sens théologique : nous l'avons choisi parce que, mieux qu'un autre, il pouvait caractériser nos excursions de chrétien et d'artiste dans plusieurs des sanctuaires de ce Paris où se manifeste, à côté des joies néfastes de Babylone, un sentiment religieux sincère, énergique, persévérant, dont nous sommes témoin, et auquel nous avons cherché à nous associer.

Nous avons voulu visiter tantôt de splendides églises dont s'enorgueillit la capitale de l'empire, tantôt d'humbles et obscures chapelles où se réunissent quelques religieux, à l'écart du monde, sous les regards de Dieu, et d'où la prière monte inaperçue, mais puissante, vers le trône du Saint des saints.

Si ce modeste livre tombe par hasard aux mains des pharisiens de l'ordre social, s'il est ouvert par l'un de nos patriciens modernes, banquier, juif, agent de change, agioteur, homme de bourse, actionnaire de l'Opéra, littérateur à la mode, n'importe, il amènera sur les lèvres de cet homme important un sourire de dédain ou de pitié. Il y a si longtemps que le monde ne comprend pas la folie de la croix! Nous n'en serons ni inquiets, ni surpris; ces gens-là ne comprennent ni la langue dont nous nous servons, ni le genre de bonheur qui convient aux disciples de Jésus-Christ. Nous serions profondément étonné s'ils daignaient faire attention à nos paroles.

Mais s'il est lu par l'un de nos frères, par un homme qui souffre, qui est las de déceptions ou de mécomptes, qui regarde à droite ou à gauche pour trouver, s'il est possible, un peu de consolation et de paix, un peu de vérité et de justice, puisse ce frère inconnu trouver dans notre travail une idée qui aille à son cœur, une pensée qui sèche l'une de ses larmes, une réflexion qui le raffermisse dans la foi ou le fortifie dans l'espérance!

Nous avons cru pouvoir, sans mécontenter le public, faire précéder nos méditations et nos prières de pèlerin de descriptions monumentales, de détails archéologiques destinés à mieux faire connaître au lecteur le caractère artistique de l'église où peut-être voudra-t-il porter ses pas. Ces notions ont pour but de détendre l'esprit que fatiguerait une contention pieuse trop longtemps prolongée. Disons-le encore, nous avons voulu, sous un prétexte d'art ou à l'aide de détails historiques, conduire au pied de l'autel plusieurs de ceux qui hésitent à entrer à leur tour dans la maison du Seigneur. La réaction religieuse qui s'accomplit depuis plus de trente ans a commencé, pour beaucoup de gens, par la curiosité ou l'admiration suscitées par les merveilles qu'enfanta le génie chrétien : essayons d'amener nos frères à la foi par ce moyen assurément fort légitime. Après tout, la splendeur des cathédrales, la magnificence des églises ont pour objet et pour fin de disposer les âmes à croire et à prier, d'associer tous les chrétiens en un sentiment d'admiration et de respect pour le Dieu de nos pères.

Nous avons distribué notre ouvrage en trente et un chapitres, que nous appelons pèlerinages. Notre but a été de faire servir ce livre aux lectures et aux méditations du mois de Marie. On trouvera à la fin de chaque pèlerinage des réflexions et des prières.

Cette partie de notre œuvre a été soumise à la révision scrupuleuse de l'un des plus respectables ecclésiastiques dont s'honore le diocèse de Paris : nous n'avons pas voulu laisser échapper une expression dont l'exactitude théologique aurait pu être contestée. Il va sans dire que nous désavouons d'avance tout ce que l'Église désavouerait dans ce travail, et que nous souscrivons d'avance à tout jugement qui serait porté par cette souveraine infaillible.

LES
PÈLERINAGES DE PARIS

PREMIER PÈLERINAGE

NOTRE-DAME DE PARIS

Attirés vers les saints lieux de Paris par la foi et la prière, pénétrés du devoir d'adorer Dieu dans les sanctuaires privilégiés où il a manifesté sa puissance et sa miséricorde, nous envisageons un moment, au point de vue de l'art, de l'histoire et de la légende, les monuments vers lesquels nous a entraînés le sentiment religieux. Lorsqu'ils sont célèbres et remarquables par la forme, au spectacle des prodiges d'architecture et de travail, nous restons émus d'admiration, et notre pensée monte vers le Tout-Puissant qui a permis à l'homme d'accomplir de si grandes choses. Si l'édifice chrétien, au contraire, n'a rien qui captive le regard, si rien ne le distingue des autres temples consacrés à la prière, nous ne nous arrêtons pas avec moins de respect sous ses voûtes, parce que Dieu lui-même y réside. Et sans cesse nous nous souvenons de ces paroles des saintes Écritures : *Je ferai venir mes serviteurs... et je les remplirai de joie dans la maison destinée à me prier.... Les holocaustes et les victimes qu'ils m'offriront sur mon autel me seront agréables parce que ma maison sera la maison de la prière pour tous les peuples.* Nous nous écrierons avec le psalmiste : *Que ce lieu est terrible! c'est vraiment ici la maison de Dieu et la porte du ciel! Que vos tabernacles sont aimables, ô Dieu des armées!*

Et d'abord, allons saluer l'église métropolitaine de Paris, allons adorer Dieu et honorer la Vierge et les saints sous les voûtes de Notre-Dame qui, depuis des siècles, ont tant de fois été embaumées d'encens, inondées de prières, peuplées de pèlerins.

Assez d'autres, plus artistes, plus intelligents, mieux initiés que nous aux problèmes de l'archéologie, ont décrit la magnifique basilique élevée par nos pères, à l'extrémité orientale de l'ancienne cité, sous le vocable de Notre-Dame. Commencé vers l'an 1163, la troisième année de l'épiscopat de Maurice de Sully, continué sous Philippe-Auguste, sous saint Louis, sous les fils et les petits-fils de ce roi, ce magnifique édifice n'était point encore entièrement achevé, au moins à l'intérieur, lorsque déjà les parties les plus anciennes avaient besoin d'être réparées ou restaurées : elles le furent, avec plus ou moins de zèle et d'ignorance, par des architectes étrangers aux traditions du moyen âge, oublieux des principes de l'art chrétien, et qui altérèrent presque tous la simplicité et la majesté du premier plan. Par suite de ces additions et de ces prétendus embellissements, entrepris durant les deux derniers siècles, la cathédrale de Paris présente des défauts d'harmonie, des superpositions de constructions qui nuisent à son ensemble. Or, de nos jours, tout en respectant les différents styles qu'on ne pourrait ramener à l'unité qu'au mépris de l'histoire, et en remplaçant un monument par un autre, les gouvernements qui se sont succédé depuis seize ans ont enfin compris ce que devait être, ce que pouvait être la restauration de Notre-Dame de Paris. Les travaux qu'ils ont ordonnés, qu'ils poursuivent avec une louable persévérance, ne tarderont pas à rendre à cette vaste cathédrale, non-seulement la solidité gravement compromise par le temps, la négligence ou l'abandon, mais encore la majesté et la richesse des siècles de foi qui l'ont vue surgir du sol et porter aux nues ses tours carrées, ses galeries, ses arcs-boutants, sa flèche aiguë et ses immenses voûtes. Au moment où, comme pèlerins, nous allons visiter ce monument élevé par la piété de nos pères, rétabli dans sa splendeur par l'intelligence des générations actuelles, les travaux prescrits par la loi dans ce but ne sont point entièrement achevés, et c'est tout au plus s'ils pourront l'être dans un avenir prochain. Cependant la façade occidentale, qui donne sur la place du Parvis, est déjà complétement restaurée, ainsi que la façade méridionale de la nef, le chœur et le rond-point. Il ne reste qu'à terminer la série des rois de la galerie et à replacer les statues qui manquent encore aux ébrasements de la porte Sainte-Anne et de celle de la Vierge; les architectes ont encore à exécuter, au dehors, la restauration des deux pignons des transepts et de la façade septentrionale de la nef, et l'achèvement de la couverture en plomb et de la crête ornée; à l'intérieur, la réflexion des verrières coloriées, la restauration des voûtes hautes, le rétablissement de l'autel et du pavé du sanctuaire, la réparation des piliers sapés, il y a plus d'un siècle, pour la pose des placages en marbre et des stalles, enfin l'exécution des peintures murales. En attendant que ces travaux aient atteint leur complément, il n'est pas en France une cathédrale qui présente un intérieur plus dépouillé que Notre-Dame de Paris. Dans ce vaste édifice, autrefois rempli des objets les plus précieux, on ne trouve plus que des débris informes, de misérables clôtures en bois, des tableaux délabrés, pour la plupart fort médiocres. Les échafaudages, les cloisons provisoires, les toiles qui interceptent partout le regard ne permettent ni au touriste ni au chrétien de saisir l'ensemble ou de mesurer les proportions d'un édifice prodigieux qui a, dans sa plus grande longueur hors d'œuvre, 132 mètres, et 52 mètres dans sa plus grande largeur. C'est à peine s'il nous est possible de constater que la hauteur des tours est de 67 mètres 20 centimètres au-dessus du pavé du parvis, et que la hauteur des voûtes sous clef est de 33 mètres. Que s'il existe, dans d'autres diocèses, à Chartres, à Reims, à Amiens, des cathédrales dont les dimensions sont encore plus grandes, il n'en est aucune qui égale celle de Paris par la beauté des proportions, par le fini des détails, par la puissance historique et religieuse des souvenirs.

Dès le quatrième siècle, alors que Paris n'était encore qu'une bourgade appelée Lutèce, une église s'élevait sur l'emplacement où a été bâtie plus tard l'église de Notre-Dame, et il en est question dans la vie de Saint-Marcel ; vers le milieu du sixième siècle, sous Childebert, fils de Clovis, cette église portait le nom de Sainte-Marie, et déjà on l'appelait l'église Notre-Dame, car il importait de la distinguer des autres temples catholiques déjà fondés à Paris. Une charte de 558 atteste que « le seigneur évêque Germain » officiait et présidait dans cette « église mère, » *matri ecclesiæ Parisiacæ*. Le poëte Fortunat, contemporain de Childebert, célèbre la magnificence de ce monument : « Des colonnes de marbre, dit-il, soutiennent un splendide édifice, d'autant plus gracieux qu'il est plus pur : éclairé par de riches vitraux, il reçoit les premiers rayons du soleil, et l'artiste a su renfermer la lumière du soleil dans les murs du temple (1). » Deux siècles plus

---

(1) *Splendida marmoreis attolitur aula columnis,* etc. Plusieurs écrivains font application de cette pièce de vers à l'église Saint-Vincent, depuis lors appelée Saint-Germain-des-Prés. Nous

tard, en 857, l'église Sainte-Marie fut livrée aux flammes par les Normands ; elle fut réparée, sous Charles le Simple, par les soins de l'évêque de Paris, Anchéric. Sous la troisième race, en 1109, elle reçut une précieuse relique. Anselle ou Anjeau, Parisien de nation et *preschantre du saint sépulcre en Hiérusalem*, envoya un fragment considérable de la *vraie croix de Notre-Seigneur à l'évêque et aux chanoines*, du nombre desquels il avait été avant que d'aller en *Hiérusalem, sous la guide et conduite de Godefroi de Bouillon*. Vingt ans plus tard, une maladie pestilentielle, connue sous le nom de *mal des ardents*, désolait le diocèse de Paris. Étienne, évêque de la ville, ordonna des prières publiques, et l'on porta processionnellement à Notre-Dame la châsse qui contenait les reliques de sainte Geneviève. En mémoire de cette pieuse cérémonie et des guérisons miraculeuses qui la signalèrent, le pape Innocent II ordonna que chaque année on célébrerait une fête commémoratrice de cet événement. Cependant l'église de Sainte-Marie, si chère à la population parisienne, tombait en ruines et se trouvait d'ailleurs trop étroite pour l'affluence des fidèles : on la rebâtissait pièce à pièce, par portions détachées, jusqu'au moment où Maurice de Sully, comme

sommes de ceux qui pensent qu'elle a été composée en vue de célébrer l'église cathédrale de Paris, car l'épître est intitulée *De ecclesia Parisiaca*, ce qui indique l'église principale, la cathédrale.

on l'a vu plus haut, résolut de la reconstruire sur un plus vaste plan : « A ses frais plus qu'à ceux d'autrui, disent les chroniques (1177-1182), et par un travail des plus magnifiques et des plus coûteux, il a rebâti l'église de la bienheureuse Vierge Marie, Mère de Dieu, à laquelle le siége épiscopal est attaché. » Ce fut le pape Alexandre III qui posa la première pierre de cet édifice, durant son séjour en France et alors que la nécessité de résister aux usurpations de Frédéric Barberousse l'avait contraint de s'éloigner de l'Italie. On était alors aux fêtes de Pâques, en 1163.

La façade occidentale, ses merveilleuses galeries, ses portes, ses tours furent construites dès les premières années du treizième siècle; en 1257, sous saint Louis, maître Jehan de Chelles éleva le portail méridional du transept, modifia le système d'architecture et substitua les roses aux fenêtres : d'autres architectes se succédèrent qui, pour se conformer aux pieuses intentions des évêques, des rois et du peuple, complétèrent ces travaux et ajoutèrent à la splendeur des dehors, aux magnificences de la grande nef, des galeries et du chœur. Mais ces trésors de l'architecture et de la statuaire n'étaient rien, comparés aux reliques que la piété environne et qui sont comme un entrepôt des grâces divines. En 1239, le roi saint Louis, la reine Blanche, la reine Marguerite et les princes capétiens conduisirent processionnellement à Notre-Dame la sainte couronne d'épines, envoyée au roi de France par l'empereur Baudoin. Le 18 août, le pieux cortége, venant de Sens, s'arrêta aux portes de Paris, près de l'abbaye Saint-Antoine-des-Champs où l'on avait dressé une estrade magnifique, sur laquelle plusieurs prélats revêtus de leurs habits pontificaux exposèrent la sainte relique aux vénérations du peuple. Bientôt après, le roi et son frère Robert, dépouillés des marques de leur dignité, pieds nus, comme les plus humbles pèlerins, portèrent sous les voûtes de Notre-Dame la couronne de Jésus-Christ crucifié, et la déposèrent ensuite dans la chapelle royale de Saint-Nicolas. Neuf ans plus tard, le même roi, avant de partir pour la croisade, « print en grande révérence à Notre-Dame le bourdon et l'escharpe du pellerin par la main de Gauthier, évesque soixante-seizième du dict lieu. » Chaque année, depuis 1436, le premier vendredi d'après Pâques, le corps de ville se rendait solennellement à Notre-Dame ; là, après avoir entendu la messe, célébrée dans la chapelle de la Sainte-Vierge, il assistait au *Te Deum* chanté pour remercier Dieu d'avoir délivré la ville de la domination des Anglais. Tous les ans, de 1449 à 1605, le 1er mai, les maîtres orfévres se rassemblaient à minuit, devant le grand portail de la cathédrale, pour faire offrande à l'auguste protectrice de la France. Ce jour-là, ils posaient sur un pilier un *may*, nom qu'ils donnaient à un ouvrage d'orfévrerie « en forme de tabernacle à diverses faces, esquelles on voyoit de petites nichées remplies et ornées de diverses figures de soye, or et argent... Ce may, ainsi posé au grand portail à heure de minuict, y demeuroit jusqu'au lendemain, après vespres, que l'on le transportoit devant l'image de la Vierge. » Touchante cérémonie qui annonçait peut-être la pieuse coutume des générations contemporaines de consacrer le mois de mai à la Mère de Dieu.

Vers le milieu du seizième siècle, un redoublement de ferveur se manifesta dans la vieille basilique. Le protestantisme étendait ses ravages en Allemagne, en Angleterre, en France, et le culte de Marie se développait en proportion des attaques qui lui étaient livrées par les ennemis de notre foi. Parmi les vingt et un autels et les soixante et une chapellenies qui y étaient annexées, l'autel de la sainte Vierge se distinguait de tous les autres par les riches décorations offertes, par les dons des fidèles, par les *ex-voto*, témoignages nombreux des miracles opérés dans ce sanctuaire. En 1582, le cardinal de Lorraine, du haut de la chaire de Notre-Dame, entouré « d'une incrédible affluence, admonestoit le peuple qu'il falloist plustost mourir que de permettre qu'autre religion eust cours en France, que celle que nos ancestres avoient si estroictement observée. » Plus tard, le roi Louis XIII, au moment où par un édit solennel il consacrait la France à Marie, donnait en ces termes à la métropole de Paris un témoignage tout particulier de sa piété : « Pour monument, et pour marque immortelle de la consécration que nous faisons de notre personne et de notre royaume à Marie, nous ferons construire de nouveau le grand autel de l'église cathédrale de Paris, avec une image de la Vierge qui tiendra entre ses bras celle de son précieux Fils, et où nous serons représenté nous-même aux pieds du Fils et de la Mère, leur offrant notre couronne et notre sceptre. » Cette disposition du vœu de Louis XIII ne put recevoir son accomplissement que sous le règne de Louis XIV, vers l'an 1699.

Ce n'est point ici le lieu de parler des prétendus embellissements que le mauvais goût du dix-huitième siècle fit subir à l'église métropolitaine : ces mutilations, poursuivies avec un zèle déplorable, et que l'on fait aujourd'hui disparaître, furent entreprises de bonne foi, par des artistes qui ne comprenaient rien aux inspirations chrétiennes du moyen âge. Nous les déplorons, mais les expressions nous manquent pour retracer les infâmes saturnales de 1793, alors que par ordre d'une municipalité impie, que dominaient Hébert et Chaumette, le paganisme fut triomphalement installé sous les voûtes de Notre-Dame; alors qu'une femme impure, costumée en déesse de la Raison, eut la sacrilége audace de s'asseoir sur l'autel et d'y recevoir les hommages d'une multitude en délire. *Excidat illa dies ævo, nec postera credant!* Écartons ces lugubres souvenirs.

Les Vandales révolutionnaires qui avaient profané et spolié Notre-Dame périrent plus ou moins misérablement, envoyés à l'échafaud par leurs complices, et les mauvais jours eurent un terme. En 1802, le premier consul Bonaparte rendit Notre-Dame aux splendeurs du culte catholique; deux ans plus tard, il y reçut, des mains du souverain Pontife Pie VII, l'onction sainte et la consécration de l'Église. D'autres jours se levèrent; il y en eut de glorieux, mais aussi de bien tristes. Les saturnales de février 1831 sont encore présentes à la pensée de tous les fidèles : nous n'aurons garde de les rappeler autrement dans un livre que nous voulons exclusivement consacrer à des pensées de consolation et de foi.

Dans la période contemporaine, les jeunes générations se pressent chaque année dans l'enceinte, devenue trop étroite, de la cathédrale de Paris. Durant le carême, du haut de la chaire sacrée où se sont fait entendre saint François de Sales, saint Vincent de Paul, Bourdaloue, Bossuet, Fléchier, Massillon, Bridaine, et tant d'autres, les hommes de notre temps ont vu se succéder les Frayssinous, les Ravignan, les Lacordaire, et se pressent aujourd'hui pour écouter les saints enseignements du P. Félix. Qui n'a point assisté à ces retraites, prêchées par l'élite des orateurs chrétiens, ne saurait se faire une idée de la puissance qu'exerce la parole de Dieu sur les âmes, et aucune analyse ne pourrait peindre le merveilleux accord qui s'établit entre l'intelligence du fidèle et la doctrine catholique formulée avec une éloquence dont le secret semblait perdu. Les étrangers affluent à Rome pour y contempler les magnificences chrétiennes de la semaine qui précède Pâques : au dire de plusieurs d'entre eux qui ont assisté à la communion générale des hommes, le matin de ce jour par excellence, *hæc dies quam fecit Dominus*, l'impression est encore plus profonde, plus religieuse, plus capable d'exalter le cœur et de remplir les générations d'une indestructible confiance.

Pour nous qui ne venons pas à Notre-Dame en touristes, mais en pèlerins ; qui de la splendeur limitée et périssable des œuvres de l'homme aimons à nous reporter vers la splendeur infinie des œuvres de Dieu, nous nous prosternerons avant tout sur les marches de l'autel et devant le tabernacle, et nous adorerons Jésus-Christ dans le très-saint sacrement de l'autel.

PREMIÈRE MÉDITATION.

« Ceci est mon corps... ceci est mon sang ! » Ces paroles que Jésus-Christ lui-même a prononcées, en instituant le très-adorable sacrement de l'Eucharistie, sont depuis plus de dix-huit siècles le fondement de la croyance de l'Église en la présence réelle du Fils de Dieu sur nos autels, sous les apparences du pain et du vin. Celui que les cieux ne peuvent comprendre, le Verbe incarné, le Saint des saints, Jésus-Christ Dieu et homme tout ensemble est réellement présent dans le sacrement eucharistique, et cette vérité, basée sur l'affirmation de Dieu même, subsistera éternellement pour la consolation, l'espérance et le salut du monde. *Les paroles* que Jésus-Christ a dites *sont esprit et vie.* Il est là dans ses tabernacles, le *désiré des nations*, le même *qui est assis à la droite du Père ;* il est devant nous, *il vient à nous plein de douceur*, et il nous appelle à lui, nous qui portons *notre fardeau avec travail*, et qui souhaitons d'être soulagés selon sa promesse. Disons comme l'enfant prodigue : *Je me lèverai et j'irai.* N'est-ce point lui qui nous a dit : *Je suis la résurrection et la vie : celui qui croit en moi, encore qu'il soit mort, il vivra ; et tout homme qui vit et croit en moi ne mourra point à jamais?* N'est-ce point lui encore qui a ajouté : *Croyez-vous ainsi?* Oh! oui, Seigneur Jésus, lui dirons-nous à notre tour, nous croyons avec une foi ferme *que vous êtes le Christ, Fils du Dieu vivant, qui êtes venu en ce monde.* Nous croyons à la vérité de ces paroles que vous avez dites : *Je suis le pain vivant descendu du ciel. Si quelqu'un mange de ce pain il vivra éternellement ; et le pain que je donnerai, c'est ma chair que je donnerai pour la vie du monde.* Et qui pourrait croire Jésus-Christ et ne point ajouter foi à la réalité de la présence de son corps et de son sang dans le pain adorable de l'Eucharistie? N'est-ce pas là, une fois de plus, l'accomplissement des paroles par lesquelles le divin Sauveur nous a promis de rester avec nous jusqu'à la consommation des siècles? Qu'avons-nous à sonder la profondeur d'un mystère dont le propre est de dépasser la mesure de l'intelligence humaine? Quand l'apôtre saint Jean, témoin des merveilles de charité de la Cène et qui avait reposé sa tête sur la poitrine du Sauveur, quand cet ami de Jésus et ce fils adoptif de Marie veut raconter, dans son évangile, l'institution de l'Eucharistie, il commence par nous dire : *Jésus, qui savait que son Père lui avait mis toutes choses entre les mains, qu'il était sorti de Dieu, et qu'il s'en retournait à Dieu;* et ces magnifiques paroles éveillent au plus haut degré notre foi en nous faisant sentir la toute-puissance de Jésus-Christ. Croyons donc sans hésiter à la réalité de sa présence sur nos autels; *que la lumière se fasse* dans nos âmes et dans nos cœurs ; croyons aux paroles de Celui qui a dit à ses apôtres, en instituant l'adorable sacrifice de nos autels : *Faites ceci en mémoire de moi;* allons à celui qui nous appelle à sa table sacrée et qui est à la fois l'hôte, le convive et la victime; souvenons-nous que si *nous ne mangeons sa chair* et que si *nous ne buvons son sang, nous n'aurons pas la vie* en lui, et reconnaissons à cet appel, à cette invitation, à ces menaces, que Jésus-Christ, le Verbe incarné, le Fils du Dieu vivant, le Dieu trois fois saint, est réellement présent dans les espèces eucharistiques sous les apparences du pain et du vin. Heureux s'il nous était donné de répandre notre sang en témoignage de cette vérité glorieuse !

La présence réelle de Jésus-Christ dans l'Eucharistie sert de base à la foi chrétienne, à la civilisation, au monde moral. Jésus-Christ a caché dans le divin sacrement tous les trésors, toute la gloire, tous les triomphes du ciel ; il y réside lui-même, et c'est de cette manière qu'il demeure avec nous selon sa promesse. *De l'orient à l'occident,* dit le Seigneur, par la voix du prophète Malachie, *mon nom est grand parmi les nations ; en tout lieu on sacrifie, et on offre à mon nom une oblation pure.* Jésus-Christ est cette magnifique et perpétuelle oblation, et ce sera jusqu'à la fin du monde la même victime, le même sacrifice. Pour accomplir les figures anciennes, pour nous mettre en possession de la victime adorable volontairement offerte, Jésus-Christ a eu dessein de nous donner dans l'Eucharistie, non l'image de lui-même, mais son corps et son sang. Quand Jésus parlait à ses disciples en paraboles, il se hâtait de leur donner l'explication que leur intelligence bornée cherchait vainement ; dans la dernière cène, il a laissé purement et simplement à ses paroles leur signification naturelle, et c'est par une interprétation impie et sacrilége qu'on essayerait de leur donner un sens figuré. Lorsque Jésus enseignant la synagogue de Capharnaüm avait dit : *Le pain que je donnerai, c'est ma chair,* les Juifs étonnés s'étaient dit : « Comment peut-il nous donner sa chair à manger? Mais Jésus-Christ se borna à confirmer ce qu'il venait de dire par des paroles non moins formelles : «En vérité, en vérité, je vous le dis, si vous ne mangez la chair du Fils de l'homme et si vous ne buvez son sang, vous n'aurez pas la vie en vous. Celui qui mange ma chair et qui boit mon sang a la vie éternelle et je le ressusciterai au dernier jour ; car ma chair est véritablement viande, et mon sang est véritablement breuvage. Celui qui mange ma chair et boit mon sang demeure en moi et moi en lui... C'est ici le pain qui est descendu du ciel... celui qui mange ce pain vivra éternellement. » L'évangéliste saint Jean, qui rapporte ces paroles, ajoute que plusieurs disciples les trouvèrent dures et se retirèrent de la suite de Jésus. Hélas! combien de nos frères égarés, qui vivent dans les ténèbres de l'hérésie, n'ont-ils pas imité ces disciples pusillanimes, ces Juifs à la foi chancelante qui abandonnèrent Jésus, et ne voulurent pas admettre la merveille qui les accablait! Gardons-nous d'imiter leur aveuglement et disons donc avec la sainte Église, une, universelle et infaillible : « Je confesse au très-saint sacrement de l'autel être vraiment, réellement et substantiellement, le corps et le sang avec l'âme, et la divinité de Notre-Seigneur-Jésus-Christ ; et que là est faite une mutation de toute la substance du pain au corps, et de toute la substance du vin au sang, laquelle mutation l'Église catholique appelle transsubstantiation. »

Jésus a les paroles de la vie éternelle et les apôtres, à l'exception de celui qui le trahissait, crurent en lui et restèrent avec lui. A leur exemple, soumettons-nous à ce qu'il enseigne et à ce qu'il ordonne. Il a dit, il a proclamé que le pain eucharistique était vraiment sa chair, n'hésitons pas à ajouter foi à une vérité qui console la terre, qui ravit le ciel et qui consterne l'enfer. *Et à qui irions-nous?* Si Jésus n'était notre refuge et notre guide, où serait le but vers lequel doit tendre l'homme, où serait la lumière qui doit nous précéder au milieu des obscurités de la vie? Sans doute notre intelligence ne peut comprendre la merveille de charité que l'Église propose à notre foi et que le témoignage de Jésus-Christ établit avec une autorité infaillible. Mais où serait le mérite de croire si l'évidence matérielle du miracle tombait sous nos sens? A qui sait-on gré de croire à l'existence des corps que tout le monde voit, touche et mesure? Comment l'homme s'approcherait-il du Dieu tout-puissant si le Seigneur, au lieu de couvrir de voiles sa majesté infinie, se manifestait à lui dans cette gloire qui n'est point faite pour des regards humains? Aucun homme ne peut arrêter sa vue sur le soleil; Jésus-Christ, est le *soleil de justice et la splendeur de l'éternelle lumière;* c'est lui qui a multiplié les astres, pâles reflets de sa propre beauté; Jésus-Christ mille et mille fois plus éclatant, plus redoutable, plus rayonnant de gloire que n'est le soleil, Jésus-Christ aurait détruit l'homme en se manifestant à lui, ici-bas, dans toute la magnificence de son être que la créature ne saurait envisager; et si, par pitié pour nous, il avait consenti à tempérer l'éclat de sa gloire, à n'apparaître que tel qu'il se montra sur le Thabor aux regards de Pierre, oh! alors, nous nous écrierions avec l'Apôtre : *Il est bon d'être ici! dressons-y trois tentes!* et nous oublierions que la vie est un temps d'épreuves, une vallée de larmes, un séjour de pénitence, et que pour parvenir au terme de notre course, pour entrer dans le bienheureux séjour où les élus, associés aux anges, vivent à jamais dans le sein de Dieu, il faut qu'en ce bas monde il y ait quelque mérite à aimer Dieu, à espérer en lui, à croire en lui. Abaissons donc humblement notre foi sous la parole du Verbe éternel. Dans le très-adorable sacrement de l'Eucharistie, il est vraiment *un Dieu caché;* mais s'il nous dérobe la vision directe de lui-même, c'est par respect pour notre liberté, c'est parce que notre âme, si elle eût pu contempler la substance radieuse de ce Dieu incompréhensible, aurait perdu la liberté de ses mouvements, aurait cru et adoré malgré elle, et que Dieu attend de nous, non la foi d'un esclave, mais la foi d'un cœur libre, non une adoration contrainte, mais une adoration de choix et d'amour; il a donc voulu que nous le vissions sans le voir, que nous fussions certains de sa présence sans en être opprimés : avec le double mérite de la soumission et de la foi volontaires, croyons à sa présence réelle dans l'Eucharistie et prosternons-nous devant ce Dieu si bon, si saint, si beau et si digne d'être infiniment aimé.

PRIÈRE

HYMNE DE SAINT THOMAS D'AQUIN.

Adoro te supplex, latens Deitas,
Quæ sub his figuris vere latitas :
Tibi se cor meum totum subjicit;
Quia, te contemplans, totum deficit.

Visus, tactus, gustus, in te fallitur;
Sed auditu solo tuto creditur.
Credo quidquid dixit Dei Filius :
Nil hoc veritatis verbo verius.

In cruce latebat sola Deitas;
At hic latet simul et humanitas :
Ambo tamen credens atque confitens,
Peto quod petivit Latro pœnitens.

Plagas, sicut Thomas, non intueor;
Deum tamen meum te confiteor :
Fac me tibi semper magis credere,
In te spem habere, te diligere.

O memoriale mortis Domini,
Panis vivus, vitam præstans homini,
Præsta meæ menti de te vivere,
Et te illi semper dulce sapere.

O fons puritatis, Jesu Domine,
Me immundum munda tuo sanguine,
Cujus una stilla salvum facere
Totum quit ab omni mundum scelere.

SECONDE MÉDITATION.

Après avoir admiré les merveilles que l'art chrétien a enfantées pour la plus grande gloire de Dieu et en l'honneur de Marie, arrêtons-nous devant les images de celle que l'Église salue du nom illustre de *Maison d'Or* : Que sont les édifices de marbre et de pierre auprès de ce temple mystique?

Albert le Grand appelle Marie *le temple d'Or de la charité* (1), et, à vrai dire, il est incontestable que Marie a surpassé toutes les créatures par l'étendue de sa charité, par l'amour qu'elle porte à Dieu et à nous-mêmes, ses fils d'adoption, à nous, pauvres pécheurs que Jésus a placés sous sa garde. *La sagesse s'est bâti une maison* (2), et cette demeure que Dieu a choisie, c'est la Vierge divine, l'œuvre de ses mains, élevée en grâces au-dessus de toutes les femmes, au-dessus des saints et des anges. Le cœur de Marie est le temple de l'amour divin; il en est le trône, l'autel et le sanctuaire : « C'est ici, dit saint Thomas de Villeneuve, que toutes les langues doivent garder le silence, puisque la grandeur de l'amour de Marie surpasse tout ce que l'on peut dire, et même tout ce que l'on peut penser. » Et saint Anselme dit à son tour : « Il n'y a point de force d'esprit qui puisse pénétrer, ni d'éloquence

---

(1) Saint Alph. Marie de Liguori.
(2) Proverbe ix.

qui puisse déclarer la perfection de l'amour qui a consumé ce cœur virginal. »

Plus on connaît les perfections de Dieu, plus on le trouve aimable et plus on l'aime. Sortie pure et sans tâche des mains du Créateur, Marie fut vraiment la *Mère du bel ange*. Aucune créature ne connaît Dieu plus que Marie, aucune n'est plus embrasée du feu céleste de la charité.

Dieu est charité : Marie est le temple de Dieu, elle est remplie des bénédictions de Dieu, aucune créature n'a été autant qu'elle unie à Dieu : reconnaissons avec l'Église et les saints que la charité de Marie, image de la charité divine, ne saurait être surpassée que par celle de Dieu et surpasse celle de tous les saints et de tous les anges.

Comment l'homme peut-il à son tour, et par proportions, aspirer au bonheur d'être *le temple d'Or*, le sanctuaire de la charité ? Qu'il imite Marie ; qu'à l'exemple de cette Vierge divine il ferme sa pensée et son âme à toute affection coupable ; qu'il cherche la pureté et qu'il applique sans cesse sa foi à la contemplation des perfections infinies de Dieu. A force de méditer sur les choses éternelles, il s'éloignera des choses périssables. A force de considérer la grandeur, la sagesse, la beauté, la toute-puissance, la miséricorde de Dieu, il se sentira enflammé de cet amour céleste qui a dévoré les saints et qui consume les anges, et il aimera Dieu sans partage.

Quel langage pourrait dépeindre l'amour de Marie pour Jésus son fils, son sauveur et son créateur?

Les mères aiment leurs enfants avec une prédilection bien vive, bien naturelle, et qui surpasse toutes les autres affections humaines; mais que cet amour maternel est faible, qu'il est pâle et borné auprès de celui dont Marie est remplie pour Jésus! Rien n'arrête cet amour; rien n'en restreint l'ardeur; rien n'en diminue la charité, car il n'est mêlé d'aucune arrière-pensée humaine, d'aucune crainte, d'aucun regret, d'aucun déplaisir. La charité de Marie envers Jésus surpasse tout ce que peuvent ressentir les cœurs créés. Si nous voulons aimer Jésus, efforçons-nous, à l'imitation de Marie, de le connaître et de le contempler, et que notre pensée soit toujours arrêtée sur ce beau et inimitable modèle.

Quelle mère donne son fils pour sauver les enfants des autres mères? Ce miracle d'abnégation et de renoncement ne s'est accompli qu'une fois : c'est lorsque Marie, s'associant aux desseins de Dieu, a consenti elle-même à la mort de Jésus en vue du salut des hommes. Voilà la charité dont Marie a fait preuve envers nous. Comment la célébrer dignement? comment trouver des paroles pour en dire la puissance et l'étendue? Aimons à notre tour les autres hommes, qui sont les enfants de Dieu et les fils adoptifs de Marie, dont la rédemption a couté tant de sang et tant de larmes à Jésus, dont le salut ne s'est opéré que lorsque le cœur maternel de Marie a été percé de tant de glaives. Marie, après Jésus, est le vrai temple de la charité.

O Vierge, mère du Dieu de miséricorde, et qui êtes vraiment, selon le langage figuré de l'Église, la Maison d'Or, c'est-à-dire la demeure de Dieu et le temple de la charité, daignez, par vos prières, daignez, par cette ardente charité qui vous animait sur la terre et vous consume dans le ciel, solliciter pour nous et nous obtenir la grâce d'aimer Dieu par-dessus toutes choses et notre prochain comme nous-mêmes.

INVOCATION.

Domus aurea, ora pro nobis!

IIe PÈLERINAGE

NOTRE-DAME DE PARIS

— SUITE. —

Nous revenons à Notre-Dame de Paris. Nous visiterions pendant une année entière cette sainte basilique qu'elle offrirait toujours à nos regards de nouveaux motifs d'admiration, à nos cœurs de nouveaux sujets de prières.

La fin légitime de l'art est de glorifier Dieu, et ces sublimes *tailleurs d'images* du douzième et du treizième siècle avaient bien compris leur mission. Élevons les yeux sur la façade occidentale de l'église métropolitaine ; étudions les merveilles symboliques répandues avec profusion sur les façades du sud et du nord, sous les voûtes, sous les nefs, dans les transepts et restons confondus au spectacle de tant de patience et de génie. Par quels efforts de travail et de hardiesse les pieux ouvriers du moyen âge firent-ils monter dans les nues ces édifices tout à la fois massifs et frêles, solides et découpés à jour ; comment parvinrent-ils à les enrichir de sculptures enlacées l'une dans l'autre avec un luxe de détails qui surpasse et éblouit. La basilique, au dedans toute brillante des reflets de ses rosaces, tous harmonieux dans la variété incessante de ses contours, présentait à chaque pas, entre ses faisceaux de colonnes, une sorte d'incertitude vague et mystérieuse qui disposait le cœur à s'isoler de la terre et à mieux comprendre les splendeurs de Dieu ; au dehors elle étalait ses myriades de statues, les noirs enfoncement de ses trois portails, et sa gigantesque façade sur laquelle s'harmonisaient, sans confusion, des galeries légères, des fenêtres à trèfle, des niches, des broderies, des fleurs de pierre, et sur le tympan, au fond d'une suite d'arcs concentriques et décroissants, figurant une perspective, la représentation du jugement dernier, des joies célestes ou des peines éternelles. Les autels chargés de dorure, les pavés de mosaïque, les murs couverts de peintures ou de fresques, ouvrages précieux que le temps et l'incrédulité ont fait disparaître, étaient illuminés par des lueurs diversement colorées qui s'échappaient en gerbes de feu, d'or, d'azur ou de topaze, de ces verrières magnifiques, fleurs et feuillages de la forêt chrétienne. Et au milieu de ces merveilles, par ces fûts pittoresquement groupés, sous ces arceaux croisés en tout sens et réunis par des clefs pendantes, à travers ces longues gerbes solaires teintes de toutes les nuances de l'arc-en-ciel, l'Église apparaissait visiblement « cette Jérusalem nouvelle venant de Dieu, et parée comme une épouse qui s'est revêtue de ses riches ornements pour paraître devant son époux. »

Il fallait des siècles entiers pour la construction de ces cathédrales, et les siècles auraient à peine suffi si les populations catholiques ne s'étaient souvent imposé des dîmes volontaires. Le riche fournissait l'or, le pauvre contribuait plus souvent encore de son denier, car la maison de Dieu était surtout celle du pauvre. Plusieurs milliers d'hommes travaillaient nuit et jour à la cathédrale de Strasbourg. « C'est un prodige inouï, dit Aimon, abbé de Saint-Pierre-sur-Dives, de voir des hommes puissants, fiers de leur naissance, habitués à une vie voluptueuse, s'attacher à un chariot et traîner des pierres, de la chaux, du bois, tout ce qu'il faut pour les saints édifices. Parfois mille personnes, hommes et femmes, sont attelées à un seul chariot, tant la charge est pesante, et cependant on n'entendrait pas le plus léger bruit. Quand ils s'arrêtent en route, ils se parlent, mais seulement de leurs péchés dont ils se confessent avec larmes et prières. Alors les prêtres les exhortent à déposer les haines, à remettre les dettes; et si quelqu'un se trouve endurci au point de ne pas vouloir pardonner à ses ennemis et de repousser les exhortations pieuses, il est aussitôt détaché du charriot et rejeté de la sainte compagnie. » Il continue en disant que, pendant la nuit, on allumait des torches sur les charriots et allentour de l'édifice en construction, et que la veille était animée par des chants. Ainsi s'élevèrent ces admirables basiliques de Paris, de Reims, de Chartres, d'Amiens, de Rouen, et tant d'autres que le vandalisme a profanées. Les siècles qui ont produit de semblables monuments méritent-ils d'être appelés barbares, et ne peuvent-ils pas opposer au dédain des temps modernes l'impuissance où nous sommes de rien édifier qui ait le triple caractère de la foi, de l'inspiration et de la durée? C'est qu'au moyen âge l'art n'était pas un métier lucratif, une profession qui conduit à l'Institut et aux honneurs, mais un ministère dont les fonctions étaient saintes. L'ouvrier chrétien sentait alors qu'il avait mission de propager le vrai et le beau, qu'il exerçait un sacerdoce artistique auxiliaire du sacerdoce des autels, et qu'il avait pour devoir d'imprimer à ses œuvres le cachet des perfections inhérentes à ses croyances. Dépositaire des débris de la civilisation passée, l'Église fondait une civilisation nouvelle, et, pour achever d'instruire le barbare qu'elle avait rendu chrétien, elle embrassait l'homme dans toutes les facultés, et, après avoir enseigné le dogme et la morale dans la chaire, elle sculptait, elle peignait sur tous les murs l'histoire des bienfaits de Dieu, le symbole des fins de l'homme, les redoutables et consolantes vérités que résument ces mots : « peines et récompenses éternelles. » Quand de nos jours, chancelants que nous sommes dans les sentiers de Jésus-Christ, nous considérons ces prodigieuses cathédrales que nous a léguées l'art catholique, nous sommes saisis d'une sorte de vertige, et nous ne comprenons pas ces grandes œuvres. C'est qu'alors chez l'artiste la foi s'unissait à la science ; c'est que l'ouvrier aimait son œuvre dans Dieu qui l'inspirait, dans celui qui lui tiendrait compte de son travail ; c'est qu'il s'attachait de toute son âme, de toute sa puissance, à rendre cette œuvre digne de celui à qui elle était dédiée ; c'est qu'il cherchait le modèle des figures célestes moins dans les objets extérieurs que dans la prière et la méditation et qu'il se rapprochait ainsi de l'idéal. Alors d'ailleurs, il y avait unité entre le peuple et l'artiste ; le statuaire et le peintre ne se glorifiaient pas, comme aujourd'hui, de n'être point compris de la foule et de n'être dessinés que par le petit nombre. Alors le peuple entier, associé à la pensée de l'artiste, travaillait avec lui pour le salut éternel, et ce but moral effaçait l'art pour le transformer en force chrétienne.

Dans l'état actuel des reconstructions et des réparations qui auront pour résultat de restituer à l'église métropolitaine de Paris sa splendeur du moyen âge, il est bien difficile au pèlerin de se recueillir à l'aise sous les voûtes de cet édifice. Tout ayant été compromis par le temps ou dévasté par des embellissements conçus en dehors de la tradition artistique et dépourvus de style, tout est à refaire, et l'on refait tout. Il en résulte que l'ouvrier occupe la place réservée au fidèle, que le bruit du marteau couvre celui de la prière, que tout s'oppose au recueillement. C'est un mal de transition, dont nous admettons la nécessité. Par bonheur, autour du monument, l'espace est devenu plus libre, et le travailleur a, sur plusieurs points, achevé son œuvre. Profitons-en pour chercher dans l'étude des images de pierre les saintes réflexions qui étaient dans la pensée de l'architecte chrétien, contemporain de Maurice Sully, de Philippe-Auguste et de Louis IX. Sur la façade occidentale s'ouvrent trois portes. La porte centrale, appelée *Porte du Jugement,* présente à l'homme l'idée de la redoutable épreuve qu'il devra subir inévitablement au sortir de cette vie, et le jour terrible, le jour de colère, *dies iræ,* où paraîtra l'étendard de la croix, *vexilla crucis,* où le son éclatant de la trompette réveillera les morts au fond du sépulcre, et les rassemblera tous (*coget omnes ante thronum*) devant le trône du souverain juge. Alors, nous dit l'Église, la nature et la mort seront dans l'effroi, tout ce qui était caché sera révélé, aucun crime ne demeurera impuni, et tandis que les *maudits,* saisis d'un indicible effroi, seront chassés vers la gauche pour devenir la proie de la douleur et du remords, les justes, confirmés en grâce, prendront place à la droite de Dieu et demeureront pour l'éternité habitants du ciel, fils aimés de Dieu, et concitoyens des anges.

Donc sur la *Porte du Jugement* nos regards

considèrent d'abord la figure de Jésus-Christ tenant d'une main le livre des saints Évangiles, bénissant de l'autre ; sous ses pieds il foule le dragon et le basilic (*super aspidem et basilicum ambulabis, et conculcabis leonem et draconem*) ; autour de Notre-Seigneur sont les douze apôtres ; près d'eux, dans la zone supérieure, les vertus ; dans la zone inférieure, les vices ; au-dessus de l'Homme-Dieu, sur le grand linteau inférieur qui couronne la porte, la résurrection, et l'image des Anges qui, au son de la trompette, réveillent les morts endormis dans le tombeau. Le linteau supérieur représente les âmes pesées dans la balance et séparées selon leurs mérites ; au centre du tympan on retrouve encore l'image du Sauveur dans sa gloire, montrant à son Père ses plaies sacrées qui intercèdent pour nous (*Patri monstrat dura vulnera*) ; près de lui, à droite et à gauche, outre les instruments de la passion, on remarque les figures agenouillées de la sainte Vierge et de l'apôtre saint Jean. Sous les voussures, divisées en six rangées de claveaux, apparaissent des élus, des réprouvés, des anges, des prophètes, des docteurs, des martyrs et des vierges. Toute cette statuaire se distingue par la beauté du style et par le fini incomparable de l'exécution ; c'est l'une des plus magnifiques pages architecturales qui nous soient restées des siècles vraiment chrétiens.

La porte qui s'ouvre à la droite de la porte centrale est désignée sous le nom de *Porte Sainte-Anne*; elle est composée de fragments ayant appartenu à un édifice du douzième siècle, que les maîtres du treizième siècle ont intercalés au milieu de l'architecture de cette époque. Le premier linteau de la porte appartient au style du treizième siècle et représente le mariage de la sainte Vierge. Le linteau supérieur est presque entièrement du douzième siècles; il représente la Visitation, la naissance du Sauveur, les bergers et les mages; au centre du tympan est la Vierge couronnée, tenant l'enfant Jésus devant elle; à droite et à gauche, et sur le second plan, des anges, un roi et un évêque : les cordons qui surmontent et ceignent ces figures représentent des anges thuriféraires, des rois ancêtres de Marie, des prophètes et des vieillards de l'*Apocalypse*.

A la gauche de la porte centrale, sous la tour du nord, est placée la *Porte de la Vierge*. Elle était aussi remarquable par le génie du sculpteur que par la composition, mais les iconoclastes de 1793 l'ont presque entièrement mutilée et détruite. De nos jours, on s'est efforcé de lui restituer ses ornements et son caractère. Sur les linteaux, au milieu des rois et des prophètes de l'Ancien Testament, dont les artistes du moyen âge prodiguaient volontiers l'effigie, on remarque des groupes figurant l'ensevelissement de la Vierge. Le tympan représente le couronnement de la Vierge : la mère de Dieu est assise à la droite de son fils; un ange pose une couronne sur sa tête ; deux anges s'agenouillent devant elle ; sur quatre rangs apparaissent des anges, des patriarches, des rois de la tribu de Juda et des prophètes inspirés de l'Esprit-Saint. Dans les arcatures, on remarque les statues de plusieurs saints, et entre autres des protecteurs de Paris et de la Gaule. Au-dessus des trois portes se développe une riche galerie composée de colonnes détachées et, dans les entre-colonnements, l'art moderne, se conformant avec docilité aux traditions du moyen âge, a rétabli les statues de vingt-huit rois qui ne sont pas, comme beaucoup l'affirment, des rois de France, mais bien les ancêtres de Marie, les héritiers de David.

Envisagerons-nous ces images, ces sculptures, ces effigies avec l'œil de l'artiste, sans réfléchir sur la valeur symbolique de l'œuvre, sans rentrer en nous-mêmes, et reporter notre pensée vers les idées redoutables ou consolantes que ces représentations de pierre ont pour but de nous rappeler ? Le savant, l'archéologue ou le statuaire pourraient se contenter d'étudier au point de vue de la forme et de la tradition la façade occidentale de Notre-Dame. Le chrétien, le pélerin vont au delà de cette contemplation utile, sans doute, mais inféconde pour le cœur. Leur méditation cherche au-dessus des images l'idée qu'elles sont chargées de reproduire, et alors combien de motifs de conversion et de salut !

Voyez ces grandes scènes sculptées qui nous par

lent du jugement dernier, l'une des fins de l'homme les plus formidables. Écoutez le langage des livres saints : *Jéhovah est notre Dieu, ses jugements s'étendent sur toute la terre* (I Paral., xvii, 14); *Dieu juge les confins de la terre* (I Rois, ii, 10) ; *Il est le juge de tous* (Hébr, xii, 23), *comme le juge de chacun* (Ézéch., xviii, 30). Le temps commence pour le genre humain avec la chute d'Adam et se terminera par le jugement dernier. Nous parcourons l'âge du péché et du jugement, qui s'écoule depuis le jugement de Dieu prononcé contre Adam jusqu'au second avénement du Christ, c'est-à-dire jusqu'au jour où le souverain juge du monde apparaîtra revêtu de lumière pour inaugurer l'âge de la vie transfigurée par la rédemption. Ce n'est point à nous qu'il appartient de retracer ici des vérités connues de tous, et sur lesquelles un petit nombre ose s'arrêter. Nous savons qu'avant le jugement solennel qui aura lieu au second avénement de Jésus-Christ, chacun de nous aura déjà subi le jugement particulier, celui que Dieu prononce sur chaque homme, immédiatement après la mort. L'Ecclésiaste dit : « Il est aisé à Dieu de rendre à chacun au jour de sa mort selon ses voies ; à la mort de l'homme ses œuvres seront découvertes ; » et saint Paul : « Il est arrêté que les hommes meurent une fois et qu'alors ils sont jugés. » Mais ce jugement particulier est la préparation et comme l'énoncé provisoire du jugement universel.

Ce dernier jugement fera connaître au second avénement du Christ comment chacun aura été individuellement jugé ; alors chacun de nous rendra compte à Dieu de soi-même, et sa conscience rendra un témoignage conforme au jugement de Dieu. L'idée du second avénement de Jésus-Christ embrasse celle de la résurrection des morts ; la voix qui juge appellera les morts du tombeau pour les juger. Chacun sera jugé suivant les dons spirituels que Dieu lui aura départis, selon l'usage qu'il en aura fait pour lui-même ou dans l'intérêt général, et d'après la manière dont il aura rempli sa vocation spéciale en ce monde. L'universalité du jugement dernier s'étendra au delà de la race humaine elle-même, car « Dieu a réservé pour le jugement du grand jour les anges qui n'ont pas conservé leur première dignité, mais qui ont quitté leur propre demeure (*Jude,* b. cf. II *Pierre,* 2, 4.) » Et alors entreront en ligne de compte non-seulement l'action que l'homme aura exercée sur l'homme, mais celle des esprits sur les esprits, celle des esprits sur l'homme, depuis la chute des anges et la séduction du premier homme par Satan jusqu'au dernier acte par lequel les anges déchus auront influencé l'humanité. C'est Jésus-Christ qui sera le *Juge* du monde; le Père a donné à son Fils tout pouvoir de juger ; le Fils jugera les vivants et les morts, dans son avénement glorieux et dans l'établissement de son règne; *iterum venturus cum gloria judicare vi-*

vos et mortuos; et alors, il apparaîtra dans sa gloire et dans sa force, assis sur son trône, entouré des puissances célestes, et toutes les nations s'assembleront devant lui.

Alors la vérité suprême apparaîtra à toutes les créatures ; la divine Providence sera justifiée dans tous ses arrêts, et dans toutes les voies par lesquelles elle aura conduit les individus et les peuples, dans tous les temps et dans tous les lieux : toutes apparaîtront comme les voies providentielles de l'amour, de la sagesse et de la justice absolue. Les mystères et les énigmes de l'histoire du monde seront dévoilés, et chaque œuvre sera connue et produite à la lumière du Seigneur.

Jour terrible où le juge souverain « séparera les uns d'avec les autres, » fermera l'histoire du monde et transformera le temps en éternité. Jour redoutable dont l'attente a fait frémir les pénitents et les saints eux-mêmes, et auquel nous ne pensons jamais pour notre honte. Alors Jésus-Christ remettra son royaume à Dieu le Père ; il aura anéanti la domination et la puissance du mal ; désormais le mal ne pourra plus entraver le bien, et le bien subsistera éternellement libre, assuré et glorieux. Prions Dieu que nous méritions d'être rangés à sa droite et attachons-nous à vivre et à mourir de telle sorte qu'il nous épargne les souffrances réservées aux maudits, qu'il nous dote des béatitudes ineffables *destinées à ceux qui l'aiment* (I Cor., II, 9).

Et pour parvenir plus promptement à cette gloire, pour échapper au lamentable sort des réprouvés, nous ne trouverons pas de force en nous-mêmes ; toute force vient de Dieu. Nous la lui demanderons, pleins d'espoir et de confiance, par l'intercession de sa très-sainte Mère, et nos regards s'arrêteront alors sur les consolantes images des saints et de Marie. Alors nous méditerons sur les motifs d'espérance que présente à notre âme la certitude d'être protégé par la Mère immaculée de Jésus-Christ, et nous serons heureux de voir en elle notre mère adoptive, et de nous dire qu'elle ne laissera pas périr ses enfants.

MÉDITATION.

Marie est la plus sainte des créatures. Dieu qui lui réservait l'incompréhensible honneur d'être mère de Jésus l'a comblée de ses grâces et l'a préservée de la tache originelle ; elle a eu le droit de dire : « Le Tout-Puissant a accompli en moi des merveilles ; » *Fecit mihi magna qui potens est*.

Celui que Dieu a engendré avant l'aurore dans les splendeurs des saints, en qui *il a mis toutes ses complaisances*, il est également fils de Marie. Durant neuf mois, la divine Vierge l'a porté dans ses entrailles ; elle l'a nourri enfant ; elle lui a commandé comme à son fils en même temps qu'elle l'adorait comme son Créateur. Vraiment *pleine de grâces* Marie a enfanté le Salut du genre humain. Mais ce n'est pas seulement sur la terre qu'elle a été mère de Jésus : ce caractère merveilleux n'a point cessé de lui appartenir. Elle est mère du Dieu Sauveur pour l'éternité. Le pouvoir qu'elle avait sur son fils, en ce monde, par la prière, elle le garde, elle l'exerce dans le ciel.

A l'aspect de ces images sculptées sur la porte de Notre-Dame, qui nous représentent le couronnement de Marie, méditons sur sa grandeur et sur sa gloire. Dieu en a fait comme le chef-d'œuvre de ses mains. Saint Bernard, en parlant d'elle, dit qu'elle est cet *édifice dont la beauté n'est dépassée que par la perfection de son architecte*. Le nom de Marie est saint. L'Église, qui l'appelle *très-sacré*, a institué une fête en son honneur (*festum sacratissimi nominis B. Mariæ virg. infra oct. nativ.*). C'est le plus beau de tous les noms après celui de Jésus. « Il est, dit saint Antoine de Padoue, plus suave que le parfum des fleurs, plus délicieux que la plus douce mélodie, plus conforme au cœur que tous les plaisirs du monde. » Ce nom est puissant contre l'enfer. « Prenez le nom de Marie, dit saint Bernard, contre tous les ennemis visibles et invisibles de votre salut. »

« Satan fuit, dit le bienheureux Alain, l'enfer tremble, quand je prononce ces paroles angéliques : « Je vous salue, Marie. » Saint Camille de Lellis disait à ses religieux : « Répétez souvent le saint nom de Marie, et faites-le répéter souvent aux moribonds. » Pour lui, dans ses derniers moments, il prononçait si affectueusement les noms de Jésus et de Marie, que les assistants en avaient le cœur enflammé. Les yeux fixés sur leurs images, les bras en croix, il expira avec un visage où se peignaient déjà les joies du ciel.

Saint Bonaventure disait : « O Marie, pour la gloire de votre nom béni, daignez, je vous en conjure, lorsque mon âme rompra les liens de son exil, venir à sa rencontre, la recevoir et l'introduire dans sa véritable patrie. »

L'archange Gabriel, envoyé de Dieu, salue pleine de grâce l'humble Vierge de Nazareth, et, pour la rassurer dans son trouble : «Ne craignez pas, Marie,» lui dit-il, « car vous avez trouvé grâce devant Dieu. « Vous allez concevoir dans votre sein, et vous en- « fanterez un fils auquel vous donnerez le nom de « Jésus. Il sera grand; on l'appellera le Fils du « Très-Haut : le Seigneur Dieu lui donnera le trône « de David son père; il régnera éternellement sur « la maison de Jacob, et son règne n'aura point de « fin ! » C'est d'elle qu'il a été dit par les prophètes, plus de sept cents ans avant sa naissance : « Une « vierge concevra, et elle enfantera un fils. » L'Esprit-Saint l'annonce aux peuples dans les divines Écritures, et il se plaît à la désigner sous les termes et les figures les plus sublimes : « Les reines la sa- « luent, les filles de Sion l'appellent très-heu- « reuse (1); elle s'avance comme l'aurore naissante,

---

(1) *Canticum cantic.*, c. vi, v. 8.

« elle est belle comme la lune, éclatante comme le
« soleil, terrible comme une armée rangée en ba-
« taille (1). » Dieu l'a possédée dès le commencement de ses voies ; elle a été spécialement prédestinée
dès l'éternité, et c'est d'elle que le Tout-Puissant a
dit : « La multitude de mes épouses est innombra-
ble, mais il y en a une que j'ai remplie de toutes
les perfections (2). »

Être mère de Dieu, avoir porté dans ses flancs le
Verbe incarné, avoir dit à Jésus, Fils de Dieu et
Dieu lui-même : « mon fils ! » être investie du droit
de parler ainsi pour l'éternité : quels augustes priviléges, et quelle idée ne doivent-ils pas nous donner
de la grandeur de Marie !

L'Église catholique, en considérant les merveilles
que le Tout-Puissant a opérées en faveur de Marie,
est contrainte de déclarer dans les saints cantiques
qu'on ne sait de quelles expressions se servir pour
publier les louanges de celle qui a porté dans son
sein celui que les cieux ne peuvent contenir. C'est
que la grandeur du fils, la splendeur infinie de
Jésus rejaillit sur sa très-sainte Mère. Et comment
s'étonner de la puissance et des grâces dont il a plu
à Dieu de la combler ? Au-dessus d'elle il n'y a que
Dieu, et quand elle prie Dieu, comme elle ne cesse
point d'être investie des droits et du titre de mère,
elle est toujours exaucée.

(1) *Canticum, cantic.*, c. vii, v. 9.
(2) *Ibid.*, c. vii.

Dieu ne refuse rien à sa mère ; ayons donc une confiance sans bornes dans la protection de Marie ; puisque nous ne douterions pas, sans blasphème, de la toute-puissance de Dieu, comment hésiterions-nous à recourir à celle qui, par ses prières, obtient d'être la dispensatrice des grâces et des miséricordes du Seigneur. Dans nos angoisses, dans nos tribulations, dans nos luttes, souvenons-nous sans cesse que Marie est mère de Dieu.

Marie, en sa qualité de mère, n'a rien tant à cœur que l'honneur et la gloire de son fils : se pourrait-il qu'il en fût autrement ? Ce n'est qu'en vue de la gloire de Dieu qu'elle a reçu les éclatants priviléges dont elle est enrichie ; or, si le premier bonheur de son cœur est de voir glorifier Jésus, n'est-il pas vrai que pour obtenir cette glorification elle cherche à attirer à Jésus les hommages de l'humanité tout entière ?

Mais puisqu'elle est mère, les ennemis de son fils sont les siens. Quiconque déclare la guerre à Jésus offense la mère. Sans doute elle accueille le repentir des coupables ; sans doute elle se plaît à intercéder pour eux, mais si le coupable qui se repent peut toujours recourir à elle avec une confiance sans limite, le coupable qui persiste, le téméraire qui voudrait se faire de la mère un appui contre le fils, serait indigne de son intercession et de sa pitié.

PRIÈRE

Sainte Marie, priez pour nous! Sainte Marie, élevée au-dessus de tous les saints, et, à vous seule, plus agréable à Dieu que tous les esprits célestes et que toutes les âmes justes, souvenez-vous que nul ne vous a implorée avec un cœur droit et pénitent, sans avoir été exaucé, et montrez que vous êtes notre mère !

Considérez nos misères, et jetez sur nous un regard de compassion. Dans cette vallée d'exil, notre âme voudrait s'élever à Dieu et mille liens pesants nous attachent à la terre : les affections mauvaises nous dominent, les passions nous sollicitent, le monde nous tente; à chaque instant notre triste nature nous fait descendre vers le mal, et nos résolutions stériles s'évanouissent comme l'éclair. Nous voudrions être au Seigneur, mais notre volonté est lâche, molle, hésitante; nous avons honte du péché, et nous subissons constamment son joug. Qui priera pour nous? Qui obtiendra de Dieu que malgré ce qu'il y a d'imparfait dans nos œuvres, de froid dans nos prières, de vain dans notre repentir, il ait pitié de nous et supplée par sa toute-puissante miséricorde à ce qui nous manque? Ce sera vous, ô Marie, car vous êtes sa mère pour l'éternité, et rien de ce que vous demanderez ne vous sera refusé. *Priez pour nous.*

IIIᵉ PELERINAGE

NOTRE-DAME DE PARIS

— SUITE. —

Le double attrait de l'admiration et de la prière nous ramène à l'auguste basilique consacrée à Marie. Nous ne nous lasserons pas d'étudier les détails de cette façade occidentale, l'un des plus sublimes tableaux de pierre que le vieux Paris déroule encore sous nos yeux. Nous avons esquissé trop à la hâte les trois portails, les cordons brodés et dentelés qui les surmontent, l'immense rosace centrale, la haute et frêle galerie d'arcades à trèfles qui porte, sur ses fines colonnettes, une plate-forme massive, enfin les deux noires tours, avec leurs auvents d'ardoises, parties harmonieuses d'un tout sublime, superposées en cinq étages gigantesques ; œuvre colossale d'une époque à la fois une et complexe, création humaine de l'art, où sur chaque pierre on voit apparaître la fantaisie de l'ouvrier, disciplinée par le génie chrétien. Mais combien d'efforts ne reste-t-il pas à faire pour réparer, au dehors et à l'intérieur, le travail destructeur des iconoclastes et les embellissements marqués à l'empreinte du faux goût des architectes païens des deux derniers siècles. Qui a renversé cette prodigieuse effigie de saint Christophe qui plaisait au peuple et nous apprenait, en symbole, à porter Jésus-Christ dans notre cœur? Que sont devenues ces myriades de statues qui remplissaient tous les entre-colonnements de la nef et du chœur? Qui a remplacé le vieil autel gothique par un lourd sarcophage de pierre et de marbre? Qui a détruit les verreries et englué les murs d'un badigeonnage jaune si fort à la mode au temps de Louis XV et de Louis XVIII? Les modes artistiques ont fait plus de mal à ce majestueux édifice que les révolutions et le temps ; elles ont déployé avec une lamentable profusion, à l'intérieur du monument, leurs volutes, leurs entournements, leurs draperies, leurs guirlandes, leurs flammes de pierre, leurs nuages de bronze, leurs chérubins bouffis qui ressemblent trop souvent aux petits amours sculptés par les maçons de la renaissance?

Félicitons notre siècle d'avoir enfin compris l'art du moyen âge en renonçant à la dérisoire mission de restaurer Notre-Dame selon le goût moderne. Nous aimons voir restituer à ce monument splendide tout ce qui se rattache à l'œuvre primitive des tailleurs de pierre qui exécutèrent les ordres de Maurice de Sully, et se montrèrent dociles à la pensée du saint roi. Notre-Dame est un édifice de transition, qui tient à la fois de l'architecture saxonne et de l'architecture des croisades. L'ogive s'est installée sur ces larges chapiteaux qui ne devaient porter que des pleins cintres. C'est là une construction hybride aussi intéressante pour l'artiste que pour l'antiquaire et l'historien. L'art se transformait tandis qu'on élevait le monument.

La porte du transept septentrional est désignée sous le nom de *Porte du Cloître,* parce qu'autrefois elle communiquait à cette annexe de la cathédrale, au célèbre cloître de Notre-Dame, dont il ne reste aujourd'hui aucune trace. Ainsi que la porte du sud, cette porte septentrionale date de la seconde moitié du treizième siècle et elle conserve encore la statue de son trumeau, une magnifique figure de la Vierge ; le divin Enfant seul a été mutilé par l'inepte marteau des révolutionnaires. Sous les pieds de la mère de Dieu rampe le serpent ennemi du genre humain ; les bas-reliefs qui décorent le tympan et les linteaux rappellent des légendes du moyen âge, et, en même temps, l'histoire de Marie. Les trois voussures qui entourent le tympan portent des anges, des saintes femmes et des docteurs. A la suite de cette porte, en s'avançant vers le chœur, on rencontre la *Porte Rouge,* enclavée entre deux contre-forts, sous une fenêtre de chapelle, et dont le tympan représente le couronnement de la Vierge, mère de Dieu. Du côté de Notre-Seigneur, l'artiste a sculpté la figure d'un roi ; du côté de Marie, celle d'une reine : tous deux sont à genoux, et on croit avec raison que ces images sont celles de saint Louis et de la pieuse Marguerite de Provence. La porte méridionale, dite des *Martyrs,* est particulièrement dédiée à saint Étienne, en commémoration de l'église de Saint-Étienne qui existait autrefois sur cet emplacement, et qui fut démolie lorsqu'on voulut construire la cathédrale actuelle. Le bas-relief du tympan retrace quelques scènes du martyre du saint diacre qui, le premier, après la résurrection du Sauveur, eut la gloire de verser son sang en témoignage de la divinité de Jésus-Christ. Au sommet du tympan, Notre-Seigneur, entouré de deux anges, bénit saint Étienne. Les trois voussures de cette porte sont décorées de figures de saints, de moines, d'ecclésiastiques, et principalement d'anges portant les couronnes destinées aux martyrs.

Sur le côté méridional de Notre-Dame s'élevait autrefois le palais archiépiscopal. L'un des plus lugubres souvenirs de la révolution de 1830 est celui qui se rattache aux saturnales des 13 et 14 février 1831, alors qu'une populace en délire, sous les yeux d'une autorité impuissante et lâche, osa détruire de fond en comble cet édifice, et livrer aux plus lamentables profanations les croix, les reliques, tous les trésors de la religion et de l'Église. Jours de deuil, qui flétrissent notre histoire, et qui portèrent malheur à la cause au nom de laquelle furent commis de pareils attentats. Puissent les repentirs de ceux qui ont pris part à de tels excès ou de ceux qui eurent la criminelle complaisance d'y applaudir, désarmer enfin la colère de Dieu, et solliciter grâce pour un peuple égaré, pour des insensés en faveur desquels le divin crucifié pria lui-même, lorsqu'implorant la miséricorde de son Père céleste, il dit sur la croix : *Mon Père, pardonnez-leur, car ils ne savent ce qu'ils font!*

De tous les vitraux qui décoraient l'intérieur de la cathédrale, il ne reste que les trois roses des trois portails. La verrière de la rose occidentale montre au centre la Vierge couronnée, tenant un sceptre, et portant l'enfant Jésus qui bénit. La rose du transept méridional présente à nos regards les douze apôtres, et beaucoup d'évêques et de saints qui ont en main soit les palmes du triomphe, soit les instruments de leur martyre. Des anges leur apportent des couronnes d'or. La rose du transept nord, consacrée comme le portail à la vie de la sainte Vierge, nous montre encore Marie avec son fils, mais entourée de patriarches, des juges, des prêtres, des prophètes et des rois.

Encore une fois, ce n'est point assez d'admirer en artiste, d'étudier en disciple de la science, ces merveilleux vestiges de la sculpture du moyen âge et de la statuaire chrétienne : après une juste contemplation de ce travail inspiré de Dieu, et dont notre siècle a perdu le secret, nous nous associerons à la pensée de nos pères, et nous nous efforcerons de méditer sur la gloire et la puissance de Marie, dont les naïfs et sublimes tailleurs de pierre nous ont représenté le couronnement. N'est-ce pas elle que l'Église salue des titres de *Tour de David*, de *Tour d'ivoire*, de *Reine du ciel* ? Hésiterons-nous à nous réjouir des glorieux attributs que les images sculptées sur les murs de la cathédrale de Paris rappellent sans cesse à notre pensée ?

MÉDITATION.

Quelle est cette femme que la vision de l'Apôtre nous représente comme revêtue du soleil et couronnée d'étoiles ? N'est-ce pas à elle que l'Église applique les paroles de la sainte Écriture en l'appelant : « *Terribilis ut acies ordinata*, » terrible comme une armée rangée en bataille ? » N'est-ce pas d'elle que le Dieu dit au serpent infernal : « Je mettrai l'inimitié entre toi et la femme, et elle posera le pied sur ta tête. Comme Dieu ne refuse rien aux prières de Marie, reconnaissons avec les saints que Marie est toute-puissante par ses supplications, *omnipotentia supplex*. C'est pour cela que saint Germain ne craint pas de lui dire: « Vous êtes, ô mère de Dieu, toute-puissante à sauver les pécheurs. Et quelle merveilleuse marque de bonté Dieu ne nous donne-t-il pas en accordant ce grand privilége à sa mère ! Pécheurs et infidèles, nous avons tellement offensé le Seigneur, que nous n'osons entendre sa voix, qu'il nous semble qu'en apparaissant à nous il nous détruirait par un seul de ses regards ; et alors nous

nous adressons à Marie, comme autrefois les Hébreux à Moïse, lorsqu'ils s'écriaient: « Que Moïse nous parle, et nous l'entendrons ; que le Seigneur ne nous parle pas, de peur que nous ne périssions ! » Jésus sur la terre a été soumis à Marie : *Erat subditus illis;* Jésus dans le ciel honore sa mère, et lui continue cette obéissance volontaire qu'il nous propose pour exemple, et qui fait la gloire inénarrable de Marie. Nous faut-il d'autres preuves pour reconnaître et proclamer à la face du monde la puissance de la très-sainte Vierge, et pour asseoir notre confiance sur ce glorieux attribut ?

Tant qu'il plaît à Dieu de nous accorder un souffle de vie, il nous permet le repentir, et il nous donne droit au pardon, pourvu que nous l'implorions avec un cœur humble et contrit. Que si nous avions le malheur de considérer plutôt l'horreur que nos fautes inspirent à Dieu que la miséricorde infinie et éternelle de ce Dieu sauveur, rassurons-nous en pensant qu'il a placé entre nous et lui une médiatrice toute-puissante, et à laquelle il ne refuse rien, et alors ayons recours à Marie, avec une confiance qui sera exaucée.

Le démon est fort, il nous environne de piéges, il met sa gloire à nous faire succomber, et livrés à nos propres forces, nous ne pouvons pas reculer devant un si redoutable ennemi. Où chercherons-nous un appui, un auxiliaire ? Qui nous assistera dans cette lutte inégale ? Comment remporterons-nous la victoire ? L'Église nous l'apprend ; elle nous montre la puissance de Marie ; elle nous dit d'avoir confiance dans l'appui de cette Vierge divine ; elle nous enseigne que Marie triomphe de l'enfer, et met son bonheur à disputer au feu éternel les âmes que Satan considère déjà comme sa proie. Hâtons-nous donc de recourir à Marie.

L'époux du saint Cantique parle de la « Tour de David qui est bâtie avec des boulevards : mille boucliers y sont suspendus, et toutes les armes des plus vaillants. » Depuis dix-huit siècles, l'Église compare Marie à cette tour au pied de laquelle venaient se briser les efforts des ennemis d'Israël et de Juda : Marie, en effet, est la forteresse à l'abri de laquelle *ceux qui ont le cœur pur, les hommes de bonne volonté* qui veulent rester fidèles au Seigneur, bravent les assauts multipliés de l'enfer et les attaques des ennemis de Dieu. La tour de David était jadis l'image et la figure de cette céleste Vierge. Quiconque se réfugie sous la protection de Marie, est en sûreté, et ne saurait être vaincu. Merveilleuse citadelle des chrétiens ! Dieu en est l'architecte ; il l'a bâtie, fortifiée, ornée, rendue inexpugnable. Marie voit expirer à ses pieds la fureur du serpent qui a juré la perte de l'homme. Aucune puissance créée n'égale celle dont Dieu lui-même, la cause de toute force, s'est complu à la revêtir. Comme la tour de David, elle nous offre les armes dont nous avons besoin pour le combat ; ses prières sont notre bouclier, ses supplications que Dieu exauce toujours, sont le glaive dont nous devons armer nos mains avant la lutte ; la victoire nous vient de Dieu par Marie. O tour admirable! prodigieuse forteresse, rempart qui entoure et protége l'Église, que ne puis-je comprendre tout ce qu'il y a de force, de sécurité, de paix sous votre ombre ; c'est là que serait toujours mon asile et mon bonheur!

Que sommes-nous par nous-mêmes? De pauvres créatures qui changent à tout vent, que la tentation renverse, qu'un grain de sable fait trébucher, qui ne peuvent soutenir un seul moment l'attaque de l'ennemi du salut. Ne comprenons-nous pas notre faiblesse? N'avons-nous pas vu mille et mille fois s'évanouir nos plus belles résolutions au premier souffle du monde? Le nombre de nos défaites ne nous a-t-il pas avertis de notre néant? Que ferons-nous? Nous laisserons-nous aller au désespoir? Dieu nous a-t-il exposés sans secours à l'enfer? N'avons-nous pas sa grâce? Oh! recourons sans cesse à cette grâce qui est le prix des souffrances de Jésus-Christ, le fruit de son sang? Abritons-nous sous la *tour de David*, qui est Marie, demandons à cette mère de Dieu, à notre mère de nous protéger contre les atteintes du démon, et de nous servir de garde : obtenons d'elle les armes dont nous avons besoin pour le combat, et nous vaincrons.

La sainte Écriture nous l'enseigne, « le nom du Seigneur est une forte tour ; le juste y a recours, et il y trouve une haute forteresse. » Si la foi nous parle ainsi, si elle nous montre Jésus qui est, pour le genre humain, la tour par excellence, le principe de tout ce qui conduit au salut, nous savons également que ce divin Sauveur s'est plu à rendre sa mère le principal instrument de ses miséricordes, et que, participant par la prière à la puissance de Dieu (*omnipotentia supplex*) Marie est unie à Jésus pour préserver et sauvegarder les hommes de toute atteinte. Que le juste ait recours à elle, et il obtiendra une plus grande abondance de grâces; que le pécheur l'implore, et il sera relevé. Elle est dépositaire des trésors que son fils nous réserve; que le pauvre espère en elle et il sera comblé des dons de Dieu.

Marie est la tour mystérieuse, la forteresse sainte qui défend l'Église et que Dieu a préposée à la garde de son peuple. L'enfer le sait. Aussi chaque fois que l'impiété cherche à miner les fondements de la religion, à affaiblir chez une nation le règne de la vérité, et celui de Dieu, son premier soin est de s'attaquer au culte de Marie. Quand le démon veut perdre une âme, il s'attache à affaiblir en elle la confiance en Marie, l'habitude de recourir à Marie, et lui fait considérer comme sans importance la dévotion à la mère de Dieu. Cela seul suffit pour tracer notre devoir, pour nous déterminer à ne rien négliger, à ne rien oublier afin d'attirer les cœurs à Marie et de propager son culte.

O Dieu qui connaissez notre faiblesse et notre misère! et qui avez compassion de nous, nous vous remercions très-humblement d'avoir offert aux pauvres pécheurs, pour refuge et pour abri Marie, votre mère, dépositaire de vos grâces, et qui est terrible à l'enfer. Vous connaissez les besoins de nos corps et de nos âmes, nos nécessités pour le temps et pour l'éternité, nous vous supplions de daigner y pourvoir, en ne considérant que votre miséricorde, et nous vous le demandons avec une pleine et entière confiance d'être exaucés, car nous vous prions par les mérites de Jésus-Christ Notre-Seigneur, votre fils, et par l'intercession de Marie immaculée, sa mère.

IVe PÈLERINAGE

SAINT-SÉVERIN

(L'Immaculée Conception.)

Dans les vieux quartiers de la rive gauche, au milieu de ces rues construites durant le moyen âge, et que nous voyons chaque jour disparaître, s'élève l'église paroissiale de Saint-Séverin, l'une des plus remarquables de Paris. Dans l'origine elle n'était, dit-on, qu'un petit oratoire sous le vocable de saint Clément; plus tard elle prit le nom de Saint-Séverin. Était-ce en l'honneur de l'abbé d'Agaune, Séverin, dont les prières obtinrent la guérison de Clovis, en 506, et qui mourut dans le Gâtinais le 11 février de l'année suivante? Faut-il admettre qu'il s'agissait d'un pieux reclus, également appelé Séverin, qui avait passé de longues années dans une cellule, et avait eu pour disciple Clodoalde, fils de Clodomir, connu dans nos annales chrétiennes sous le nom de saint Cloud? Il ne nous appartient pas de résoudre une difficulté qui a partagé les érudits; nous sommes néanmoins très-disposé à nous ranger de l'avis de ceux qui, s'appuyant sur les termes d'une charte royale de Henri Ier, datée de 1031, pensent que le saint, sous le vocable du quel a été dédiée l'église, était le reclus Séverin (*Severinus solitarius*) dont le peuple de Paris admirait la sainteté et vénère encore la mémoire.

L'église primitive de Saint-Séverin avait été brûlée par les Normands, vers la fin du neuvième siècle, lorsque ces barbares assiégèrent Paris. Vers l'an 1050, on releva ses ruines, et bientôt elle fut en possession d'une grande renommée. Dans le cours du treizième siècle, on la construisit de nouveau, mais ce travail fut long, souvent ralenti par des obstacles dont nous ignorons la cause, et vers le milieu du quatorzième siècle, en 1347, le pape Clément VI décréta des indulgences pour favoriser la reconstruction d'une église à laquelle se rattachaient déjà les plus pieux souvenirs. En 1495, on agrandit encore ce même édifice ; pour l'agrandir, on démolit la chapelle de la Conception immaculée de Marie, et on en fit bâtir une autre derrière le chœur. En 1684, l'église de Saint-Séverin ne put échapper aux mutilations et aux dommages que l'on décorait alors du nom d'embellissements. On changea la décoration du chœur et principalement celle du maître-autel, qui fut remplacé par un petit monument d'ordre composite, orné de huit colonnes de marbre, posées par un demi-cercle, et soutenant une demi-coupole enrichie de bronze doré. Les piliers les plus rapprochés de cet autel eurent également à subir des ornements d'un faux goût, et parmi lesquels on voyait figurer des cornes d'abondance servant de chandeliers. En résumé, à part quelques ogives du treizième siècle et une baie encadrée de dents de scie qui semble appartenir au douzième, l'ensemble du vaisseau et sa ceinture de chapelles présentent tous les caractères du quinzième et du seizième siècle. La tour domine tout le vieux quartier latin avec son toit pyramidal, ses huit clochetons et ses lucarnes édicules. Elle est d'une coupe élégante et percée sur chaque face de deux étages de longues baies ogivales géminées, ornées de colonnettes fasciculées dans les ébrasements. Le gable et le caractère des chapiteaux, les moulures concentriques des arcs semblent appartenir à la première moitié du treizième siècle. Le couronnement avec ses pinacles, ses gargouilles figurant des animaux et sa balustrade percée à jour, accuse le commencement du quinzième siècle. La flèche ou pyramide paraît être d'une construction plus récente, et date du règne de François Ier. L'étage inférieur du clocher est formé d'un porche voûté, à nervures toriques; la porte est ornée de colonnettes, l'archivolte de moulures. Dans les deux arcatures on remarque deux lions en demi-relief, d'un beau travail; ils paraissent dater du seizième siècle. Au-dessus de cette porte, restaurée en 1853, le bas-relief du tympan représente saint Martin à cheval, donnant à un pauvre la moitié de son manteau : depuis 1837, la façade occidentale, qui n'avait pour entrée qu'une simple baie, en ogive, a reçu pour complément l'ancien portail de Saint-Pierre-aux-Bœufs, église du treizième siècle qu'on avait démolie.

Cette précieuse décoration hiératique, dont fut chargé M. de Lassus, architecte, est composée de douze colonnes alternant avec des feuillages et des rinceaux de fleurs. La voussure ogivale à moulures toriques, surmontée d'un gable à crochets, est ornée, dans le champ trilobé de son tympan, d'un bas-relief représentant la sainte Vierge assise sur un trône et recevant les hommages de deux anges à genoux. Ce bas-relief est de facture moderne; il a été exécuté en 1839, par Marius Ramus. L'arcature fenestrée, la grande ogive flamboyante, les balustrades à jour, les feuillages de la corniche, le pignon percé d'une rosace, tout ce qui compose cette façade appartient au seizième siècle, mais la statue de Marie qui s'élève sur le pignon est de 1842. A la droite du porche, on remarque une statue de saint Séverin; cette image, mutilée par les iconoclastes calvanistes, a été restaurée très-habilement en 1840. Un petit arc ogival de feuillages et de fleurons, qui date du quinzième siècle, décore le cadran de l'horloge.

L'église est orientée de l'est à l'ouest : elle forme un parallélogramme terminée par un abside demi-circulaire, sans transept. L'intérieur, en dépit des remaniements successifs, des restaurations ordonnées dans les derniers siècles, sans entente de l'art, est un des monuments les mieux conservés de la grande époque architecturale de la France chrétienne. Le chœur est éclairé par des fenêtres qui ont conservé leurs vitraux historiés et armoriés. La nef centrale est accompagnée de collatéraux doubles ; elle est comme ceinte de vingt-trois chapelles, récemment peintes, et qui lui forment un magnifique encadrement. Cette nef, avec sa galerie en ogives trilobées et géminées, régnant sous les hautes fenêtres, offre avec le chœur et l'abside un ensemble de treize travées, dont plusieurs datent de saint Louis. L'église, dans son ensemble abonde en précieux détails d'ornementation. Les nervures croisées de la grande voûte sont toriques, et les clefs feuillagées décorant leurs intersections sont accostées, entre les arêtiers, de figures grimaçantes. L'une de ces clefs porte l'écu de France, parsemé de fleurs de lis ; l'autre est orné du couronnement de la sainte Vierge. Les piliers de la galerie inférieure du chœur, qu'on dirait du quinzième siècle, sont remarquables par la légèreté et le fini de leur exécution. Ceux des bas côtés de la nef portent, pour la plupart, au lieu de chapiteaux, à la retombée des arcs, des anges, des prophètes, des moines, dans diverses attitudes. On voit d'autres figures symboliques sur les arêtes des nervures prismatiques de la voûte. Les clefs de voûte sont entourées de feuillages très-habilement sculptés et agencés ; plusieurs nous présentent les effigies de personnages sacrés. La plupart des verrières qui ont été conservées datent des quatorzième et quinzième siècles : elles ont été récemment restaurées, mais d'une manière peu intelligente. Les armoiries y sont nombreuses : ce sont celles des donateurs. Parmi les chapelles qui enveloppent la nef, il en est dont les peintures murales portent l'empreinte d'un travail inspiré par le sentiment chrétien. Nous citerons celles qui sont dédiées à saint Jean-Baptiste, à sainte Anne, à saint Louis, à saint François de Sales et à saint Joseph.

Les annales de Saint-Séverin sont riches en souvenirs de diverses natures. Au temps de la Ligue, Jean Prévost, curé de cette paroisse, fut à Paris l'un des premiers chefs de cette association qui ne voulut pas permettre à un roi huguenot de gouverner la France. Le 29 août 1590, après vêpres, jour où l'Église honore le souvenir du martyre de saint Jean-Baptiste, les chefs de la Ligue donnèrent au milieu du sanctuaire de Saint-Séverin une représentation de la décollation de Marie-Stuart, reine d'Écosse, récemment suppliciée par ordre de la protestante Élisabeth. Plus tard, il est vrai, cette église devint à Paris une sorte de foyer où se réunissaient et s'encourageaient mutuellement les chefs de la secte janséniste.

Mais un souvenir à la fois religieux et historique signale tout particulièrement l'église de Saint-Séverin à la dévotion des fidèles. C'est dans cette église, après Notre-Dame, que le culte de Marie était le plus en honneur, durant le moyen âge. Le pieux artiste qui avait construit cet édifice s'était complu à représenter la sainte Vierge sur les vitraux, sur les portes, dans toutes les avenues. Ce fut là que pour la première fois, en 1311, on érigea, en France, une chapelle en l'honneur de la Conception immaculée de Marie : ainsi qu'on l'a vu plus haut, en l'an 1495, cette chapelle fut transportée derrière le sanctuaire, au lieu même où elle subsiste encore ; mais avant les agrandissements de l'église, elle était située là où est aujourd'hui le sixième pilier du contour. Il se fit, à cette chapelle, un grand concours de chrétiens, empressés d'honorer la pureté sans tache de Marie ; plusieurs papes favorisèrent cette dévotion en accordant des indulgences à ceux qui visiteraient à Saint-Séverin la chapelle de la Conception et le jour où l'on célébrait ce glorieux privilége accordé à la mère de Dieu, de tous les points de Paris on accourait à cette chapelle sur l'avis des crieurs publics qui distribuaient au peuple l'image de la Vierge immaculée. On eût dit que ces générations, empressées de se réunir devant l'autel de Marie, pour rendre grâce à Dieu de l'inappréciable honneur dont il avait comblé sa mère, avaient à cœur de devancer le jugement solennel que l'Église a rendu, dans ces dernières années, en élevant au rang des dogmes la croyance en l'Immaculée Conception en s'écriant, plusieurs siècles avant les nations contemporaines : *Regina sine labe concepta, ora pro nobis !*

MÉDITATION.

« Lorsque je parle du péché, dit saint Augustin, gardez-vous bien de vous figurer que la Vierge mère y soit comprise. Car nous savons d'ailleurs qu'elle a eu d'autant plus de grâce pour vaincre toute sorte de péchés, qu'elle a eu l'honneur de concevoir et d'enfanter celui que nous n'ignorons pas avoir été sans péché. » Saint Cyprien dit à son tour : « Non, non, la justice de Dieu ne permettait pas que ce vaisseau choisi (*vas electionis*) fût sali des injures communes; d'autant qu'il y avait une merveilleuse disproportion entre elle (Marie) et les autres; et si bien la nature était la même, si elle n'avait rien de commun avec la coulpe. La plénitude de la grâce était due à la mère avec une gloire surabondante qui la mit hors de pair, pour le regard de la pureté du corps et de l'esprit. » Saint Anselme n'est pas moins explicite : « Il était tout à fait raisonnable, s'écrie-t-il, que la Vierge eût une pureté si excellente, qu'on n'en pût concevoir une plus grande au-dessous de Dieu... »

L'Église a proclamé comme juste et nécessaire la croyance à l'Immaculé Conception de Marie, croyance consolante que les serviteurs de la mère de Dieu nourrissaient au fond de leurs âmes, qu'ils propageaient avec un pieux enthousiasme, qui leur servait de bouclier, et à laquelle ils aimaient à se reconnaître. Depuis que l'Église infaillible a parlé, il n'est plus besoin d'énumérer les textes, les autorités, les commentaires sur lesquels s'appuyaient ceux qui exaltaient, avec dévouement et foi, la gloire de Marie Immaculée : l'Église, qui procède avec une sage circonspection, a attendu l'heure opportune pour inscrire cette décision souveraine sur les autels de la mère de Dieu ; elle a voulu que l'enfer frémît en voyant le monde chrétien acclamer la conception sans tache de celle qui était destinée à enfanter le Sauveur du monde et que le Saint-Esprit, de toute éternité, avait choisie pour être son épouse. Partageons la joie de nos frères et, avec autant de dévotion que de soumission, implorons l'intercession toute-puissante de Marie conçue sans péché, *regina sine labe concepta*.

Le privilége d'être exempt de la tache originelle n'a été donné à personne, sinon à Marie ; pour nous, fils d'Adam, et portant le poids de la faute du premier homme, nous sommes nés souillés du péché et sujets au péché. Croyons que dans cette condition humiliante et douloureuse nous excitons la compassion de Marie. Demandons à Dieu, par l'intercession de cette vierge Immaculée, d'être purifiés par les mérites infinis du sang que Jésus a répandu sur la croix, et disposons-nous à recevoir dans le sacrement de pénitence le pardon de nos péchés.

Comme Jésus a été éloigné de tout péché parce qu'il est Dieu, de même, la mère de Jésus en a été exempte par la grâce de son fils. « Vous êtes bénie entre les femmes, lui dit sainte Élisabeth, et le fruit de vos entrailles est béni. » Cette parole atteste le haut privilége de la vierge Immaculée. Si l'infinie bonté du Créateur n'a pu souffrir qu'Adam et Ève, devant être les propagateurs de notre race, fussent autrement créés qu'en l'état d'innocence et de sainteté, n'est-il pas évident qu'il a accordé le même bonheur à la sainte mère de son fils destinée, par sa maternité miraculeuse, à coopérer à la réparation de la faute de nos premiers parents. Croyons d'une ferme foi à l'Immaculée conception de Marie et soyons prêts à sceller de notre sang cette croyance.

L'époux des saints cantiques s'adressant à l'épouse mystique lui dit : « Vous êtes belle, ô ma bien-« aimée; il n'y a en vous aucune tache. » Ces paroles sont applicables à Marie conçue sans péché. Heureuse l'âme purifiée par la pénitence, lavée de ses souillures par le sang de Jésus-Christ, et qui, toute proportion gardée, s'efforce d'être exempte de tache, à l'imitation de Marie, et de devenir, comme elle, l'objet des complaisances sacrées de la Trinité adorable! Une seule goutte du sang de Jésus suffit pour effacer tous les péchés du monde : Jésus a versé tout son sang pour nous. Allons à lui, par Marie, ayons confiance, et quand nous aurons reconquis l'innocence première, au saint tribunal de la pénitence, repassons dans notre cœur, méditons sur la pureté infinie de Dieu et sur la pureté de Marie, vierge sans tache, et attachons-nous à comprendre combien le péché est horrible à Dieu, combien malheureuse est l'âme qui s'est placée sous le joug de l'ennemi de Dieu et de l'homme. Alors, pleins de confiance dans la force d'en haut, rassurés par la puissance que Dieu a donnée à l'intercession de Marie, tournons nos regards vers la mère des miséricordes, et la reine du ciel, et disons-lui, avec l'Église : *O Marie! conçue sans péché, priez pour nous qui avons recours à vous!*

Per sanctissimam virginitatem et immaculatam conceptionem, purissima Virgo, emunda cor meum et carnem meam. In nomine Patris, et Filii, et Spiritus Sancti. Amen!

V.e PÈLERINAGE

SAINT-SÉVERIN

(Notre-Dame-de-Sainte-Espérance.)

Il est impossible de détacher ses regards de Saint-Séverin, lorsqu'on veut se rendre compte des admirables détails de cet édifice : tantôt on s'arrête au dehors, surpris de l'harmonie, de l'ensemble, et on se sent pénétré d'une profonde émotion au spectacle de cette haute tour qui surmonte la demeure du peuple et le rappelle aux idées d'espérance et de foi ; tantôt on cherche à deviner la pensée de l'architecte, on étudie ces symboles, ces énigmes de pierre dont nous avons perdu l'intelligence, et qui parlent à notre âme un mystérieux langage. Mais c'est surtout à l'intérieur de l'église, en dépit des mutilations ordonnées au nom de la tradition grecque, malgré les contradictions qui résultent des travaux entrepris à diverses époques, c'est surtout sous les voûtes de ce temple chrétien que l'on rencontre à chaque pas des sujets d'étonnement, des causes de méditation.

Au dix-neuvième siècle on a enfin consenti à

s'associer à l'idée des artistes du moyen âge; si on n'a plus la foi qui les inspirait, l'esprit catholique qui présidait à leurs labeurs, du moins on respecte leur œuvre et, au lieu de la détruire, sous prétexte de l'embellir, on la restaure avec une louable fidélité. Toutes les chapelles qui existent autour de la nef ont été, bien récemment, recouvertes de peintures, et, à l'exception de quelques-unes, qui n'ont pas été confiées à des maîtres suffisamment épris de la tradition, le plus grand nombre mérite d'éveiller notre attention et propose à nos réflexions des souvenirs consolants ou sublimes. Saint Vincent de Paul adoptant les enfants délaissés et leur donnant des mères; saint François de Salles parcourant les montagnes de la Savoie et introduisant l'espérance et la charité dans la cabane du pauvre; saint Charles Borromée multipliant les actes d'héroïsme durant la peste de Milan; saint Louis apportant processionnellement à Paris la sainte Couronne et s'éteignant pieusement sur la cendre, non loin des ruines de Carthage; saint Jérôme recevant la communion; saint Germain l'Auxerrois debout près du lit de mort de Clovis; saint Cloud recevant l'habit monastique; sainte Geneviène nourrissant le peuple de Paris; l'évangéliste saint Jean appuyant sa tête sur la poitrine de Jésus-Christ, et confessant son divin maître dans la cuve d'huile bouillante près de la Porte latine; sainte Marie-Madeleine priant aux pieds du Sauveur, les arrosant de ses larmes, et choisissant la meilleure part ; saint Pierre pénitent et martyr; saint André appelé à l'apostolat et, plus tard, attaché à la croix qui porte son nom ; saint Joseph, patron des âmes intérieures et pures, obtenant l'insigne honneur d'être le chaste fiancé de Marie la plus pure des vierges, la future épouse du Saint-Esprit ; sainte Anne, mère de Marie, lui enseignant la première les voies de Dieu; saint Jean-Baptiste annonçant aux hommes le divin Messie et destiné à la glorieuse mission du martyre : la Vierge mère de Dieu, Notre-Dame-des-Douleurs, tenant sur ses genoux le corps de son auguste fils, mort et descendu de la croix, et paraissant dire à ceux qui pleurent et à ceux qui souffrent, dans cette vallée de larmes : *Allez et voyez s'il est une douleur semblable à la mienne !*

Après nous être arrêtés successivement devant ces images qui nous rappellent de si grands souvenirs, et proposant à notre ambition chrétienne de si admirables modèles, hésiterons-nous à méditer et à prier un moment devant l'humble chapelle dédiée à la reine des martyrs.

Les souffrances des martyrs n'égalèrent point et n'ont jamais égalé celle que Marie a endurées au pied de la croix et durant la longue agonie de son fils. Comme il n'était possible à aucune créature de connaître Jésus au même degré que Marie, sa mère, aucune n'a pu l'aimer, aucune ne pourrait l'aimer avec une ardeur si vive. Dès lors il est impossible à la raison humaine de comprendre et de dire quelle fut la douleur de Marie sur le Calvaire, pendant le supplice de son fils, du jardin des Olives au prétoire, du prétoire au Calvaire. Arrêtons-nous devant l'étendue de cette douleur, contemplons-la en silence, méditons humblement sur ce qu'elle a d'inouï, efforçons-nous de nous y associer en mêlant nos larmes à celles de Marie, en frappant nos poitrines aux pieds de Jésus crucifié, et détestons d'autant plus nos péchés que tous les tourments que notre divin maître a soufferts, que tous les tourments de Marie ont eu pour cause les crimes du genre humain, nos propres crimes qu'expiait volontairement Jésus, l'Agneau de Dieu qui efface les péchés du monde.

Qui mieux que Marie a confessé la foi. Elle se tenait debout sur le Calvaire, pendant la terrible agonie de son fils, offrant à Dieu le Père Tout-Puissant ce fils adorable, cette victime innocente dont le sang rachetait l'homme déchu et nous ouvrait les portes du ciel. Elle a souffert pour Jésus et pour nous, et en témoignage de la vérité de l'Évangile. Humilions-nous devant elle ; reconnaissons en elle la reine des martyrs et des confesseurs, celle qui les précède dans l'assemblée des saints comme elle les a précédés dans la douleur. Plus elle a enduré de tourments pour le salut du genre humain et en union avec son fils, plus nous devons éviter de contrister son cœur maternel par nos offenses et nos ingratitudes.

Considérons les douleurs qui abreuvèrent Marie au pied de la croix, et songeons que son martyre, durant l'agonie et à la mort de son divin fils, surpassa les souffrances qu'endurèrent tous les martyrs.

Il ne pouvait en être différemment, puisque la douleur que cause la perte des êtres que l'on aime se proportionne à l'amour qu'on leur porte, et aucun amour n'égala celui de Marie pour Jésus. C'est pour coopérer à notre salut que Marie souffrit ainsi. Y pensons-nous bien?

Lorsque nous sommes accablés par les souffrances et les épreuves, tournons les yeux vers Marie, reine des martyrs et reine des confesseurs, et comparons nos épreuves aux siennes; nous verrons ce qu'elle a souffert pour plaire à Dieu et pour coopérer à notre salut par le sacrifice de son fils. Demandons d'ailleurs à cette mère des miséricordes d'obtenir en notre faveur, si telle est la volonté de Dieu, que nos peines soient adoucies et que notre calice s'éloigne, mais soumettons-nous humblement à ce que Dieu ordonnera dans sa sagesse.

A côté de la chapelle de Notre-Dame-des-Douleurs, on en rencontre une autre, toute moderne, dont la décoration fait contraste avec le style de l'édifice, et qui, nonobstant des ornements empruntés au genre moderne et dont on pourrait contester le goût, nous apparaît comme un foyer de bénédiction et de grâce : nous voulons parler de la chapelle de *Notre-Dame-de-Sainte-Espérance*, MATER SANCTÆ ESPEI (Eccli., XXIV).

Nous empruntons les détails qui suivent à de pieux recueils, récemment livrés à la publicité.

En 1840, M. l'abbé Hanicle, nommé à la cure de Saint-Séverin, eut la pensée de placer tout son ministère sous le patronage de Marie : il conçut alors le projet de continuer l'ancienne confrérie de la sainte Conception par une confrérie qu'il appela *la confrérie de l'Immaculée Vierge, Notre-Dame-de-Sainte-Espérance*. Ce projet fut accueilli avec empressement par les personnes les plus pieuses de la paroisse : bientôt plus de quatre cents membres furent inscrits, et fournirent une lampe qui, depuis lors, ne cesse de brûler nuit et jour devant l'autel de Notre-Dame-de-Sainte-Espérance. Cette institution, dit un annaliste contemporain dont la science est justement honorée (1), fut comme l'ère d'une vie nouvelle pour la paroisse; la piété s'y réveilla, les vertus y fleurirent, les sacrements y furent plus fréquentés; les frères des écoles chrétiennes et plus tard les sœurs de la charité s'y établirent; de nombreux *ex voto* appendus aux murailles de la chapelle attestèrent les grâces obtenues et la reconnaissance des fidèles. Instituée en 1840, le jour de l'immaculée conception, l'association dont nous parlons fut reconnue comme confrérie le 30 mai 1841, jour

(1) M. le curé de Saint-Sulpice, *Notre-Dame-de-France*, t. I, p. 44.

de la Pentecôte, par Mgr Garibaldi, nonce du Saint-Siége à Paris. Elle fut depuis lors, le 26 septembre 1849, érigée en archiconfrérie par S. S. Pie IX, qui lui accorda de grandes indulgences, et permit à chaque fidèle, sans distinction de lieu, de s'y affilier. Les principales pratiques de cette archiconfrérie, sont : 1° de porter habituellement sur soi la médaille de Notre-Dame-de-Sainte-Espérance, ou le scapulaire bleu, dit de l'immaculée conception ; 2° de réciter tous les jours un *Pater* et un *Ave*, avec la petite prière qui sert de légende à la médaille, soit pour le bien spirituel et temporel de tous les associés en général, soit pour le succès des intentions particulières, qui sont recommandées les dimanches et fêtes, le soir, à la réunion de l'archiconfrérie ; 3° d'assister à la messe tous les samedis, autant que possible, mais surtout à la messe basse qui (à Saint-Séverin), se dit pour les associés, avec chants et Instruction, à l'autel et devant la statue couronnée de Notre-Dame-de-Sainte-Espérance, *le troisième samedi* de chaque mois (du 15 au 21), et tous les samedis du *mois de Marie*, à 8 heures trois quarts, après le chant des Litanies de Lorette : les associés y font d'ordinaire la sainte communion, il y a pour eux *indulgence plénière*, applicables aux défunts; 4° d'assister aussi, le plus souvent possible, aux réunions du soir, qui ont lieu *les dimanches et fêtes*, et auxquelles on chante les petites Vêpres de l'*Immaculée Conception*; 5° de célébrer avec piété les diverses solennités de la sainte Vierge, et principalement celle de son *Immaculée Conception* et de sa glorieuse *Assomption*, qui sont les deux grandes fêtes de l'Archiconfrérie, et auxquelles a lieu une communion générale; 6° enfin de contribuer, selon ses moyens, au culte de cette auguste Vierge, et aux œuvres fondées sous son patronage, mais notamment à celle de l'*Immaculée Conception* établie sur la paroisse Saint-Séverin, rue Saint-André-des-Arts, qui est l'*œuvre spéciale* de l'Archiconfrérie.

Les hommes qui se croient forts, selon le siècle; ceux qui prennent en pitié les pratiques de la religion catholique; ceux dont le cœur froid, dont l'esprit rationaliste ne comprend rien au culte de Marie, n'en seraient par moins touchés, nous osons l'espérer, s'ils assistaient aux pieuses assemblées de l'association dont nous rappelons l'existence. C'est que le nom de Notre-Dame-d'Espérance console les cœurs affligés, relève les âmes abattues, ranime les courages défaillants et apaise les inquiétudes; c'est que Marie a justement mérité d'être appelée la *Mère de la divine grâce,* et qu'à ce titre tous les secours du temps et de l'éternité que Dieu nous donne, arrivent à nous par celle qui est *l'espérance des désespérés.*

MÉDITATION.

Toutes les grâces que Dieu nous accorde, d'après le témoignage des saints, c'est par Marie qu'il nous les transmet; il n'est point de grâces que l'Église ne demande à Dieu par l'intercession de Marie. Aussi voyez de quels noms les saints l'appellent dans le transport de leur reconnaissance et de leur confiance sans limites; ils la proclament *la médiatrice du ciel et de la terre* (S. Épiphane), *la mère placée entre Jésus et l'Église* (S. Bernard), *la distribution de la miséricorde* (S. Catherine de Sienne), *la richesse de l'Église* (B. card. Hugues), *la fontaine de grâce* (S. Ephrem).

L'apôtre saint Jean appelle le Verbe divin « la vraie lumière qui éclaire tout homme venant en ce monde »; et par cette lumière, tous les Pères, sans exception, ont entendu la grâce. Marie est la mère du Verbe incarné; elle est donc *mère de la divine grâce,* de cette grâce intérieure et prévenante qui est nécessaire à tous les hommes, pour toute bonne œuvre, pour tout bon désir; elle est la dispensatrice de ces grâces multipliées et de toutes les heures, de ces grâces surabondantes que Dieu, dans sa miséricorde, octroie aux justes, pour qu'ils persévèrent, aux pécheurs, pour qu'ils se convertissent. Quand l'homme, enfant de Marie, invoque la protection de cette très-sainte Mère, Marie, d'une main suppliante, puise dans le trésor de Dieu et fait descendre sur le pauvre le don qui doit le fortifier et l'enrichir, Marie est comme l'échelle mystique de Jacob qui unit la terre au ciel; elle est la seule, entre toutes les créatures, que les anges aient saluée du nom de pleine de grâce. Méditons ces vérités consolantes : ne désespérons jamais de notre salut, puisque Marie le sollicite de la bonté de Dieu, et ne méprisons jamais les grâces qu'elle nous obtient, parce que ces grâces sont le fruit du sang de Jésus.

Nous voyons dans la sainte Écriture que le père de famille dit au bon serviteur : « parce que vous avez été fidèle en peu de choses, je vous en confierai de plus grandes. » Rien n'attire sur nous plus de bénédictions que le bon usage des grâces. Les grâces que Dieu nous accorde ont été chèrement payées : il n'en est aucune que Jésus-Christ n'ait achetée de son sang. Ne négligeons donc aucune grâce; espérons que la fidélité aux petites grâces nous obtiendra de Dieu des grâces plus grandes encore. Mais pour correspondre à la grâce, pour qu'aucune grâce ne nous soit donnée en vain, invoquez avec confiance et persévérance celle qui est la mère de la divine grâce.

Le psalmiste dit à Dieu : Créez en moi un cœur pur (Ps. L, 12.); » et ailleurs : « Tournez mon cœur vers vos commandements, conduisez-moi dans la voie de vos préceptes, secourez-moi, donnez-moi la vie, inspirez-moi votre crainte, afin que je garde votre loi. » C'est ainsi que l'Esprit-Saint a proclamé lui-même la nécessité de la grâce. La nécessité de la grâce intérieure et prévenante est intimement liée avec la croyance du péché originel et de la Rédemption. La grâce vient de Dieu, et sans la grâce nul ne peut aller à Dieu. Pénétrons-nous bien de l'infirmité de notre nature, et reconnaissons que, privés de la grâce, nous ne pouvons que périr. Remercions ensuite le Seigneur d'avoir établi Marie dispensatrice des grâces, et supplions cette avocate toute-puissante par ses prières d'obtenir pour nous les secours célestes qui sont, pour notre âme les causes de la vie et les gages du salut.

Résister à la grâce, c'est une sorte de suicide dans l'ordre spirituel : que pourrait-il advenir d'un corps auquel on refuserait toute nourriture ? Que deviendrait l'âme qui repousserait la grâce ? « Nous vous exhortons, dit l'Apôtre, à ne pas recevoir la grâce de Dieu en vain. (II Cor., c. b.). » Et ailleurs : « Si vous entendez aujourd'hui la voix de Dieu, n'endurcissez pas vos cœurs, (Hebr., III, 7). » Et quelle ingratitude n'est-ce pas que de traiter avec mépris un don acheté au prix d'un Dieu ! Que notre âme ne s'accoutume pas à cette résistance impie, et qu'elle ne s'expose pas à être semblable à cette terre dont parle saint Paul, qui reçoit la rosée du ciel et ne produit que des ronces. Marie, mère de la divine grâce, nous préservera du danger.

O Dieu ! qui avez choisi Marie pour trésorière et dispensatrice de vos grâces, et qui ne refusez jamais à sa prière, les secours qu'elle implore en faveur des pauvres pécheurs qui languissent dans cette vallée de larmes, ne permettez pas que, par nos résistances et notre ingratitude, nous ayons le malheur de rendre stériles pour nous les mérites infinis de votre sang, et parce que nous sommes trop coupables et trop rebelles pour aborder, sans appui, le trône de votre miséricorde et de votre justice, daignez agréer les supplications et les promesses que nous déposons à vos pieds, par l'entremise de Marie Immaculée.

Notre-Dame-de-Sainte-Espérance, *priez pour nous!*

VIᵉ PÈLERINAGE

SAINT-NICOLAS-DU-CHARDONNET

Les historiens de Paris nous apprennent que cette église fut ainsi appelée à raison du territoire autrefois *rempli de chardons* sur lequel elle était située, et aussi à cause du fief du *Chardonnet,* qui s'étendait sur la rive gauche, entre la Seine et la Bièvre, depuis le clos Mauvoisin, c'est-à-dire depuis la rue de Bièvre, jusqu'à l'ancien canal de la rivière de Bièvre. Cette église, disent-ils encore, était paroissiale dès l'année 1243. Elle avait été construite, d'abord, vers l'*Orient d'hiver*, et le long du canal de la Bièvre ; mais ce canal ayant été supprimé, et l'église commençant à tomber en ruine, on prit, en 1656, le parti d'en construire une nouvelle à côté de l'ancienne, et dans une direction opposée : elle n'était pas encore terminée, lorsqu'elle fut bénite, le 15 août 1667, par M. de Péréfixe, alors archevêque de Paris. Les bâtiments interrompus ensuite pendant plusieurs années, furent enfin repris en 1705, et achevée en 1709, à la réserve du portail qui n'est point encore achevé, ou qui, ayant dû subir des transformations, devra être remplacé par un autre. Au moment où nous écrivons, l'entrée principale de l'Église, ouverte du côté de la rue Saint-Victor, n'est qu'un passage à demi ruiné par le temps, étroit d'ailleurs, et tout à fait indigne de la majesté d'un édifice consacré à Dieu ; de l'autre côté l'établissement du boulevard Saint-Germain, en faisant disparaître des amas de petites maisons noires et malsaines, a dégagé le chevet de l'église, et comme cet édifice ne se trouvait pas sur l'alignement, les architectes de la ville y ont ajouté une construction de fort mesquine apparence qui place Saint-Nicolas-du-Chardonnet sur la ligne indiquée par les édiles parisiens. En résumé, cette église est loin d'être l'un des beaux monuments dont s'enorgueillit la capitale : située dans un quartier pauvre, asile de toutes les misères matérielles et morales, paroisse de la place Maubert et des ruelles immondes établies sur le revers de la montagne Sainte-Geneviève, elle n'attire ni les regards ni les touristes, et ne se distingue de l'immense foule des bâtiments voisins que par sa haute et magnifique destination, qui est d'être consacrée au culte de Dieu et à la prière.

Cependant cette église n'a point été complétement déshéritée au point de vue de l'art, comme on pourrait le croire, si on ne lui accorde qu'un coup d'œil trop rapide. Elle n'est point dépourvue, à l'intérieur, de détails et d'ornements, que le pèlerin intelligent et instruit doit considérer avec attention.

Et d'abord, nous remarquerons l'architecture d'ordre composite en pilastres qui décore la nef; elle n'est plus de mode, il est vrai, mais ce n'est point une raison pour dédaigner des chapitaux d'une forme singulière, et qu'il ne faut pas condamner au nom des règles inflexibles du goût, de peur de s'exposer à juste titre au reproche d'exclusivisme. Le grand autel était autrefois orné d'un très-remarquable tableau représentant la *Résurrection de Jésus-Christ*. C'était l'œuvre de Verdier, élève de Lebrun. Nos pères admiraient également le crucifix placé au-dessus de la porte du chœur, et les statues de la sainte Vierge et de saint Jean qui l'accompagnent : Poulletier les avait sculptés sur les dessins de Lebrun. La grande chapelle de la communion et du saint Sacrement était ornée de plusieurs tableaux. Celui qui est encore placé sur l'autel représente les *Pèlerins d'Emmaüs*; il est peint par Saurin dans un très-bon genre, mais le temps ne l'a point suffisamment respecté. Ceux qui étaient suspendus aux deux côtés, et qu'avait peints Charles Coypel, représentaient le *Miracle de la Manne* et le sacrifice de Melchisédech. Entre les deux croisées, on remarquait le *Sacrifice d'Abraham,* et *Élisée dans le désert*, tous deux œuvres de Milet Francisque. Plusieurs de ces tableaux ont disparu ou n'occupent plus la même place. En revanche, nous avons admiré, dans la même chapelle, un *Repos en Égypte* et un *Ecce Homo* : dans ce dernier tableau, les anges mêmes versent des larmes en considérant les souffrances du divin Rédempteur.

Plusieurs chapelles existent autour de la nef, sur les côtés, et en général appellent notre attention, moins par leur caractère artistique ordinairement d'un goût médiocre, que par les sujets proposés aux méditations des fidèles. Citons, par exception, dans la chapelle de Sainte-Geneviève, un beau tableau moderne de M. Maison, qui représente la patronne de Paris sortant du tombeau et montant au ciel. Peut-être cette peinture rappelle trop exactement les différentes assomptions peintes par de grands maîtres, et dans l'image de sainte Geneviève ne retrouve-t-on pas suffisamment la tradition. Au-dessus de la porte latérale il existe un tableau de grande dimension, représentant la résurrection de la fille de Jaïre. Nous regrettons que dans cette œuvre, qui n'est pas sans mérite, l'artiste ait donné à Notre-Seigneur une apparence lourde et vulgaire. Dans la chapelle de Saint-Vincent-de-Paul, il existe un tableau assez bien peint qui reproduit la parabole du bon Samaritain. Dans d'autres chapelles il existe des descentes de croix et des tableaux consacrés à Notre-Dame-des-Sept-Douleurs : ils nous ont paru d'une belle exécution. A l'entrée de l'Église, nous signalons un assez beau tableau représentant Jésus au Jardin des Olives, et le martyre de saint Sébastien. La chapelle du Calvaire est décorée de deux tableaux : l'un est la *Résurrection de Notre-Sei-*

gneur, autrefois placé au-dessus du grand autel, l'autre est une *Descente de Croix* fort remarquable.

Comme monument d'art, le plus beau que renferme l'église Saint-Nicolas-du-Chardonnet est la chapelle de Saint-Charles. Le célèbre Lebrun la fit décorer pour servir de mausolée à sa mère, et lui-même en donna le dessin et le plan. Sa mère est représentée en marbre, au moment où elle sort du tombeau à l'appel de l'ange qui sonne de la trompette. La disposition et l'attitude de cette statue sont admirables. Cette œuvre a été exécutée par Gaspard Colignon, sculpteur mort en 1708. Dans la même chapelle, Charles Lebrun est représenté de la main de Coysevox, au bas d'une pyramide posée sur un piédestal. Sur divers points de cette église, on rencontre les tombeaux de plusieurs personnages dont l'histoire fait mention, et au nombre desquels nous mentionnerons à la hâte le premier président Jean de Selve, l'avocat général Jérôme Bignon et Voyer d'Argenson, ancien garde des sceaux sous Louis XV.

Somme toute, l'église Saint-Nicolas-du-Chardonnet ne passera jamais pour un monument devant lequel les artistes s'arrêteront avec prédilection et curiosité. C'est l'une des plus obscures retraites religieuses de cette capitale où les monuments abondent, où de toutes parts l'œil est sollicité par des magnificences indescriptibles. Eh bien, lorsque nous passons dans les ruelles qui avoisinent cette église, nous la saluons de loin avec respect. Située dans l'un des plus pauvres quartiers de Paris, paroisse de la place Maubert et des carrefours circonvoisins ; elle est un asile toujours ouvert aux misères morales et matérielles qui pullulent dans ces tristes lieux, asile si peu fréquenté d'ailleurs par ceux qui y trouveraient consolation et espérance. De récentes démolitions, entreprises sur une vaste échelle pour percer à travers ces rues populeuses, une voie vraiment magistrale, ont fait disparaître bon nombre de maisons bourgeoises, habitées par des familles douées de quelque aisance, et n'ont laissé subsister, à peu d'exceptions près, que les pauvres demeures des ouvriers de la rue d'Arras, de la rue du Mûrier, de la rue de Versailles, de la rue Traversine. Ce sont les indigents de ces quartiers boueux et infects qu'il faut secourir; et il y a là un devoir dont l'accomplissement dépasse la mesure des forces humaines. La charité qui a Dieu pour principe et pour but, ne se rebute pas devant les difficultés d'une œuvre semblable. Le vénérable clergé de Saint-Nicolas-du-Chardonnet peut bien regretter de n'avoir pas à desservir une église vers laquelle affluent toutes les curiosités des touristes; mais il se dédommage de cette privation en multipliant les soins et les efforts à l'aide desquels on parvient à consoler le pauvre et à guérir les âmes. Pénétrons-nous de cette pensée en entrant dans cette église où l'on adore un Dieu qui a voulu naître pauvre, travailler de ses mains, et n'avoir pas une pierre pour reposer sa tête, en attendant le dur et sanglant oreiller du Calvaire. Ce qui nous frappe douloureusement dans cette église, c'est le très-petit nombre de fidèles groupés autour de la chaire, ou assemblés au pied des autels. Les habitants de ce quartier, retenus chez eux par les occupations de la journée, trop souvent, hélas, éloignés du saint parvis par l'ignorance, l'oubli du devoir ou l'abrutissement du vice, semblent ne pas savoir que Dieu existe et leur tend ses bras paternels. Nous qui visitons en pèlerins cette église à demi déserte, et qui, aussi bien que le temple le plus illustre, a droit à nos respects, nous déplorons avec une émotion sincère, que ce peuple insoucieux et misérable passe si près de la consolation et ne paraisse pas s'en douter. *Oh! si vous compreniez le don de Dieu!* Sommes-nous à leur dire; et cette pensée se réveille avec d'autant plus de force dans notre cœur, que nous considérons, dans la chapelle du Saint-Sacrement, ce beau tableau des Pèlerins d'Emmaüs, représentant les effets du pain eucharistique sur les intelligences et sur les âmes bien disposées. *Et ils le reconnurent* à la fraction du pain. Et cependant ils avaient mérité de s'entendre dire par le Seigneur : *O gens dépourvus d'entendement! ô cœurs tardifs à croire ce que les prophètes ont annoncé!* Touchante histoire, que celle des pèlerins d'Emmaüs : l'image qui est sous nos yeux peint leur ravissement au moment où Jésus-Christ leur révèle sa présence : *Comme il était à table avec eux, il prit le pain, le bénit, et l'ayant rompu, il le leur présenta. En même temps, leurs yeux s'ouvrirent.* Pourquoi donc ce peuple, qui peut librement s'entretenir avec Jésus-Christ et le posséder dans l'Eucharistie, ne semble-t-il pas impatient de jouir d'un pareil bonheur; c'est que ses yeux sont obscurcis, et que son cœur est pesant.

Et nous qui avons le bonheur de croire, mais dont la foi est morte, et ne se manifeste ni par la charité, ni par l'espérance, ni par les bonnes œuvres, prosternons-nous humblement devant ce tabernacle ignoré de la foule, et méditons encore un moment sur la grandeur de l'amour de Dieu manifesté dans le sacrement de l'autel.

MÉDITATION.

Jésus-Christ est le Fils de Dieu, le Verbe éternel, la seconde personne de la très-sainte et très-adorable Trinité, égal au Père, égal au Saint-Esprit, Dieu et homme, Dieu éternel, Dieu créateur, Dieu Sauveur, il règne au plus haut des cieux dans la gloire; d'un mot il a fait le monde, d'un mot il pourrait le détruire; il est celui qui dit; tout honneur, toute louange lui sont dus; aucune parole humaine ne saurait donner l'idée de sa puissance, de ses perfections, de ses attributs, de sa majesté ineffable.

Le Verbe divin, celui que l'apôtre saint Jean (*Apoc.*, III, 14) appelle le *principe de la création*, celui qui, de toute éternité *était en Dieu* (Joan.), *était Dieu, au-dessus de tout, béni aux siècles des siècles*, (saint Paul, *Rom.*, IX, 5), *par qui ont été faites toutes choses et sans lequel rien n'a été fait de ce qui a été fait*, en qui *était la vie, la lumière des hommes*, Jésus-Christ est réellement présent sur nos autels dans le très-saint sacrement de l'Eucharistie. Lorsqu'il a voulu accomplir l'œuvre de la rédemption, il est né de la Vierge Marie, IL S'EST FAIT CHAIR, *il a habité parmi nous, et le monde ne l'a point connu*. Aujourd'hui le monde le connaît-il davantage quand il réside dans le très-saint Sacrement ? Jésus-Christ ne voit-il pas, comme au temps où il annonçait l'*Évangile aux pauvres*, la plus grande partie du genre humain indifférente à sa charité et à son amour ? Les multitudes ne passent-elles pas devant nos temples, dans tous les sentiers de la vie, sans se détourner pour venir adorer sa grandeur suprême ? N'est-il pas vrai que de nos jours, comme alors, c'est toujours le petit nombre qui se souvient de Jésus et marche à sa suite ? Hélas ! témoin de ce spectacle, et en frappant nous-mêmes avec douleur nos poitrines nous pouvons dire avec l'Apôtre, que *la lumière a lui dans les ténèbres* du monde et que les ténèbres ne l'ont pas comprise.

Celui qui scrute la majesté sera opprimé par la gloire (Prov. xxv, 27). Gardons-nous bien, hommes faibles et bornés, de chercher à définir et à dépeindre la grandeur ineffable du Dieu fait homme qui est présent sur nos autels dans l'Eucharistie. Croyons et adorons; cela suffit. Croyons et confessons que ce qui était du pain est vraiment le corps de Jésus-Christ, que ce qui était du vin est vraiment son sang, et qu'il est réellement présent sous l'une et sous l'autre espèce, parce que son corps, son sang, son âme ne sauraient être sans sa divinité, qui leur est inséparablement unie. Quant à sa grandeur ne se résume-t-elle pas en ce mot sublime : Dieu ! N'est-il pas vrai qu'elle est sans limites, sans mesure, incompréhensible et inénarrable ? Nous le croyons ainsi fermement ; nous donnerions mille fois notre vie en témoignage de cette croyance, et cependant combien nous sommes froids, indifférents, oublieux, ingrats et aveugles en face de ce miracle permanent de miséricorde et d'amour, combien peu nous comprenons que *Dieu a tant aimé l'homme* (Joan., cxi, 16).

Le verbe incréé, Jésus-Christ, en même temps qu'il règne éternellement dans le ciel, à la droite du Père, est présent en corps et en âme, en esprit et en divinité, dans le sacrement de l'Eucharistie. Admirons sa puissance et disons avec les saintes Écritures : « C'est lui qui a étendu les cieux comme un miroir d'airain c'est lui qui a fait briller l'or du soleil, qui a établi les mesures de la terre. La sagesse de Dieu est cachée aux mortels, mais Dieu connaît ses voies. Quand Dieu pesait la force des vents et mesurait les eaux de l'abîme ; quand il donnait des lois à la pluie, et qu'il marquait leur route aux tempêtes, alors il voyait la sagesse, il la renfermait en lui, il en sondait la profondeur. » Qu'est-il besoin d'étendre nos regards au delà de la terre même pour comprendre la puissance de l'être par qui tout a été créé ? La science humaine est bornée, et à chaque pas qu'elle fait elle reconnaît son impuissance et ses aveuglements. Les soleils sont répandus dans les espaces par millions innombrables, et chacun d'eux peut-être a pour destination de servir de centre à des mondes dont l'ensemble constitue l'œuvre générale de la création. La terre qui sert de demeure à l'homme n'est, par comparaison avec ces astres, qu'un obscur grain de sable, qu'un peu de poussière, et cependant quelles merveilles splendides n'étale-t-elle pas sous nos regards ! Eh bien, Jésus-Christ s'est incarné pour la rançon et pour le salut de l'homme, et, par un excès incompréhensible de charité, après avoir souffert les abaissements et les souffrances de la croix, il consent à rester avec nous jusqu'à la fin des temps, sous les espèces eucharistiques, et c'est là, sur nos autels, dans les tabernacles, qu'il est témoin, non de nos adorations, de nos contemplations, des effusions incessantes de notre âme, mais de notre oubli, de notre indifférence, trop souvent de nos outrages. Oui, ce Dieu infini et tout-puissant se résigne, dans l'Eucharistie, à être abandonné de nous comme aux jours de sa passion il fut abandonné de ses disciples : nous le savons, la foi nous l'enseigne, et nous n'en sommes ni plus fervents, ni plus dévoués, et le repentir, d'accord avec la charité, ne nous rappelle pas auprès de Jésus-Christ, qui ne se lasse pas de nous attendre! Conçoit-on l'ingratitude et la démence de l'homme? Qu'un roi de la terre, qui est comme nous formé de poussière, se présente dans nos cités et se manifeste au dehors, les peuples accourent, ils s'empressent, ils redoublent d'hommages et de supplications, ils mettent au rang des jours heureux celui où ils ont pu contempler un moment le visage de ce monarque qui règne sur quelques provinces plus ou moins spacieuses, et qui, malgré sa gloire, est sujet aux infirmités et à la mort; et ces mêmes peuples laissent dans l'oubli Jésus, le tout-puissant Roi du ciel !

Sous les abaissements volontaires de l'Eucharistie, sous les espèces du pain et du vin, Jésus-Christ a voulu continuer les exemples d'humilité et les témoignages de charité qui abondent dans les saints Évangiles. Il est né dans une étable, il a vécu dans la pauvreté, il est mort sur une croix : était-il possible d'aimer davantage l'homme que de se rendre participant de toutes nos misères, à l'exception du péché? Eh bien, Jésus a daigné aller plus loin dans cette voie de l'incompréhensible amour ; dans l'adorable sacrement de nos autels, au lieu même où il nous comble de tout, il est parfaitement pauvre, il n'a rien, et après s'être dépouillé de toutes choses, il se donne lui-même pour être tout entier à nous ; le Roi de gloire, par une merveille ineffable de charité, daigne s'assujettir à des hommes mortels, le Saint des saints, à des pécheurs ; il est assis sur le trône de son Père, au plus haut des cieux, et, sur la terre, il s'offre en nourriture à ses esclaves. Or, parce qu'il se résigne, dans l'excès de son amour, à une pauvreté plus grande que celle de la croix, nous ferons-nous contre lui-même une arme de sa charité ? oublierons-nous que sous les voiles du saint Sacrement il est toujours le Dieu saint, le Dieu tout-puissant, le Sauveur et le Créateur du monde ? Que lui importent nos richesses terrestres dont nous voudrions le voir entouré et qui, à nos yeux, rehausseraient sa gloire ? Il n'en a pas besoin, il se suffit à lui-même, il ne cherche rien hors de lui, il ne demande rien, sinon que nous correspondions à son amour ineffable. Heureuses les âmes qui savent entrevoir, sous les apparences du pain et du vin, la grandeur réelle de Dieu, la puissance sans bornes qui est inséparable de Jésus-Christ, soit qu'il règne dans les splendeurs des saints, soit qu'il expire dans les tourments de l'agonie, soit qu'il réside sur nos autels.

« Quel, est, dit le roi prophète, quel est celui qui est élevé au plus haut des cieux par sa puissance, et qui en descend continuellement ? » Qu'il nous soit permis d'appliquer ces paroles sacrées à Jésus-Christ dans l'Eucharistie. Il y est réellement, il établit sa demeure dans nos tablernacles, il reste avec nous jusqu'à la consommation des siècles, et en même temps il règne dans le ciel avec Dieu le Père, avec le Saint-Esprit, et les anges se voilent la face devant sa majesté infinie. Il ne nous est encore donné de le voir, que par les yeux de la foi. Sur nos autels, il cache sa divinité, il cache son humanité, il ne laisse apparaître que sa miséricorde, mais sa grandeur et sa puissance, pour se dérober à nos regards, n'en sont pas moins inséparables de lui, et n'en doivent pas moins être présentées à nos adorations les plus humbles. « Vous êtes mon Fils, lui a dit le Dieu éternel ; je vous ai engendré avant l'aurore. » Dieu de Dieu, lumière de lumière, vrai Dieu de vrai Dieu, comme parle le symbole, il est un *Dieu caché* dans le sacrement de l'Eucharistie, *vere Deus absconditus* ; mais c'est le Dieu qu'il faut croire, adorer et aimer. Abaissons notre foi devant ce mélange incompréhensible de grandeur et d'humilité ; réjouissons-nous du bonheur que Jésus-Christ nous accorde en établissant au milieu de nous sa demeure ; disons triomphalement avec l'Église, avec les livres que le Saint-Esprit a dictés : « Il n'est point de nation si heureuse qui ait ses dieux près d'elle comme notre Dieu est près de nous (*Deut.*, iv). »

PAROLE DE N. S. J. C.

Je suis le pain de vie : celui qui vient à moi n'aura plus faim ; et celui qui croit en moi n'aura jamais soif.

MÉDITATION

A la chapelle de la Sainte-Vierge.

L'étoile qui nous apparaît, au point du jour, nous console des ténèbres de la nuit et fait rentrer l'espérance dans nos âmes : nous la saluons, comme la messagère de Dieu, nous élevons nos cœurs vers le Tout-Puissant qui a créé les astres du ciel et les grains de sable, et qui est admirable dans ses œuvres. Le voyageur égaré tourne les yeux vers l'étoile qui sert à guider sa route, et dès qu'il l'a reconnue entre toutes ses sœurs, il cesse de craindre, il est rassuré : le marin qui vogue sur l'océan, que la tempête menace, et qui se voit emporté vers des plages ignorées où se brisera peut-être son navire, est sauvé dès qu'il aperçoit au firmament l'étoile protectrice des matelots, celle qui préserve de l'abîme et du naufrage. Marie est cette étoile céleste qui nous conduit au but nécessaire, c'est-à-dire à Jésus; qui nous fait découvrir le port, c'est-à-dire l'éternité bienheureuse. Au milieu des incertitudes et des orages de la vie, exposés que nous sommes aux attaques de l'enfer, égarés et entourés d'obscurités sombres qui nous cachent la route, tournons-nous, sans cesse, sans relâche vers l'étoile de la mer, vers l'étoile du matin, vers ce signe mystique qui reluit pour le salut de nos âmes et pour la terreur des démons. Disons à Marie, avec saint Jean Damascène : « J'ai mis mon espérance en vous de tout mon cœur. » Plein de confiance, écrions-nous avec saint Bernard, le zélé serviteur de Marie : « Il est impossible que vous délaissiez celui qui met son espoir en vous. » Tournons nos regards vers cette étoile qui précède le soleil, de même que la dévotion à Marie précède le soleil de la grâce divine : « Ne perdons pas de vue la lumière de cet astre, si nous ne voulons pas être victimes des tempêtes. » (Saint Bernard.)

Toute dévotion vraie conduit à Dieu, et la dévotion envers Marie est excellente parce qu'il n'en est aucune plus sûre pour arriver à Jésus. Ceux qui se sont séparés de l'Église catholique et qui, dans leur aveuglement, ont cherché à détruire le culte de Marie, ne sont parvenus qu'à priver les peuples d'une consolation et d'un guide. « Celui qui s'attache à Marie avec persévérance, sera heureux dans toutes ses expériences. » (Richard, lib. II, p. 48.) « Étant généreuse et magnifique, dit un autre saint, Marie a coutume de donner beaucoup pour peu qu'elle reçoit. » (Saint André de Crète.) Attachons-nous à son service, comme à un moyen sûr et efficace de servir Jésus.

Saint Bernard nous exhorte à demander à Dieu, par la médiation de Marie, toutes les grâces qui nous sont nécessaires : « Cherchons la grâce, dit-il, et cherchons-la par Marie, parce qu'elle est mère, et qu'elle est toujours exaucée. » Oh ! surtout demandons et sollicitons par elle la grâce essentielle du salut, le pouvoir de résister au démon, la vraie et solide piété qui se manifeste par des progrès sérieux et sensibles dans la perfection, non pas de vaines paroles, non pas des désirs stériles qui tombent sur les pierres ou qui sont étouffés dans les épines du siècle.

Dieu, touché de l'intérêt que Marie prend à la conversion des pécheurs, ne l'a jamais refusée aux prières de cette Vierge divine. Pour quelques pécheurs Marie est l'unique ressource qui leur reste, l'unique moyen que Dieu leur donne pour rentrer dans son amitié; mais il faut qu'ils sollicitent eux-mêmes la Mère de Notre-Seigneur Jésus-Christ de les couvrir de sa protection contre la justice de Dieu. Pour que de semblables prières soient accueillies par Marie, il faut qu'elles émanent de cœurs sinon affranchis du péché, du moins sincèrement animés du désir d'en être affranchis, et qui ne cherchent pas dans l'appui de la sainte Vierge un motif de hardiesse qui les rassure dans le crime et leur permettre d'y rester, jusqu'à ce qu'il plaise à Dieu de les prendre en pitié. Le naufragé qui tournerait ses yeux vers l'étoile de la mer et ne dirigerait pas sa barque vers le port que cette étoile lui montre, périrait infailliblement dans la tempête. Saluons Marie, au milieu des dangers qui nous environne, et que ce soit d'un cœur sincère que parle la prière qui réclamera son intercession.

INVOCATION

O Marie ! étoile du matin, étoile qui annonce le lever du soleil de la grâce divine, étoile qui rassure et console les malheureux qui succombent sous l'orage des passions, montrez-vous à nous, dans le ciel au moment des tempêtes ; montrez-nous votre fils, de qui vous tirez la puissance nécessaire à notre salut, et faites qu'espérant en vous et détestant les fautes de notre vie nous implorions le pardon de Dieu, clémence dont nous sommes indignes, et qui ne sera pas refusée à vos prières.

VIIe PELERINAGE

L'ABBAYE-AUX-BOIS

(Notre-Dame-de-toute-Aide.)

Ici encore rien qui parle aux yeux de la foule, rien qui attire l'admiration des touristes. Une chapelle, située dans un quartier populeux, rue de Sèvres, à peine révélée par l'existence d'une grille et d'une croix, et qui s'ouvre dans l'enfoncement d'une cour d'hôtel ou de couvent. Dans cette chapelle, des murailles à demi peintes, présentant l'aspect d'une église d'hôpital ; quelques tableaux, deux ou trois confessionnaux, des portes et des couloirs communiquant avec les chapelles réservées d'un monastère de femmes, et tout est dit pour l'observateur superficiel ou pour l'artiste. Le chrétien trouvera dans cette église des sujets d'admiration bien autrement sérieux que ne peuvent l'être les merveilles de la sculpture ou de la peinture. Il respirera, dès qu'il aura franchi le seuil de la chapelle, un parfum de piété ineffable ; il se sentira attiré vers Dieu par les invisibles chaînes de l'amour et de l'espoir. Si le seul nom de l'Abbaye-aux-Bois a éveillé dans le cœur des indifférents, des souvenirs littéraires pleins d'intérêt, et auxquels se rattachent les noms de madame de Récamier, de Chateaubriand, de la duchesse d'Abrantès, pour lui le spectacle de la dévotion active et tendre qui s'épanouit à l'aise sous ces voûtes lui causera de mystiques ravissements, et son âme s'élèvera plus pure vers le trône de Dieu. Quelles que soient les dispositions sous l'empire desquelles on entre à l'Abbaye-aux-Bois, lorsque l'on sort, on se sent meilleur. Il se fait en nous comme un reflet de la piété des autres; on éprouve un sentiment de confiance; il y a une sorte de réveil d'espérance qui s'opère dans le cœur à la seule idée de la bonté infinie de Dieu et de la puissance des prières de Marie. Si l'on souffre, on se rappelle que cette église a été dédiée sous le vocable de Notre-Dame-des-Sept-Douleurs, et nul, au spectacle des glaives qui transpercent le cœur de la Reine des martyrs, n'ose se plaindre de ses propres misères. Si l'on succombe, si l'on a besoin d'appui contre l'enfer ou de secours dans l'ordre des choses temporelles, on se sent fortifié en jetant les yeux sur la naïve image qui représente Notre-Dame-de-Toute-Aide, tenant sur ses genoux l'enfant Jésus assis, et dont la voix semble nous dire : *Adressez-vous à ma mère.*

L'histoire de cette église offre bien peu d'incidents remarquables. Dans l'origine, l'Abbaye-aux-Bois était une communauté de filles de l'ordre de Cîteaux :

elle fut fondée en 1207 par Jean de Nesles, châtelain de Bruges, dans un lieu nommé Batiz, au milieu des bois, et sous l'autorité de l'évêque de Noyon. L'an 1640, et le 20 octobre, les religieuses de l'Annonciade des dix Vertus furent installées à Paris, rue de Sèvres, par Dom Benoît Brachet, prieur et grand vicaire de l'abbaye de Saint-Germain-des-Prés, en présence de Mademoiselle, fille de Gaston de France, duc d'Orléans, leur fondatrice, et de la princesse de Condé. Soit que le temporel de cette maison fût mal administré, soit qu'elle manquât de ressources, les Annonciades ne purent s'y maintenir, et se dispersèrent, en 1654. Ce fut alors que l'abbesse et les religieuses de Notre-Dame-aux-Bois, du diocèse de Noyon, qui s'étaient retirées à Paris à cause des guerres, achetèrent cette maison et s'y établirent. En 1719, elles y bâtirent une nouvelle église dont la princesse palatine, veuve de Philippe de France, duc d'Orléans et frère de Louis XIV, avait posé la première pierre, le 8 juin 1718. Dans cette pierre, disent les chroniqueurs, « est encastrée une médaille d'or, donnée par son altesse royale Madame, sur laquelle est en bas-relief le portrait de cette princesse ; au revers, elle est assise sur deux lions, tenant dans sa main droite une médaille représentant le dessin de l'église, et autour de la médaille on lit : *Diis genita et genitrix Deum.* » Cette inscription, passablement païenne, signifie que la princesse palatine, issue des dieux, a enfanté une race de dieux. C'était l'histoire numismatique écrite sous la régence. Depuis lors nous savons que la postérité *divine*, à laquelle Élisabeth-Charlotte donna naissance, a été la famille d'Orléans, en trois jours élevée au trône et bientôt après dépossédée par les révolutions.

Voici pour le passé. De nos jours, Notre-Dame-de l'Abbaye-aux-Bois a longtemps formé l'une des églises paroissiales de Paris : elle était succursale de Saint-Thomas-d'Aquin. L'élite du faubourg Saint-Germain aimait à y assister aux offices, célébrés avec une pieuse pompe, et ce concours de fidèles se faisait remarquer par sa piété fervente, par l'abondance de ses aumônes. Ceux d'entre nous qui ont été paroissiens de l'Abbaye-aux-Bois conserveront toute leur vie le souvenir de ces assemblées dirigées par le savant et respectable abbé Hamelin, alors desservant de cette église succursale, et que nous retrouverons à Sainte-Clotilde. L'Abbaye aux Bois était comme un foyer de piété qui d'ailleurs ne s'est nullement éteint, bien que l'église soit en ce moment replacée dans la condition d'une chapelle de monastère. Nous avons pu même reconnaître qu'elle est devenue le but d'un nouveau pèlerinage, depuis que la communauté a fait don à l'église de l'image exposée à la vénération des fidèles, au-dessus du maître-autel, et que nous avons déjà désignée sous le nom de *Notre-Dame-de-toute-Aide*.

Voici dans quels termes en parle M. l'abbé Hamon, curé de Saint-Sulpice, dans le bel ouvrage qu'il publie sous le titre de : *Notre-Dame de France* :

« Cette statue, autrefois propriété de la commu« nauté des *Filles-Dieu*, y a été en grande vénéra« tion pendant plus de deux siècles, à raison des « nombreux prodiges tant spirituels que temporels, « qui ont attesté combien le sainte Vierge avait « pour agréable d'être honorée devant cette image, « et sous le titre de *Notre-Dame-de-toute-Aide*. « C'est au pied de cette statue que furent guéris « autrefois un jeune homme atteint d'une fièvre « ardente et continue, l'abbesse de Notre-Dame de « Meaux, madame de la Vieuville, paralysée des « deux jambes, et dont on voit encore aujourd'hui « dans la main de la sainte Vierge l'*ex-voto* commé« moratif, la prieure du monastère, victime d'un ac« cident qui lui brûla le visage en 1692, et dont la « trace même disparut après deux jours de prières « devant l'image miraculeuse ; madame Bailly, re« ligieuse du monastère de Collinances, au dio« cèse de Meaux, qui, affligée d'une extinction de « voix rebelle à tous les remèdes, y recouvra la « parole en 1713. Saint François de Salles bénit « cette statue en 1618, lorsqu'il visita le monas« tère des Filles-Dieu. A la révolution de 1792, « une religieuse du monastère, madame de Flavi« gny, la sauva des mains de l'impiété, et la laissa,

« en mourant, à madame Leclère, son ancienne
« élève, qui pendant les troubles de la France lui
« avait accordé une généreuse hospitalité. Madame
« Leclère, à son tour, la laissa, en mourant, à ma-
« dame Leroy, religieuse Fille-Dieu qui, en 1824,
« en fit hommage au couvent de l'Abbaye-aux-Bois.
« Cette maison, heureuse de posséder un tel trésor,
« aime à venir prier devant cette antique statue, et
« a souvent éprouvé qu'on n'y prie pas en vain (1). »

Nous avons emprunté ce témoignage à une plume vénérée, à une autorité ecclésiastique devant laquelle nous nous inclinons. Si néanmoins l'incrédulité orgueilleuse se permettait de sourire; si même des personnages graves, de bonne foi, appliqués à l'étude des choses sérieuses, mais qui vivent dans un ordre d'idées étranger à nos croyances, s'étonnaient de ce qu'en plein dix-neuvième siècle on osât parler d'images miraculeuses et admettre de pareilles légendes, nous nous abriterions avec confiance sous la parole de l'Église dont les enseignements n'ont jamais varié. Nous admirons certainement les grandes conquêtes de l'intelligence humaine, et nous sommes fort disposés à appeler le temps présent un siècle de lumières, en dépit de fréquentes éclipses et de lamentables erreurs dont ce siècle vaniteux pourrait bien avoir honte, s'il descendait de son piédestal pour le mieux connaître.

(1) *Notre-Dame de France ou Histoire du culte de la sainte Vierge en France*, etc., t. I, p. 72 et 73.

Mais, de ce que la science a multiplié les applications de ses théories, de ce qu'elle a agrandi ses domaines, faudra-t-il conclure que la toute-puissance de Dieu s'est affaiblie et que les rapports de la Divinité avec le monde créé se soient indéfiniment ralentis et effacés? Dieu a-t-il abdiqué, et Marie, qu'il a choisie pour mère du Verbe, a-t-elle été à son tour détrônée? Quel philosophe, enflé de son savoir, osera adhérer à cette déclaration impie? Et si Dieu est demeuré tout-puissant, si Marie n'a pas cessé d'être la reine du ciel et la mère adoptive du genre humain, de quel droit, au nom de quelles lumières inconnues à nos ancêtres, viendra-t-on dire que les miracles ne se produisent plus dans l'Église et que le Créateur a renoncé à cette manière de secourir l'homme et de manifester l'omnipotence divine?

Il n'est point sans utilité de rappeler ici la doctrine de l'Église quant aux images. Léontius la résume ainsi : « Les images ne sont pas nos dieux; ce sont des livres toujours ouverts, qu'on explique et qu'on vénère dans les églises, afin de se rappeler en les voyant, Dieu même, et de l'adorer dans ses saints et dans ses œuvres. » Le pape Grégoire Ier, écrivant à Secondinus, lui mandait aussi : « Je sais bien que tu ne demandes pas l'image de Notre-Seigneur pour l'adorer comme Dieu, mais pour qu'elle te rappelle le Sauveur, pour que ton cœur soit enflammé de l'amour de celui dont tu désires contempler l'image. Nous ne nous prosternons pas non plus devant une image comme devant une divinité, mais nous adorons celui dont les images nous représentent la naissance, la souffrance ou la gloire céleste, et qui excitent dans nos cœurs des sentiments analogues de joie pure ou de sympathie douloureuse. » Enfin, au seizième siècle, le saint concile de Trente parlait ainsi : « Les évêques enseigneront avec soin que l'histoire des mystères de notre Rédemption, telle qu'elle est représentée dans nos tableaux ou d'autres symboles, doit rappeler au peuple les articles de notre foi, en maintenir et en fortifier le souvenir dans leur mémoire ; de plus, que l'on peut puiser un grand profit de toutes les images sacrées, non-seulement parce qu'elles rappellent au peuple les bienfaits et les dons que le Christ lui a légués, mais encore parce qu'elles mettent devant les yeux des fidèles les miracles que Dieu a opérés par les saints, et les exemples salutaires de vertus qu'ils donnent, afin qu'ils en remercient Dieu, qu'ils ordonnent leur conduite et leurs mœurs suivant l'exemple des saints, qu'ils soient enfin réchauffés par là dans l'adoration et l'amour qu'ils doivent à Dieu et dans la pratique de la piété. » Le second concile universel de Nicée avait déjà proclamé la même doctrine, en disant : « Plus les chrétiens contemplent attentivement les images du Christ, de la sainte Vierge et des saints, plus leur âme s'élève par cette vue à l'amour du prototype, plus elle se sent poussée à leur témoigner son respect, en se prosternant devant elles, en les baisant avec confiance; jamais elle ne les adore. L'adoration n'appartient qu'à la nature divine. » Insistant sur cette idée, afin de confondre les calomnies des hérésiarques de tous les siècles, le saint concile de Trente disait encore : « Les fidèles auront dans leurs églises des images du Christ, de la bienheureuse Vierge mère de Dieu et des autres saints ; ils les conserveront et leur accorderont l'honneur et le respect qui leur sont dus ; non pas qu'on puisse croire qu'il y ait dans ces images quelque divinité, quelque vertu en vue de laquelle on les vénérerait, on leur adresserait sa prière, on leur accorderait sa confiance, comme il arrivait autrefois chez les païens, qui plaçaient leur espoir dans leurs idoles; mais parce que l'honneur qu'on leur rend remonte à ceux (*ad prototypa*) qu'elles représentent. Nous adorons le Christ, nous honorons les saints, que les images représentent, en les baisant, en nous découvrant, en nous agenouillant devant elles. » (Sess. vingt-cinquième, *De invoc. sanct.*)

Or, parmi les images du Christ et des saints, qui peuplent nos églises, beaucoup sont appelées miraculeuses. Ce sont celles qui attirent davantage la multitude des fidèles et réveillent dans leurs cœurs des sentiments tout particuliers de respect et de confiance. On accourt vers elles des contrées les plus lointaines pour demander la guérison des maladies, l'éloignement des dangers, pour obtenir des faveurs spirituelles et temporelles de toute espèce! Il en fut ainsi dès les temps les plus anciens et jusqu'à nos jours. Depuis les premiers siècles du christianisme, le nombre de ces images miraculeuses s'est multiplié : chaque contrée, chaque province a eu le bonheur de posséder son image, sa chapelle miraculeuse, attirant par milliers les pieux pèlerins, et plus d'une fois l'existence de ces saintes effigies s'est rattachée à de graves événements historiques.

Il n'y a point de contradiction entre la dévotion qui conduit le peuple devant les images miraculeuses et la doctrine des conciles que nous rappelions tout à l'heure. La vertu de la bénédiction de l'église met l'image sainte en rapport intime avec son prototype, et rien n'empêche qu'elle devienne l'organe et le véhicule de la vertu libératrice qui émane du Christ et le répand dans ses saints, membres vivants de son corps. Dieu peut, par des vues particulières de sa providence, rendre telle de ces images un canal plus riche et plus abondant de ses grâces merveilleuses que telle autre, et c'est ainsi qu'ont paru et paraissent en tout temps, dans l'Église catholique, des images plus spécialement bénies. Une bulle du pape Pie VI a condamné la proposition qui rejette les témoignages d'un respect tout particulier envers certaines images sacrées, et le souverain pontife a qualifié cette proposition de téméraire, de pernicieuse, d'injurieuse à Dieu, *te-*

meraria, perniciosa, pio per Ecclesiam frequentato mori, tum et illi Providentiæ ordini injuriosa, quo ita Deus nec in omnibus memoriis Sanctorum ista fieri voluit, qui dividit propria unicuique sicut vult.

Allons donc avec confiance, et en nous conformant aux préceptes et à la doctrine de l'Église, nous prosterner devant l'autel de l'Abbaye-aux-Bois, et supplier Dieu de nous venir en aide par l'intercession de sa sainte Mère, Notre-Dame-de-toute-Aide, secours des chrétiens.

MÉDITATION :

Lorsque, il y a trois siècles, une nation infidèle, déjà maîtresse de la terre sainte et de l'empire d'Orient, poursuivait ses désastreuses entreprises contre les nations chrétiennes, la bataille de Lépante, de mémorable souvenir, lui porta un rude coup, anéantit ses forces maritimes, et mit à couvert les rivages des contrées occidentales. Pour rendre grâce à Dieu de cet événement, pour remercier Marie dont les prières avaient fait triompher les armes catholiques, le chef de l'Église introduisit dans les litanies de la mère de Dieu cette magnifique prière : *Auxilium christianorum, ora pro nobis!* Notre devoir est de l'adresser à Marie dans nos besoins particuliers et pour les besoins de l'Église.

Pour ce qui nous concerne, nous pouvons légitimement demander à Marie, même dans l'ordre des choses temporelles, les secours et l'aide dont nous avons besoin, et il est d'ailleurs essentiel qu'en recourant ainsi à la protection de la Vierge immaculée, nous commencions par nous soumettre d'avance à ce qu'ordonnera la volonté de Dieu, volonté infiniment sage, infiniment prévoyante, et qui doit régler la nôtre. Dans l'ordre de nos besoins spirituels, toutes les pages qui précèdent sont pleines de cette pensée que nous devons toujours, puisque Dieu nous a accordé ce bonheur, solliciter par l'intercession de Marie, secours des chrétiens, les grâces qui nous sont nécessaires.

Pour ce qui concerne les nations chrétiennes, c'est par Marie que nous devons implorer de Dieu, dans l'ordre temporel, le soulagement des peuples, l'adoucissement des calamités publiques, le maintien de la paix, et, s'il y a lieu, les fruits de la terre, la conservation des récoltes, les victoires militaires destinées à nous sauver des attaques d'un injuste ennemi : c'est également par Marie que nous solliciterons du Seigneur le triomphe de l'Église, la défaite des ennemis de la foi, la fin des hérésies, la destruction du mensonge. N'oublions jamais que Marie, le secours des chrétiens, est *terrible comme une armée rangée en bataille* dans ces jours où elle fait vaincre l'Église, où elle abaisse l'orgueil des enfers.

Marie est notre mère ; elle a compassion de nous, et nous pouvons, comme ses enfants, recourir à elle pour nos besoins temporels. Ne perdons pas de vue, néanmoins, qu'à cet égard nous sommes bien souvent égarés par nos convoitises, et gardons-nous de demander à Marie son secours pour obtenir la réalisation de vœux qui seraient contraires aux intérêts de notre salut et aux vues divines de la Providence. Sachons également que Marie, éclairée sur nos vrais besoins, ne demandera jamais à Dieu d'exaucer des projets, des désirs, des entreprises dont l'effet devrait tourner au dommage de nos âmes ou de l'âme de ceux pour qui nous prions. Dans des questions de cette nature, nous sommes sujets à nous tromper beaucoup. Le plus sûr moyen, tout en invoquant humblement l'intercession de Marie, est de confier notre cause à sa sollicitude maternelle, et de ne demander la réussite de nos supplices et de nos désirs que lorsqu'ils seront conformes aux intérêts de notre salut et à la volonté de Dieu. A cet égard, Jésus-Christ lui-même, au jardin des olives, et dans sa cruelle agonie, nous a fait voir par son exemple dans quelle limite doit s'étendre la prière des chrétiens : « Que ce calice s'éloigne de moi, « a-t-il dit à son Père, si telle est votre volonté. »

Nos besoins spirituels nous sont mieux connus que nos besoins temporels ; l'expérience nous les révèle ; nos chutes passées ou présentes nous font connaître là où doit s'exercer le secours. Ne craignons pas d'invoquer Marie. Combattons sous sa protection puissante, soyons convaincus qu'avec elle la victoire est certaine, et ne nous reprochons qu'une chose, en pareille matière, c'est de ne pas assez recourir à l'intercession de cette mère de Dieu dont l'aide est infaillible et qui ne demande qu'à nous aider.

Nos familles, notre pays, l'Église ont constamment à subir des épreuves, et ne peuvent triompher que par le secours de Dieu. Que leurs besoins soient les nôtres. Pleins de confiance en Marie, souvenons-nous sans cesse qu'elle est le secours des chrétiens, et ne cessons de l'implorer dans les dangers publics et dans toutes les luttes que soutiennent les enfants de Dieu. Nous n'avons que trop souvent oublié ce devoir.

O Marie! *qui êtes bénie entre toutes les femmes,* et qui avez pour fils le Fils du Très-Haut, le Verbe incarné, vous êtes après Jésus notre appui et notre confiance : ceux qui connaissent votre nom espèrent en vous, car vous n'avez jamais délaissé ceux qui vous invoquent; tournez vers nous vos regards de miséricorde et de vie. Vous êtes la reine et la dominatrice des hommes, et notre salut, confié à vos mains, ne saurait être impossible. Dans le trouble où nous sommes, nous nous jetons entre vos bras, comme des enfants dans le sein de leur mère. Obtenez-nous de triompher de nos passions, de sortir victorieux de la tentation, d'échapper au joug de l'enfer, d'aimer Jésus de tout notre cœur et par-dessus toute chose, (ce qui est la plus sûre manière de vous aimer,) et par votre secours nous remporterons la victoire qui fait conquérir l'éternité bienheureuse.

(N. B. Les prières qui suivent sont littéralement extraites de la notice distribuée à l'Abbaye-aux-Bois, pour expliquer et accroître la dévotion dont les fidèles entourent l'image miraculeuse de Notre-Dame de Toute Aide.)

PRIÈRE

A NOTRE-DAME DE TOUTE AIDE.

Vierge sainte, dont le divin fils Jésus, assis sur vos genoux, semble nous dire : *Adressez-vous à ma mère*, ô Notre-Dame de Toute Aide, encouragés par cette invitation touchante, et par le beau titre de miraculeuse protection que vous a décerné la foi reconnaissante, nous venons, nous aussi, déposer à vos pieds le tribut de notre vénération, et de notre confiance filiale.

Accablés sous le poids de nos dettes envers Dieu, malades, épuisés par nos infidélités journalières, comment, sans votre maternel secours, triompher de notre faiblesse, et marcher courageusement dans la voie des préceptes et des conseils ? Bonne et tendre mère, armez-nous de force contre nous-mêmes et contre l'ennemi de nos âmes ; brisez en nous les liens du péché ; changez notre esprit, et, en nous revêtant de celui de Notre-Seigneur, obtenez-nous un cœur pur, humble, contrit, un cœur où Dieu règne sans partage.

Mère de Toute Aide, ce n'est pas en vain que ce titre vous est dû : quelle est l'âme qui, en criant vers vous, n'a pas ressenti votre salutaire médiation ? Où sont les vœux que vous avez repoussés, les plaintes que vous n'avez pas entendues ? Prêtez-nous donc, ô Marie, une oreille attentive et compatissante ; écoutez la voix de nos larmes ; exaucez-nous, Mère de clémence et de bonté !

PRIÈRE

POUR DEMANDER DES GRACES TEMPORELLES

Très-sainte Mère de mon Dieu, Notre-Dame de Toute Aide, refuge assuré de tous ceux qui vous implorent, vous n'êtes pas seulement la dispensatrice des biens de la grâce, mais votre compassion s'étend à tous les genres de tribulations qui éprouvent vos enfants. Animé par cette ferme assurance, je viens, en déplorant à vos pieds mes nombreuses offenses, vous conjurer de m'en obtenir le pardon ; à cette faveur insigne, daignez joindre celle de..... Vous seule, ô Marie, pouvez me secourir efficacement, et je sais que votre cœur maternel ne repousse jamais le pauvre humble et repentant. Dites une parole pour moi à votre divin Fils, il ne peut rien vous refuser. Ainsi soit-il.

VIIIᵉ PÈLERINAGE

NOTRE-DAME-DES-VICTOIRES

Bien longtemps avant la révolution, les augustins déchaussés et réformés, désignés par le peuple sous le nom de *Petits-Pères*, s'étaient établis à Paris. L'origine de cet ordre se perdait dans la nuit du moyen âge, et plusieurs, sans autres preuves que des traditions mal comprises, voulaient la reporter jusqu'à saint Augustin lui-même. Il est seulement certain que vers le règne de saint Louis, en 1256, plusieurs communautés de religieux, souvent appelés ermites, quoiqu'ils ne se trouvassent pas dans les conditions de ce titre, furent réunies en un seul ordre. En 1265, par les soins d'Alexandre IV, ils élurent un général et leur choix porta sur le prieur des Jean-Bonites, Lanfranc Septala, de Milan. Cet ordre jouissait de grands priviléges ; il était exempt de la juridiction épiscopale ; il avait un cardinal-protecteur, et l'un de ses membres était habituellement sacriste de la chapelle papale. En 1567, le pape Pie V plaça les ermites de Saint-Augustin au nombre des ordres mendiants, fixa leur rang après les dominicains, les franciscains et les carmélites, sans leur défendre de posséder des biens et des revenus. Différentes congrégations s'étant fondées au sein de cet ordre, en vue de maintenir ou de rétablir l'intégrité de la règle primitive, l'une d'elles se composa des déchaussés français qui, établis en 1596, formèrent bientôt trois provinces sous un vicaire général propre. Ils portaient de longues barbes, et, quant au costume, ils ne différaient des capucins que par la couleur noire de leur habit et leur cordon de cuir. Ils subsistèrent en France jusqu'à la révolution, et, à cette époque, ils furent dispersés et dépouillés de leurs biens. Les maisons de cet ordre ne sont point nombreuses en Europe. La principale est à Rome.

En 1620, après bien des vicissitudes qu'il serait trop long de décrire, ils avaient obtenu de l'évêque de Paris, Henri de Gondi, la permission d'établir un couvent de leur réforme, et ils avaient choisi à cet effet un emplacement dans le quartier Montmartre. Ils étaient pauvres et peu connus, et le peuple, qui parut les adopter avec confiance, les désigna sous le nom de *Petits-Pères*. Quelques années après, ils sollicitèrent Louis XIII de vouloir bien se déclarer fondateur d'une nouvelle église qu'ils allaient construire. Ce prince, disent les chroniques de son règne, reconnaissant des grâces qu'il avait reçues du ciel par la protection de la sainte Vierge, et lui rapportant toutes les victoires qu'il avait remportées sur les calvinistes de son royaume, accepta l'honneur qu'on lui décernait, et voulut que la nouvelle église fût placée sous le vocable de *Notre-Dame-des-Victoires*. Le 8 décembre 1629, François de Gondi, premier archevêque de Paris, accompagné des religieux augustins déchaussés, planta une croix à l'entrée de l'emplacement où devait être élevé leur monastère; le lendemain, second dimanche de l'Avent, le roi, suivi des princes et des seigneurs de sa cour, se rendit au même lieu, où l'attendaient le prévôt des marchands, les échevins, et les autres officiers de la ville. Dès qu'il fut arrivé, et après qu'on eut procédé aux cérémonies religieuses usitées en pareil cas, le roi posa la première pierre de l'église projetée. Peu de jours après il fit expédier des lettres patentes aux termes desquelles il se déclarait protecteur des Petits-Pères, fondateur de leur église et de leur couvent, et leur accordait tous les priviléges, droits, franchises et exemptions dont jouissaient les autres églises et communautés de fondation royale. Quelques années s'écoulèrent, et le saint édifice, bâti sous la protection de Louis XIII, cessa d'être assez vaste pour contenir la foule des fidèles qui venaient honorer Notre-Dame des Sept Douleurs. Anne d'Autriche fit reconstruire l'église actuelle et revêtir de marbre blanc la chapelle de la sainte Vierge, où se réunissait dès cette même année (1656) la confrérie de Notre-Dame des Sept Douleurs, fondée sur les instances de la mère de Louis XIV, et dont cette princesse se déclara protectrice, chef et régente (24 mars 1657). Dans le cours du dix-huitième siècle, en 1737, cette église fut de nouveau agrandie aux frais de la communauté des augustins déchaussés, et, après avoir été réunie au domaine national, sous la république, elle servit de salle de Bourse, puis elle fut rendue au culte, en l'an X, par ordre du premier consul.

Comme monument, l'église de *Notre-Dame-des-Victoires* ne mérite qu'une médiocre attention. Elle appartient à ce style monotone et froid du dix-septième siècle qui ne dit rien à la pensée : elle offre à nos regards un frontispice pyramidal, formé de deux ordres de pilastres, ionique et corinthien ; la nef est décorée d'une ordonnance ionique ; la voûte sphérique est percée de croisées en lunettes, séparées les unes des autres par des archivoltes tombant à l'aplomb des piliers. Elle est surchargée, à l'intérieur, de caissons, de tables chantournées, de bronzes, de dorures, et de tous les ornements, d'un goût contestable, qui furent à la mode sous le règne de Louis XV. On remarque néanmoins à juste titre le buffet d'orgues et les boiseries du chœur. Dans le cours du dix-huitième siècle, cette église fut ornée de plusieurs tableaux de mérite dus à Bon Boullongne, à Carle Vanloo, à Langrenée jeune : parmi les sculptures, on admirait alors une statue de saint Augustin, œuvre de Pigalle. Vers la fin du dix-septième siècle on compléta l'ornementation de la chapelle de *Notre-Dame de Savone*, qui fut décorée d'une architecture ionique, d'après les dessins de Claude Perrault. Ceux qui avant nous ont écrit sur ce sujet racontent dans les termes suivants l'origine de la dévotion à Notre-Dame de Savone :

« Le samedi 18 mars 1536, un paysan nommé Antoine Botta, du village de San-Bernardo, près de la ville de Savone, s'étant arrêté sur le bord d'un ruisseau, aperçut une lumière extraordinaire qui venait du ciel, et entendit une voix qui lui disait : « Lève-toi, ne crains point, je suis la Vierge Marie ; va trouver ton confesseur, et dis-lui qu'il annonce au peuple de jeûner trois samedis : tu te confesseras tu communieras, et tu reviendras en ce lieu le quatrième samedi. » Botta obéit ponctuellement, et, étant revenu le quatrième samedi, la Vierge lui apparut, vêtue d'une robe et d'un manteau blanc, et ayant une couronne d'or sur la tête. Elle le chargea de faire annoncer que l'énormité des crimes des hommes avait irrité son Fils contre eux, et que sa colère était prête à tomber sur eux. Le confesseur de Botta, instruit de cette vision par son pénitent, monta en chaire, publia l'apparition de Notre-Dame, et prêcha le repentir et la pénitence. La Vierge parla une troisième fois à Botta, et lui ordonna d'aller à Savone annoncer également la pénitence. Le clergé, les magistrats et le peuple de cette ville allèrent en procession à la vallée de San-Bernardo, où la sainte Vierge avait apparu à ce paysan ; et pour conserver à jamais le souvenir de ce miracle, on institua une fête solennelle qui se célèbre tous les ans le 18 mars, et que le pape Paul III autorisa par une bulle du 4 août de l'an 1537. Les magistrats de la ville firent ensuite bâtir, auprès du ruisseau où la sainte Vierge avait apparu à Botta, une magnifique chapelle qui est desservie par des théatins.

« La sainte Vierge y est représentée telle qu'elle avait apparu, et Botta, qui avait eu l'honneur de l'apparition, est à genoux à côté de la Vierge...

« Or, le roi Louis XIV et la reine sa mère ayant envoyé le frère Fiacre, augustin déchaussé, homme d'une grande piété, pour accomplir le vœu que LL. MM. avaient fait à Notre-Dame de Lorette, en actions de grâces de la paix des Pyrénées, et le bâtiment sur lequel ce religieux s'était embarqué ayant été obligé de relâcher dans le port de Savone, ce frère fut frappé du concours de peuple qui y venait tous les jours pour honorer Notre-Dame de Savone, et résolut d'introduire en France cette dévotion particulière. A son retour, il entretint les deux reines des merveilles de Notre-Dame de Savone, et du désir qu'il avait d'établir à Paris cette dévotion; il supplia LL. MM. de vouloir l'aider de leurs libéralités, pour faire sculpter à Gênes la statue de la Vierge et celle de Botta. Les reines le lui promirent... Dix ans après, en 1674, le roi ordonna à Colbert, surintendant des bâtiments, de faire décorer une chapelle dans l'église des augustins déchaussés, pour y mettre la statue de Notre-Dame de Savone; ce ministre chargea Claude Perrault d'en donner les dessins, qui furent exécutés dans les ateliers du roi et mis en place... »

Les iconoclastes de la révolution française, après avoir, durant quelques années, fait une Bourse de commerce de l'édifice que nous venons de décrire, détruisirent ou dispersèrent la plupart des objets d'art religieux que renfermait cette église.

De nos jours, après avoir subi tant de profanations, elle est devenue, par la miraculeuse intervention de la Providence, l'église de Paris, l'église de France la plus célèbre, et, à coup sûr, l'un des sanctuaires du monde où la puissance de Dieu, la compassion de Marie et la piété des catholiques se manifestent avec le plus d'éclat et par le plus grand nombre de merveilles. C'est là qu'a été fondée l'*Archiconfrérie du très-saint et immaculé Cœur de Marie*, l'une des œuvres que Dieu s'est plu à bénir entre toutes, et qui a pour objet principal la conversion des pécheurs.

L'origine de cette archiconfrérie est à peu près connue de tous les catholiques; nous n'apprenons rien à personne en rappelant qu'elle a pris naissance le 3 décembre 1836, par une inspiration inexplicable, selon les voies humaines, communiquée au vénérable abbé Desgenettes, alors curé de cette paroisse. Ce saint prêtre gémissait devant Dieu au spectacle du troupeau confié à ses soins. Notre-

Dame-des-Victoires, comme on le sait, est située au centre du commerce et des affaires; elle est entourée de théâtres et de lieux de plaisirs, et, depuis de longues années, cette paroisse avait vu s'éteindre dans son sein presque tout sentiment, toute idée religieuse. Au jour des plus grandes solennités, cette église était déserte; on avait cessé d'y recourir aux sacrements et la foi avait peu à peu cédé tout le terrain aux préoccupations du luxe, aux fêtes mondaines, à la dissipation, à l'indifférence, au désordre. Mais où sont les obstacles qui arrêtent la miséricorde de Dieu?

Donc (c'est lui-même qui le raconte) M. l'abbé Desgenettes célébrait la messe, le 3 décembre 1836, fête de saint François Xavier. Il en était à peine au premier verset du psaume *Judica me*, qu'une pensée vint saisir son esprit. C'était celle de l'inutilité de son ministère dans cette paroisse. Au lieu de s'arrêter à cette idée, qui remplissait peu à peu son âme, il essaya de la repousser, et de concentrer toutes ses préoccupations sur la célébration des saints mystères. « Je fis, dit-il, tous les efforts possibles pour éloigner cette pensée de mon esprit; je ne pus y parvenir; il me semblait entendre continuellement une voix qui venait de mon intérieur et qui me répétait : *Tu ne fais rien, ton ministère est nul. Vois, depuis plus de quatre ans que tu es ici, qu'as-tu gagné? Tout est perdu, ce peuple n'a plus de foi...* Et malgré mes efforts pour repousser cette malheureuse pensée, elle s'opiniâtra tellement qu'elle absorba toutes les facultés de mon esprit, au point que je lisais, je récitais les prières sans plus comprendre ce que je disais..... Après avoir récité le *Sanctus*, je m'arrêtai un instant, je cherchai à rappeler mes idées; effrayé de l'état de mon esprit, je me dis : *Mon Dieu!... je n'ai pas assez de liberté d'esprit pour consacrer. O mon Dieu, délivrez-moi de cette malheureuse distraction!* A peine eus-je achevé ces paroles que j'entendis très-distinctement ces mots prononcés d'une manière solennelle : *Consacre ta paroisse au très-saint et très-immaculé Cœur de Marie.* A peine eus-je entendu ces paroles, qui ne frappèrent point mes oreilles, mais retentirent seulement au dedans de moi, que je recouvrai immédiatement le calme et la liberté de l'esprit. » M. Desgenettes raconte ensuite les luttes qu'il engagea contre cette même pensée, craignant d'être séduit par une illusion, s'efforçant de croire qu'il n'y avait là qu'une impression irréfléchie, à laquelle il eût été téméraire de s'arrêter : il nous fait ensuite connaître que les avertissements intérieurs redoublèrent et ne lui permirent pas d'hésiter davantage.

Les statuts de la nouvelle association furent sans retard rédigés; le 10 décembre, l'archevêque de Paris, Mgr de Quélen, les approuva; le 11, troisième dimanche de l'Avent, les prières commencèrent; le 16, par une ordonnance du chef du diocèse, l'association fut canoniquement érigée.

Jamais œuvre de religion ne rencontra moins d'obstacles extérieurs et n'eut un développement plus rapide. Dès les premiers jours Dieu avait daigné la confirmer et la glorifier par le spectacle de conversions inattendues autant qu'inespérées, et qui étaient évidemment dues aux prières des fidèles, déjà réunis en grand nombre, qui s'associaient à la pensée de leur pasteur et formaient les premiers groupes de l'archiconfrérie.

Ouvert le 12 janvier 1837, le registre des associés comprenait, dix jours après, deux cent quatorze noms : bientôt après, on venait, des autres paroisses, s'y faire inscrire, et l'affluence était si considérable, qu'on ne suffisait pas à l'empressement des fidèles. Informé du prodigieux développement de cette œuvre, le saint-père l'érigea en archiconfrérie, avec droit de s'affilier des sociétés semblables ; et bientôt de tous les points de l'univers catholique arrivèrent des demandes d'agrégation. On peut, sans exagérer, évaluer à plus de douze millions de fidèles de tout âge et de tout sexe les personnes qui soit directement, soit indirectement, ont sollicité et obtenu d'être associées à l'archiconfrérie de Notre-Dame des Victoires, et de participer aux grâces répandues à profusion sur cette œuvre de consolation et de foi. Aucune église, en France, sans excepter la chapelle de Fourvières, ne réunit un si grand nombre de pieux visiteurs ou de pèlerins : les murs, les piliers de ce vaste édifice sont recouverts de tables de marbre, d'*ex-voto*, d'inscriptions redisant pour les yeux et pour les âmes les merveilles obtenues de Dieu, par l'intercession de Marie, pour la guérison des maux temporels ou spirituels, et surtout pour la guérison des cœurs blessés, affligés, mourants ou morts. A peine a-t-on, ne fût-ce que par simple curiosité, pénétré dans ce sanctuaire où l'on honore Marie, *refuge des pécheurs*, que l'on se sent ému d'un sentiment indicible de religion, de foi et d'espérance. Combien sont entrés, le rire du dédain sur les lèvres, dans cette église où prêchait un vieillard couronné de cheveux blancs, qui se sont agenouillés respectueusement sur le pavé du temple, et se sont relevés croyants et chrétiens ! Combien sont revenus à Dieu, après une longue existence de désordres et d'incrédulité, sans savoir que leur conversion était instamment demandée à Dieu par l'archiconfrérie dont ils ignoraient même l'existence, et qui s'était placée sous la protection victorieuse de Marie ! Chaque dimanche, le soir, à l'heure où les multitudes se pressent dans les bals, dans les salles de théâtre, dans les lieux de fêtes, l'élite de l'archiconfrérie se rassemble à Notre-Dame-des-Victoires dont l'enceinte, si vaste qu'elle soit, ne suffit plus à contenir ces pieux associés. On chante l'office de la sainte Vierge, on entend une exhortation religieuse, puis un prêtre monte en chaire et, après avoir dépouillé la correspondance de la semaine, il invite tous les membres de l'archiconfrérie à prier pour tant de malades, tant de moribonds, tant de prisonniers, tant de fils, tant de vierges, tant de mères, tant de vieillards, tant d'enfants, tant de communautés ou de paroisses : il dit le nombre, il signale les circonstances les plus dignes d'émouvoir l'auditoire, et bientôt après il fait part des conversions et des guérisons obtenues depuis la dernière assemblée. C'est comme l'ordre du jour de la bataille à livrer contre l'enfer ; c'est comme le bulletin des victoires de la Mère de Dieu. Quand il a fini de parler, l'archiconfrérie, saisie d'un sentiment de confiance, bien persuadée qu'elle va faire à Dieu, par ses prières, cette sainte violence dont parle l'Écriture, l'archiconfrérie, disons-nous, se prosterne au pied des autels, récite de ferventes prières, fait entendre très-humblement le *Parce, Domine*, et répond avec une sorte d'enthousiasme aux litanies que chantent les prêtres. Lorsqu'on arrive à cette invocation : *Refuge des pécheurs, priez pour nous !* on la répète trois fois, le front incliné, dans l'attitude de la supplication la plus fervente, et l'on se relève animé d'une douce confiance, le cœur rempli de la certitude d'être exaucé. Qui n'a point assisté à ces pieux et touchants exercices n'a aucune idée de ce que nous oserons appeler la piété parisienne.

En ce moment nous parlons une langue que le monde ne comprend pas. Pourquoi chantons-nous, selon l'expression biblique, le cantique de la patrie sur une terre étrangère? Le monde a ses joies et ses transports de fête : il se réjouit au spectacle de pompes qui durent à peine la moitié d'une nuit. Il encense le veau d'or, sous toutes ses faces, à la Bourse, dans les comptoirs, dans les ateliers industriels, en public ou en secret. Il inonde les abords de la scène où la passion fait appel par toutes les voix aux mauvais instincts du cœur. Les décors du théâtre, le luxe inouï des représentations féeriques, les ballets païens, les bals qui provoquent à la débauche, voilà ce qu'il aime et ce qu'il recherche, voilà ce dont ses courtisans lui parlent volontiers. Mais dites-lui qu'à deux cents pas de la Bourse, à quelques minutes de l'Opéra, au centre d'un quartier industriel et commerçant où le vendeur trompe l'acheteur, ou l'acheteur tend à son tour des piéges au vendeur, il existe un sanctuaire où affluent les chrétiens des deux hémisphères, où de tous les points habités du globe on accourt pour solliciter de Dieu, par l'intercession de Marie, ce que l'Église appelle la conversion des pécheurs, le monde ne vous comprendra pas, il vous répondra par des signes d'incrédulité et de mépris. Et ne voilà-t-il pas bientôt dix-neuf siècles qu'il se moque de la folie de la croix! Eh bien, qu'il s'étonne ou s'indigne, qu'il fasse entendre le dédain ou l'injure, c'est lui que l'on veut vaincre et subjuguer. C'est pour le ramener à Dieu que Marie remportera ses victoires. Pleins de confiance et d'humilité, selon qu'ils tournent leurs regards vers le ciel ou sur eux-mêmes, les chrétiens se rangent dans ce temple sous l'étendard du très-saint Cœur de Marie : ce cœur maternel recueille leurs vœux; la vierge immaculée les porte au pied du trône de la divine justice, et des grâces sans nombre de conversion et de salut se répandent sur ceux qui n'ont point douté de la puissance médiatrice de la reine du ciel, refuge assuré des pécheurs. Il se fait alors un échange continu de supplications et de grâces.

On dirait que Marie est visible dans ce sanctuaire béni de Dieu; on croirait l'entendre crier aux pécheurs, avec les saintes Écritures : « Ne différez pas
« à vous convertir au Seigneur, et ne remettez pas
« de jour en jour, car sa colère éclatera tout d'un
« coup et il vous perdra au jour de la vengeance.
« (*Eccles.*, c. XXX.) Convertissez-vous... corrigez
« vos affections et vos désirs (*Jérémie*, c. XXXV.)
« Convertissez-vous, faites pénitence... faites-vous
« un cœur nouveau et un esprit nouveau (*Ézéch.*,
« 18-20.) »

« Qui que vous soyez, dit saint Bernard, qui vous
« trouvez sur cette mer orageuse du monde, agité
« de la tempête, au milieu des écueils, ayez tou-
« jours les yeux sur cette *étoile du matin*, si vous ne
« voulez pas faire naufrage... invoquez Marie... car
« Dieu a mis en elle la plénitude de tous les biens,
« et il veut que toutes les grâces qu'il nous ac-
« corde, tout le bien qu'il nous fait, passent par les

« mains de sa mère pour nous être transmis. »

Nous pourrions développer outre mesure ces textes et ces pensées consolantes, mais à qui d'entre les chrétiens enseignerions-nous la puissance miraculeuse de Marie? Nul d'eux n'a besoin de notre faible témoignage pour croire et prier. S'il en est encore qui résiste, puisse-t-il, en passant devant les portes de l'église de Notre-Dame-des-Victoires, entrer un moment à la suite des enfants de Dieu et s'agenouiller comme eux sur les marches du sanctuaire : s'il prie à son tour, s'il demande secours et miséricorde, s'il implore de bonne foi la lumière, s'il sollicite du Tout-Puissant, par l'intercession de Marie, la grâce de rompre le joug du monde et des passions, nous l'affirmons devant nos frères, il se relèvera fortifié et il ne tardera pas à être consolé.

MÉDITATION.

Les anciens élevaient des villes de refuge où les proscrits et les criminels de toutes nations venaient chercher un asile : Marie est le refuge assuré des pécheurs quelles que soient leurs fautes, quelque multiplié que soit le nombre de leurs crimes. Saint Anselme, s'adressant à la sainte Vierge, lui dit avec un sentiment de pieuse reconnaissance : « Vous réchauffez avec une affection toute maternelle un misérable pécheur méprisé de tout le monde, et vous ne l'abandonnez pas que vous ne l'ayez réconcilié avec son juge. » Si le péché est comme un acte de divorce qui désunit l'âme d'avec Dieu, Marie, la mère des miséricordes, intervient et, à la prière du pécheur, fait rentrer l'âme coupable dans les grâces du céleste Époux. « Dieu vous garde, lui dit saint Éphrem, l'asile, la retraite des pécheurs et le propitiatoire des affligés. » Et quelques instants après, le même serviteur de Marie, se tournant vers la mère de Dieu, s'écrie encore : « Salut, bonne espérance de mon âme... Salut, secours des chrétiens et des pauvres! » Les saints nous enseignent que Marie a été appelée à l'honneur de devenir mère de Dieu plus pour les pécheurs que pour les justes ; ce n'est point pour condamner les pécheurs, c'est pour les sauver qu'elle a obtenu ses glorieux priviléges, et puisque en vue du salut des pécheurs elle a reçu tant de grâces, elle ne saurait renoncer à plaider leur cause, elle ne peut détourner d'eux un visage irrité et les abandonner sans secours à la justice de Dieu. Les villes de retraite dont nous parlions tout à l'heure n'étaient que pour les homicides : Marie, en tant que refuge des pécheurs, donne asile à tous les criminels, sans distinction. Meurtriers, blasphémateurs, infidèles, débauchés, menteurs, envieux, voleurs, sacriléges, tous ceux qui ont offensé Dieu, tous ceux qui ont à redouter la vengeance et les châtiments du ciel, tous, pourvu qu'ils aient un cœur contrit, pourvu qu'ils regrettent d'avoir péché et sollicitent humblement pardon par l'entremise de Marie, oui tous, nonobstant la multitude de leurs offenses et l'atrocité de leurs crimes, ont le bonheur de trouver en Marie un refuge, un gage assuré de réconciliation et de salut. Les hommes ne l'oublient que trop.

Marie est le refuge des pécheurs; elle intercède pour tous ceux qui voulant revenir à Dieu s'adressent à elle avec confiance : elle est comme une mère qui sollicite un père irrité et obtient de lui la grâce d'un fils coupable. Si elle est mère de Dieu, cet honneur incomparable ne lui a été accordé que parce qu'il y avait des pécheurs à pardonner et à conduire au ciel. Si l'homme n'était pas déchu, si la terre n'avait été peuplée que de justes, Jésus ne serait pas intervenu comme médiateur et sauveur, il ne se fût pas revêtu d'un corps semblable aux nôtres. Marie a donc pour mission et pour office de contribuer au salut des pécheurs. Espérons en elle.

Jésus, fils de Marie, a versé son sang pour racheter le monde; Marie ne veut pas que ce sang si précieux ait coulé en vain, et comme elle en connaît la valeur, elle connaît la valeur des âmes. Marie, se conformant à la volonté de Dieu, a été témoin de la mort de Jésus sur le Calvaire ; elle a ainsi hérité de ses sentiments pour les mêmes pécheurs pour le salut desquels Jésus a porté sa croix. Quelque pécheurs et misérables que nous soyons, Jésus veut que Marie nous regarde comme ses enfants et soit notre refuge.

Que jamais la honte ou le désespoir ne nous empêche de recourir à elle.

Songeons-nous bien qu'il est indispensable à notre salut que nous ayons le bonheur de mourir dans la crainte filiale et dans l'amour de Jésus ? Préparons-nous au redoutable jour où il nous faudra dire adieu à ce monde et comparaître devant le juge éternel. L'Église nous enseigne que pour franchir cette épreuve et pour en sortir victorieux, nous devons implorer le secours de Marie. Elle nous prescrit de lui dire : « Priez pour nous, maintenant et *à l'heure de notre mort.* » Efforçons-nous sur cette terre d'obtenir de Dieu, par l'intercession de Marie, la grâce d'une sainte mort.

O Marie, mère de toutes les grâces, médiatrice de notre salut, Vierge puissante, vous que Jésus honore en ne lui refusant rien, Vierge dont la compatissante pitié devance les vœux qu'on vous adresse, temple d'or de la charité, tour de David, arche d'alliance, vous qui avez pouvoir dans Sion et qui êtes en quelque sorte le livre de vie, vous qui êtes le salut assuré de ceux qui ont recours à vous, je vous invoque, je vous implore, et parce que vous êtes le *refuge de tous les pécheurs*, moi pécheur avec une pleine et entière confiance d'être exaucé, je viens vous demander d'être mon refuge et de solliciter pour moi la grâce du repentir et la grâce de la réconciliation, afin qu'il y ait en ce jour une âme de plus au service de votre fils.

IXe PÈLERINAGE

NOTRE-DAME-DE-BONNE-DÉLIVRANCE

(A saint-Thomas-de-Villeneuve.)

Il existait autrefois dans la rue Saint-Jacques, près du grand couvent des Jacobins, une église dont le nom, Saint-Étienne-*des-Grès*, est resté attaché à une rue du quartier latin. Par le temps qui court, on transforme Paris à coups de pioche, on ouvre sur tous les points des voies magistrales, et il serait bien possible, si cette rue subsiste encore, qu'elle ne tardât pas à disparaître. Nous l'avons tous connue, et nous pourrions aisément découvrir ses restes. Saint-Étienne-*des-Grès*, alors l'un des sanctuaires les plus vénérés, présentait par son nom même une énigme archéologique : Fallait-il traduire le dernier mot par ceux-ci : *à gressibus* (des degrés, des grès) ou bien par ces autres mots : *à Græcis* (des Grecs)? Cette dernière opinion semble avoir été adoptée de nos jours, mais nous la croyons moins bien établie que l'autre. Selon l'abbé Lebeuf, ce surnom : *des grès*, devait venir des grès ou bornes posées dans la rue, pour marquer les limites des seigneuries du roi et de l'abbaye Sainte-Geneviève, ou d'une famille *de Grez*, connue au treizième siècle, et qui possédait, au nom du roi, un pressoir et un vignoble le long de la rue Saint-Étienne.

Dans la chapelle de la Vierge de l'église Saint-Étienne-des-Grès, il existait une confrérie instituée, en 1533, sous le titre de *Notre-Dame-de-Bonne-Délivrance*, à laquelle les papes Grégoire XIII et Clément VIII avaient accordé de grandes indulgences, en 1581 et en 1601. En peu d'années cette confrérie devint très-illustre ; de toutes parts on venait s'y associer et solliciter, par l'intercession de Marie, la *délivrance* des afflictions de l'âme et du corps, surtout on recommandait à la mère de Dieu les prisonniers pour dettes, les femmes en couches et les malades en danger. Située dans le quartier des études, l'église Saint-Étienne-des-Grès était comme le pieux rendez-vous de la jeunesse, et les élèves de l'Université de Paris s'y rendaient en foule pour se placer sous la protection de Marie.

Saint François de Sales fut de ce nombre : nous lisons dans sa vie qu'en 1578, vers l'âge de dix-sept ans, il obtint dans la chapelle de Notre-Dame-de-Bonne-Délivrance, au pied de l'image de Marie, le bonheur d'être affranchi d'une horrible tentation qui l'accablait et le conduisait au tombeau. Ce pieux écolier était dominé par la pensée qu'il irait en enfer, et que tout ce qu'il ferait pour sauver son âme et la consacrer à Dieu serait inutile. On comprend qu'une idée aussi désolante, pour un homme plein de foi et de dévotion, était une cause continuelle d'angoisses et, en même temps, une sollicitation vers le mal d'autant plus vive qu'elle était l'œuvre du désespoir. Or, un jour, en sortant du collége, il entra dans l'église Saint-Étienne-des-Grès, se prosterna devant la sainte effigie de Notre-Dame de Délivrance, et récita la prière de saint Bernard, si connue des chrétiens, qui commence par ces mots. « *Memorare, o piissima Virgo,* Souvenez-vous, ô très-pieuse Marie, etc. » Un moment après, il supplia Dieu, par l'intercession de Marie, de venir à son aide et fit vœu de chasteté. Lorsqu'il se releva, il était guéri et comme transformé par une assistance miraculeuse. Depuis lors plusieurs grandes grâces obtenues dans le même sanctuaire éveillèrent à un haut degré la reconnaissance des chrétiens envers Marie : les papes et les souverains s'associèrent à ces pieux hommages rendus à Notre-Dame de Bonne Délivrance et décorèrent des dons les plus riches la chapelle où son image était exposée. Chaque année les gouverneurs de la confrérie se répandaient dans les diverses prisons de Paris, et, par un juste emploi des offrandes mises à la disposition de l'œuvre, ils faisaient rendre à la liberté les débiteurs insolvables en satisfaisant à leurs créanciers.

Les anciens auteurs ont décrit la magnificence

des cérémonies religieuses célébrées par la confrérie de Notre-Dame-de-Bonne-Délivrance, et particulièrement des processions qui avaient lieu chaque année, le 1er mai et le 24 août, à huit heures du matin, de Saint-Étienne-des-Grès à une autre paroisse dont on faisait choix. Ces manifestations solennelles plaisaient au peuple chrétien et stimulaient la foi dans les âmes. Par cela même, elles mécontentèrent vivement la faction janséniste. Le 6 février 1737, le parlement de Paris osa rendre un arrêt qui supprimait les deux processions. A cette époque de notre histoire, que les catholiques ne savent pas suffisamment déplorer, l'Église de France était placée sous la main de la police judiciaire, et l'autorité civile se croyait en droit d'intervenir à chaque instant dans les questions qui sont du domaine de la foi religieuse. Pour la philosophie, qui dressait ses enseignes, ce fut un triomphe et une cause de joie que la suppression des naïves pompes de la confrérie de Notre-Dame-de-Bonne-Délivrance : mais les fidèles, qui subissent la persécution et ne cessent d'être fermes, continuèrent d'entourer d'une vénération toute particulière les images de Marie. Vint pour eux une plus formidable épreuve. Les iconoclastes de la terreur dévastèrent les temples de Dieu, chassèrent les prêtres et épouvantèrent Paris au spectacle de leurs fureurs sacriléges. L'église Saint-Étienne-des-Grès fut dépouillée des trésors et des ornements précieux que, durant plusieurs siècles, la piété des rois et des peuples avait accumulés sur ses autels : tout fut vendu aux enchères, et l'on n'excepta pas la statue de Notre-Dame de Bonne Délivrance. Une fervente chrétienne, une femme courageuse, madame de Carignan Saint-Maurice parvint à acquérir cette image vénérée et la fit transporter dans son hôtel où elle avait conservé, à l'abri des enquêtes municipales, un petit oratoire secrètement desservi par un prêtre. Madame de Carignan fut incarcérée comme suspecte, et détenue dans la prison de la rue de Sèvres (aujourd'hui le couvent des Oiseaux). Lorsqu'elle eut été rendue à la liberté, elle apprit que les dames hospitalières de Saint-Thomas-de-Villeneuve étaient menacées par le gouvernement conventionnel d'être chassées de leur communauté : « Elle fit vœu, dit un pieux contemporain, de donner sa statue chérie à ces dames, si le gouvernement, renonçant à ses desseins hostiles, cessait de les inquiéter : de leur côté, les religieuses firent une neuvaine à Notre-Dame-de-Bonne-Délivrance ; tant de prières furent exaucées. La comtesse de Carignan offrit alors d'accomplir son vœu : les dames de Saint-Thomas l'acceptèrent avec bonheur, et s'empressèrent de bâtir une chapelle pour recevoir la statue. » C'est dans une autre chapelle bâtie en 1830, et située rue de Sèvres, n° 27, que l'image de Notre-Dame de Bonne Délivrance est aujourd'hui exposée à la vénération des fidèles : c'est là, aux pieds de la *Vierge noire*, nom que le peuple lui donne, que se prosternent avec une pieuse confiance les esclaves du monde, fatigués du poids de leurs chaînes, et ceux qu'affligent les douleurs, et le deuil et les misères innombrables de cette vie. Extérieurement, cette petite église n'a pas de façade : on y pénètre par une sorte de couloir parallèle à la rue, et à l'extrémité duquel on rencontre l'image de l'archange saint Michel terrassant le démon.

Après une station devant cette statue, près de laquelle des *ex-voto* témoignent de la reconnaissance de quelques âmes d'élite envers l'archange victorieux, on entre dans la chapelle des dames de Saint-Thomas-de-Villeneuve, et, au-dessus de l'autel, on remarque la statue de marbre noir, revêtue d'ornements dorés, devant laquelle s'agenouilla saint François de Sales. Peu de pèlerinages, à Paris, sont en aussi grande vénération : tout y invite au recueillement de la prière, et la puissance des souvenirs, et la puissance incomparable de Dieu qui est présent dans les tabernacles.

A l'exemple de tant de chrétiens qui ont passé dans ce monde en luttant contre leurs passions; à l'exemple de ceux de nos frères qui accourent pieusement dans le sanctuaire de la communauté de Saint-Thomas-de-Villeneuve, prosternons-nous un moment devant l'image de Notre-Dame de

Bonne Délivrance, et implorons l'intercession de la Vierge, mère du Christ.

MÉDITATION.

C'est Marie qui a eu l'insigne gloire, enviée par toutes les filles de sa tribu, d'être mère du *désiré des nations,* prophétisé depuis tant de siècles. Le Christ a un corps et une âme semblables aux nôtres. En glorifiant Marie parce qu'elle est mère de Dieu, qui est vrai, puisqu'il n'y a en Jésus qu'une seule personne, nous devons également la glorifier d'être mère du Christ, c'est-à-dire du Verbe incarné, d'être mère de ce fils que l'ange appela du nom d'Emmanuel, c'est-à-dire *Dieu avec nous,* Homme-Dieu. Jésus est Fils de Dieu, mais il est également le fils de Marie; il est le Messie annoncé en ces termes par le prophète Zacharie : *Réjouissez-vous, fille de Sion, voici votre roi qui vous vient; c'est le juste, le Sauveur!* Il est celui dont le vieillard Siméon disait : *Ce Sauveur que vous nous donnez, ô mon Dieu, est celui que vous avez destiné pour être exposé à la vue de tous les peuples, comme la lumière qui doit éclairer toutes les nations, et faire la gloire d'Israël.* Il a vécu dans l'humble atelier de Joseph et sous les yeux de Marie sa mère : *la grâce de Dieu était en lui* et il était *le plus beau des enfants des hommes.* C'est en parlant de sa gloire que le prophète Isaïe s'est écrié : *les nations marcheront à votre lumière, et les rois à l'éclat de votre naissance*. Il est *l'étoile sortie de Jacob*, il est le *juste* descendu sur la terre *comme une rosée* de salut, comme une pluie vivifiante tombée des cieux; il est le Christ, *fils du Dieu vivant*, engendré de toute éternité dans les splendeurs du Père, né de la vierge Marie, dans le temps, mort sur la croix pour racheter le monde, et ressuscité le troisième jour, pour remonter au ciel où il est assis à la droite de Dieu, et où Marie l'appelle son fils.

N'est-ce que pour sa propre gloire que Marie a obtenu le magnifique privilége d'être mère du Christ? Non, ce n'est pas pour elle seule qu'il a plu à Dieu d'accomplir le mystère de l'Incarnation. Elle est devenue mère de Dieu pour coopérer à la rédemption et au salut du genre humain.

Elle ne désire rien tant que de gagner des âmes à son divin Fils; et comme c'est par elle que l'on retourne à Jésus, elle intercède pour nous, et nous tend, pour ainsi dire, sans cesse une main secourable.

Christ veut dire *oint;* c'est le titre qui chez les Juifs désignait ceux qui étaient revêtus de la puissance et de la royauté, ceux qui étaient élevés aux fonctions du sacerdoce. Dans ce sens, le nom de Christ ou de Messie a été donné au Fils de Dieu fait homme parce qu'il a réuni dans sa personne la double dignité de prêtre et de roi. Le mot Christ signifie *oint*, et c'est de Jésus que la mère de Samuel a dit en prophétisant : « le Seigneur jugera les extrémités de « la terre, il donnera l'empire à son roi et relèvera la « force de son Messie. » Jésus-Christ, lui-même, parlant à la Samaritaine, se donne ce glorieux titre. Isaïe nous a révélé que la postérité du Messie, c'est-à-dire l'Église, régnerait sur toute la terre.

Rendons grâce à Dieu, de ce qu'il a donné à Marie le privilége de mère du Christ, c'est-à-dire du roi, du prêtre par excellence, du pontife éternel, annoncé par Jacob, comme devant rassembler les peuples sous ses lois, et être l'auteur de leur salut jusqu'aux extrémités de la terre (Isaïe). Marie est la reine des nations par son fils : elle hâte par ses toutes-puissantes prières l'heure désirée où les âmes encore assises dans les ténèbres de la mort viendront, à la lumière de l'Évangile, se ranger sous l'étendard de la croix.

Seigneur, qui avez accordé à Marie la gloire d'être la mère de votre Christ, ne permettez pas que nous soyons davantage sourds à la voix de Jésus qui nous appelle, et que nous allions nous perdre avec ceux qui méconnaissent sa divinité et sa royauté éternelle. Lorsque Marie élève vers votre trône ses regards suppliants, ayez pitié des ingrats et des rebelles en faveur desquels elle implore votre miséricorde, n'entrez point en jugement avec nous, pauvres pécheurs, et parce que votre Christ est fils de Marie, daignez accorder votre grâce et votre pardon aux hommes qui, eux aussi, mais par adoption, sont les enfants de Marie et les cohéritiers de votre divin Fils!

Xe PÈLERINAGE

NOTRE-DAME DES MALADES EN L'ÉGLISE SAINT-LAURENT

A l'extrémité du boulevard de Strasbourg, aux abords de l'embarcadère de l'est, près de cette large voie que l'empereur a ouverte à travers le vieux Paris, s'élève une église dépourvue de style, composée de constructions hybrides, empreinte des traditions artistiques les plus différentes, et que l'on cite rarement parmi les édifices dont s'enorgueillit la grande capitale. Elle est consacré sous le vocable de Saint-Laurent et, à l'exception des fidèles qui peuplent le faubourg Saint-Martin, peu de personnes la visitent et la choisissent pour la prière. Il y a beaucoup d'injustice dans cet oubli : l'église Saint-Laurent, et nos lecteurs comprennent que nous parlons seulement de l'édifice, est l'un des monuments les plus anciens de Paris ; les fondations ont peut-être été creusées dès le cinquième siècle. Saint Grégoire de Tours, racontant les événements qui signalèrent le règne de Chilpéric et de Frédégonde, parle d'un débordement de la Seine si considérable que les eaux atteignirent l'église Saint-Laurent. On doit en conclure que le sol de Paris s'est beaucoup exhaussé depuis lors, ou que, faute de digues et de chaussées, la rivière, au temps des inondations, communiquait avec des marais voisins de la ville et augmentait leur étendue. Peut-être, car toutes les hypothèses sont admissibles, existait-il une autre église du même nom, située à une moindre distance de la Seine, que les auteurs ont confondue avec celle vers laquelle nous sommes entraîné aujourd'hui par notre mission de pèlerin.

Sous les Carlovingiens, lors de l'invasion des Normands, le monastère et l'église de Saint-Laurent furent détruits par les Barbares qui campaient autour de Paris. On a lieu de croire que l'église, ayant été reconstruite, fut érigée en paroisse vers l'an 1190, sous le règne de Philippe-Auguste : déjà, avant la naissance de ce prince, elle était baptismale. Plus tard, elle fut encore rebâtie, et dédiée, le 19 juin 1429, par Jacques du Chastelier, évêque de Paris. Elle reçut divers accroissements en 1548, et fut de nouveau presque entièrement réédifiée en 1595, au moyen des charités et des aumônes des bourgeois de Paris. En 1622, on éleva le grand portail grec-romain qui excita vraisemblablement sous le règne de Louis XIII, l'admiration de messieurs les échevins : de nos jours, ce lourd et vulgaire travail est fort peu apprécié, et on lui reproche d'être en complet désaccord avec les autres parties de l'édifice.

L'église, symboliquement orientée, a la forme d'une croix latine. Fort peu digne, au dehors de l'étude des artistes, elle offre à l'intérieur le caractère d'un édifice vraiment chrétien. L'abside affecte la forme d'un polygone à trois pans. Le chœur, jusqu'au transept, est du quinzième siècle; l'autre moitié appartient au seizième. La nef, de la dernière période ogivale, est divisée en quatre travées par des piliers d'un même style, sans chapiteaux ni soubassements, mais dont les arêtes sont profilées de moulures. Le chœur a deux travées, et le pourtour de l'abside cinq. Le chevet est entouré de onze chapelles, au milieu desquelles se détache, surmontée d'une coupole hémisphérique, ornée de peintures à fresque, celle de la sainte Vierge dont le style porte nécessairement l'empreinte des premières années du dix-huitième siècle, époque de la construction. La nef est accompagnée symétriquement d'un double collatéral flanqué de chapelles. L'ogive apparaît dans tout le monument, excepté à la façade occidentale et aux portes du transept. L'église qui s'élevait jadis au-dessus du sol, est aujourd'hui enterrée à ce point qu'il faut descendre plusieurs marches pour y entrer. Au dehors, la tour, flanquée contre la partie septentrionale du chœur, est lourde, carrée, et dépourvue d'ornements : elle est percée de deux étages de baies en ogive; sa plateforme est bordée d'une balustrade à jour, et amortie par un campanile. La façade du croisillon méridional est encore obstruée par des maisons ; celle du nord présente deux niches élégantes, du style de la renaissance, des anges en bas-relief et la figure du Père éternel. Le chœur et l'abside ont conservé extérieurement divers détails de leur ancienne décoration et entre autres, une grande statue de saint Jean-Baptiste, et des consoles supportant des gargouilles dont l'effet est au moins bizarre. Dans la corniche qui termine le mur, au-dessous du toit, on voit grimper ou courir, au milieu de branches feuillagées, des animaux fantastiques, des enfants coiffés du bonnet des fous, et diverses figures capricieuses ou grotesques, assez peu en harmonie avec la destination de l'édifice. A l'intérieur, on remarque les clefs de voûte, véritables prodiges de hardiesse, pour la plupart ciselées, chargées d'ornements et de figures, et qui, dans la grande nef et le transept, s'allongent en pendentifs. Elles sont encroûtées d'un lourd et laid badigeon, après avoir fait la juste admiration de nos pères, alors qu'elles étaient resplendissantes d'or et de différentes couleurs qui prenaient mille teintes diverses, selon le jeu de la lumière des vitraux. Les prétendues restaurations que cette église a subies, durant les dix-septième et dix-huitième siècles, ont profondément altéré, son caractère artistique. On a supprimé son jubé, on a modernisé le chœur, on a exécuté un nouveau retable du maître-autel, froidement classique, d'après les dessins de l'architecte Lepautre. Les tympans des ogives ont été façonnés en caissons avec palmes et couronnes de fleurs; l'abside a été modifiée par le retable formant un corps d'architecture orné de colonnes et de pilastres cannelés, de frontons, de monogrammes et de trophées, le tout d'un goût faux ou contestable. Quant au buffet d'orgues et à la chaire, bien qu'ils datent de cette époque si désolante au point de vue de l'art chrétien, ce sont deux œuvres de menuiserie fort dignes d'attention : nous n'aurons garde d'en dire autant d'une statue colossale de sainte Apolline, l'une des patronnes de l'église, qui a été coulée en plâtre, en 1825, par Bougron, et donnée avec plusieurs tableaux par la ville de Paris. C'est à Saint-Laurent que fut enterrée, en 1660, la véritable Louise de Marillac, veuve Legras, qui eut la gloire de seconder les grandes œuvres de saint Vincent de Paul, et qui fut la première supérieure des filles de la charité. Avant la révolution, les exécuteurs des jugements criminels avaient le singulier privilége d'habiter près de Saint-Laurent et d'être inhumés dans l'église paroissiale que plusieurs d'entre eux, en dépit de leur sinistre mission, édifièrent de leurs vertus.

Située dans un arrondissement où la grosse industrie et le commerce occupent la plupart des intelligences, et attirent une population ouvrière fort nombreuse, l'église Saint-Laurent n'est point celle de Paris, où se rencontre la manifestation extérieure de la plus fervente piété. Cependant elle est loin d'être abandonnée ou à demi déserte, et les offices y sont suivis par une élite peu nombreuse, mais persévérante de chrétiens attachés à leur devoir alors que la foi semble autour d'eux s'affaiblir ou s'éteindre.

Une œuvre a tout particulièrement éveillé dans cette église nos justes sympathies : nous voulons parler de l'archiconfrérie établie à Saint-Laurent sous la dénomination de *Notre-Dame-des-Malades*. Elle a pour objet de soulager toutes les souffrances par l'intercession de la Mère de Dieu. C'est une pensée touchante, qui a droit aux respects de ceux-là mêmes dont l'indifférence a desséché le cœur. Quel est celui qui n'a pas souffert ou n'est pas exposé à souffrir? Où est la mère qui ne tremble pas pour son enfant, le fils qui ne souhaite ardemment de voir se prolonger les jours de son père, l'ami qui ne demande au ciel la guérison d'un ami étendu sur un lit d'agonie! L'archiconfrérie de Notre-Dame-des-Malades, agenouillée dans l'église Saint-Laurent, se fait auprès de Dieu l'interprète de ces angoisses et de ces prières. Elle sollicite, elle obtient du Tout-Puissant, par les supplications de Marie, qu'un malade reprenne ses forces, qu'un moribond impénitent termine enfin sa vie par une mort chrétienne. Grâce à elle, aux approches de la dernière heure, plusieurs de ceux qui endurent la formidable et dernière lutte contre l'enfer, trouvent des forces nouvelles pour le combat, et sortent victorieux du temps et de la vie. Au milieu des plaisirs et des fêtes du monde, à travers les préoccupations matérielles qui nous assiégent, nous perdons de vue la nécessité de ce combat qui doit précéder la mort : si quelqu'un nous révèle par hasard l'existence d'une association de prières destinée à procurer aux malades les forces de l'âme ou la santé temporelle, un sourire de dédain passe sur beaucoup de lèvres, et il semble qu'on nous parle de choses d'un autre siècle et d'un autre âge. Et bien ! cette association existe, elle multiplie ses efforts, elle remporte des victoires, elle fléchit la colère de Dieu dans les jours où le pardon est possible, elle triomphe de la mort et du démon par l'intercession de Notre-Dame-des-Malades, de Marie que l'église appelle *salut des infirmes*.

MÉDITATION

Qui sont ces infirmes dont Marie est le salut ? En général ce sont tous les hommes, qu'ils soient justes ou pécheurs, car les uns et les autres sont faibles par eux-mêmes et sans le secours d'en haut, sans la grâce de Dieu, ne sauraient ni rester fermes dans les voies du salut, ni repousser un seul moment d'une manière victorieuse les attaques de l'enfer. Toutefois les justes, lorsqu'ils ont le sentiment de leur propre faiblesse, lorsque toujours défiants d'eux-mêmes et confiants en Dieu, ils s'efforcent de marcher devant le Seigneur, ont moins immédiatement besoin de secours que les pauvres pécheurs qui périssent. Ceux-là sont, plus spécialement que les autres, les faibles, les infirmes dont Marie est le salut. Comme une tendre mère qui, laissant là pour un moment ses fils heureux et en sécurité, se précipite au secours de ceux qui se noient ou qui sont sur le penchant d'un abîme, Marie veut avant tout tendre la main aux pécheurs repentants, à ceux à qui de nombreuses chutes ont prouvé leur faiblesse, à ceux qui, blessés dans le combat ne savent comment se relever. Marie est leur salut, c'est-à-dire qu'elle porte en ses mains le gage de leur réconciliation et de leur retour, et qu'elle met sa gloire à obtenir pour eux la santé de l'âme et la vie. « La volonté du ciel, dit saint Bernard, est que nous obtenions tout par Marie. En tout et partout, devenue notre providence, elle pacifie nos alarmes, elle excite notre foi, stimule notre confiance, chasse le désespoir et relève notre courage. » tournons-nous donc vers Marie, comme des exilés, et disons-lui avec l'Église : *ad te clamamus, exules filii Evæ!* Fils d'Ève que nous sommes, nous ne suivons que trop les traces d'Ève, comme elle, inclinés vers le mal, nous gravitons péniblement vers le bien, et nous ne savons comment nous soustraire aux suggestions perfides de l'ennemi. Faisons appel à Marie, *le salut des faibles et des infirmes*, et le seul aspect de nos blessures excitera sa compassion.

Si nous sommes réconciliés avec Dieu, si nous avons l'espoir d'être en état de grâce, songeons à l'extrême faiblesse de notre nature, souvenons-nous que par nous-mêmes nous ne pouvons rien dans l'ordre du salut, songeons à la puissance et à la malignité du démon, reconnaissons qu'abandonnés à nos propres forces, nous succomberions infailliblement, et pour demeurer en paix avec Dieu, invoquons Marie.

Si nous avons péché, si l'habitude du péché est devenue pour nous une seconde nature, si la fréquence de nos chutes nous remplit d'une juste crainte et nous avertit d'ailleurs de notre infirmité, gardons-nous de nous laisser aller au découragement et au désespoir. Dieu nous a placés sous la protection d'une mère, qui est sa propre mère, et dont les prières sont toujours exaucées. Ayons confiance et invoquons Marie.

Marie met sa gloire à triompher des enfers et à leur disputer les âmes de ses enfants. Elle a été annoncée à l'homme comme l'Ève victorieuse et sans tache, qui devait réparer les maux causés par la première Ève, et dont le pied redoutable devait écraser la tête du serpent. Si multipliées qu'aient pu être nos fautes, si enracinées dans le mal qu'aient pu être nos habitudes, tout blessés que nous soyons dans le combat, toute couverte de plaies mortelles que puisse être notre âme, ne nous restât-il qu'un moment, tournons-nous vers Marie, et disons-lui avec l'Église catholique : « *Salus infirmorum*, salut des infirmes, priez pour nous ! »

PRIÈRE

Salve, Regina, Mater misericordiæ, vita, dulcedo et spes nostra, salve; Ad te clamamus, exules filii Evæ; Ad te suspiramus, gementes et flentes in hac lacrymarum valle; Eia ergo, Advocata nostra, illos tuos misericordes oculos ad nos converte; Et Jesum, benedictum fructum ventris tui, nobis post hoc exilium ostende, O clemens! o pia! o dulcis Virgo Maria !

XIᵉ PÈLERINAGE

SAINT-ÉTIENNE-DU-MONT. — SAINTE-GENEVIÈVE.

Saint-Étienne-du-Mont (on disait autrefois la *paroisse du Mont*) s'élève sur une hauteur, qui a pu être une colline, mais qui est loin d'être inaccessible et de mériter le nom de *Montagne*-Sainte-Geneviève que lui donnaient nos pères. L'auguste patronne de Paris fut ensevelie, en l'an 512, sur cette colline, dans une petite chapelle, dépendante de l'abbaye de Sainte-Geneviève et autour de laquelle de pauvres maisons ne tardèrent pas à être construites et à former un bourg. D'abord dédiée à Notre-Dame, l'humble chapelle où se faisait le service des serviteurs et colons de l'abbaye, reçut plus tard le vocable de Saint-Jean-l'Évangéliste. Cette époque, qu'il n'est pas possible d'indiquer avec précision, est évidemment rapprochée de celle où Philippe-Auguste fit clore de murs les quartiers de la rive gauche, qu'on appelait l'Université; et le clos de l'abbaye, à moitié compris dans la nouvelle enceinte, se trouva divisé en deux parties, l'une dans la ville, l'autre en dehors de la ville. On ne tarda pas à bâtir la portion qui venait d'être englobée dans Paris, à établir des écoles dans la rue du Fouarre, et à construire divers colléges qui furent autant de dépendances de la seigneurie de Sainte-Geneviève. En l'an 1221, le chroniqueur Guillaume Le Breton parle de l'église et de l'aumônerie de Saint-Étienne-du-Mont (*Sancti Stephani de Monte*); Vers la même époque, les chartes du moyen âge relatent un contrat passé entre l'évêque de Paris et l'abbé de Sainte-Geneviève, pour la nouvelle délimitation des paroisses. L'abbé cédait à l'évêque la cure de Sainte-Geneviève de la Cité, dite *des ardents* et l'évêque donnait à l'abbaye sa vigne du *Clos-Bruneau*. Sur ce territoire furent peu à peu ouvertes de nouvelles et étroites routes qui, lorsqu'on les eut bordées de maisons, devinrent les rues de Saint-Julien-le-Pauvre, du Fouarre, des Rats, des Trois-Portes et de la Bucherie, etc. Il résulta de ce surcroît de population que la chapelle de Sainte-Geneviève, trop étroite pour contenir les fidèles, fut agrandie et transformée en église distincte, laquelle, après avoir remplacé la crypte primitive, fut définitivement dédiée sous le vocable de Saint-Étienne. On y entrait par l'église de l'abbaye, sous deux arcades que l'on remarque encore dans le mur de l'aile droite de l'église Saint-Étienne-du-Mont : les fonts baptismaux furent maintenus, jusqu'en 1624, dans l'ancienne chapelle.

Vers la fin du quinzième siècle, l'église ayant été de nouveau reconnue insuffisante pour la population nombreuse de cette paroisse, fut considérablement agrandie. En 1538, on y ajouta encore l'aile de la nef et les chapelles qui sont du côté de sainte Geneviève; vers le commencement du dix-septième siècle, de 1605 à 1618, on construisit à diverses reprises, la chapelle de la communion, le grand et le petit portail, le perron et l'escalier. La reine Marguerite de Valois, première femme de Henri IV, donna trois mille livres pour la construction du portail et en posa la première pierre le 8 août 1610. Ainsi cet édifice hybride, qui fut commencé sous Philippe-Auguste et terminé sous Louis XIII, appartient-il, selon ses diverses parties, à l'art ogival, à la renaissance et même au style froid et classique en honneur durant les deux derniers siècles de notre histoire. Par un assez rare privilége, en dépit de la différence des styles et des variations de l'art, cette église, loin de choquer les regards, présente une très-gracieuse harmonie dans les détails, et passe à juste titre pour l'un des plus remarquables monuments de la capitale. On admire la hardiesse de ses voûtes, parsemées de clefs pendantes non moins hardies : la clef de la croisée a plus de quatre mètres de saillie, et forme, par la réunion des nervures, peintes et dorées, comme un bouquet de fleurs du travail le plus achevé. Les artistes de la renaissance aimaient à se jouer avec des difficultés pareilles.

Le jubé est un des plus merveilleux débris de cette époque, il est porté par une voûte en cintre un peu trop surbaissée. Aux deux extrémités de ce jubé sont deux tourelles à jour, qui s'élèvent de dix mètres au-dessus de son niveau : elles renferment deux escaliers de pierre, taillés en broderie, et qui serpentent autour de deux colonnes qui ont à peine quarante centimètres d'épaisseur. C'est sans contredit l'une des plus belles œuvres d'architecture catholique. Elle est naturellement en rapport avec la légèreté inusitée des colonnes qui, ainsi qu'à Saint-Eustache, s'élèvent vers le ciel à une prodigieuse hauteur : du sommet de ces piliers naissent des faisceaux d'arête, qui s'entr'unissent sous les voûtes de la nef et des bas côtés. Aux colonnes rondes et au tiers de leur hauteur sont appuyés des arceaux surbaissés d'environ soixante-six centimètres d'épaisseur, qui soutiennent un passage de même largeur, circulant autour de la nef, et fermé des deux côtés par une balustrade massive de pierre.

Au dehors, quatre colonnes d'ordre composite, bandées et sculptées, qui supportent un fronton, forment l'architecture du portail ; au-dessus des deux ordres de la façade s'élève le pignon aigu de la nef : les fenêtres géminées, qui éclairaient l'extrémité des collatéraux, n'ont point été modifiées, et la grande rose des antérieurs a été fidèlement reproduite au milieu d'une décoration toute nouvelle de colonnes et de pilastres. La frise du portique et le fronton qui la surmonte sont richement sculptés ; la tour, dessinée dans le style de la renaissance et couronnée par le petit pavillon de l'abbé de Sainte-Geneviève, présente le double cachet de l'élégance et de l'originalité.

A l'intérieur, l'église Saint-Étienne-du-Mont a été enrichie abondamment par le travail des artistes. Ses vitraux étaient de Nicolas Pinaigrier et représentaient plusieurs traits de l'Ancien et du Nouveau Testament, entre autres cette parabole de la vigne : « Je suis la véritable vigne et mon père est le vigneron. » Cette image est d'un étrange effet. Le sang de Jésus-Christ coule sous le pressoir, et cette source des grâces célestes est recueillie par les évangélistes, les docteurs et les papes. Au fond, on aperçoit des patriarches qui cultivent la vigne, des prophètes qui en cueillent le raisin, des apôtres qui le portent au pressoir, saint Pierre qui le foule. Germain Pilon, avait sculpté des statues et des bas-reliefs qui ornaient le chœur, le pourtour du chœur et d'autres portions de l'édifice. La chaire, toute en bois, est un chef-d'œuvre de sculpture. Une grande et belle statue de Samson semble soutenir l'énorme poids de cette chaire, dont le pourtour est orné de plusieurs vertus assises et séparées les unes des autres par d'excellents bas-reliefs placés dans les panneaux. Sur le dais est un ange colossal, qui tient deux trompettes pour rassembler les fidèles. Cet ouvrage a été sculpté par Claude l'Estocart, d'après les dessins de Laurent de La Hire. On croit que ce dernier artiste a également fourni le dessin des dix-neuf grandes tapisseries de l'église ; d'autres attribuent cette œuvre au célèbre Eustache Lesueur, si justement appelé le Raphaël de la France : l'opinion la plus probable est que ces deux maîtres y ont également concouru. L'église Saint-Etienne-du-Mont possède en outre plusieurs tableaux de prix. Un grand nombre d'hommes illustres furent inhumés dans cette église, et, en lisant les épitaphes, on s'arrête avec un respect tout particulier devant des noms tels que ceux d'Eustache Lesueur, de Blaise Pascal, de Jean Racine, des deux Sacy, de Tournefort, de Jean Miron, etc. Quelques-uns appartiennent à l'école janséniste : les restes mortels de ceux qui les portaient furent déposés dans cette église à l'époque où l'on détruisit Port-Royal-des-Champs. Les souvenirs de Saint-Etienne-du-Mont se rattachent d'ailleurs plus d'une fois aux déplorables luttes suscitées par l'hérésie de Jansénius : les chanoines de Sainte-Geneviève ne se laissèrent que trop aller à cette funeste doctrine, et ils la propagèrent dans la paroisse à ce point que nul quartier de Paris ne se signala par une opposition aussi opiniâtre à la bulle *Unigenitus*. Nous laisserons dormir dans le passé et dans l'oubli ces regrettables souvenirs.

Ceux de 1793 furent bien plus douloureux pour la population de cette vaste paroisse. Cette église, fière de tant de trésors, en fut dépouillée par le pouvoir sacrilége sous lequel Paris s'était humilié aussi bien que la France. L'antique basilique de Sainte-Geneviève n'existait plus, la nouvelle avait été transformée en Panthéon; mais les reliques des saints pouvaient encore offrir une proie à l'avarice et à l'outrage; la châsse précieuse qui renfermait les ossements de la patronne de Paris fut envoyée à la monnaie; les reliques de la sainte furent brûlées en place de Grève. La châsse, indépendamment de la destination sacrée, était une œuvre d'art des plus remarquables. Elle avait été faite de vermeil, en 1242, par les soins de Robert de La Ferté-Milon, alors abbé de Sainte-Geneviève : l'orfévre avait employé à ce travail huit marcs d'or et cent quatre-vingt-treize marcs d'argent. Les rois et les reines avaient successivement enrichi cette châsse de diamants et de pierreries. On la portait en procession dans les grandes calamités, et plus d'une fois des miracles de miséricorde avaient été obtenus de Dieu par l'intercession de la sainte. Rien ne préserva ces précieux restes des fureurs de l'anarchie, et Paris, teint du sang de tant de victimes innocentes, eut à frémir d'horreur au spectacle de l'impiété trônant victorieuse sous les voûtes de Saint-Etienne-du-Mont, près du tombeau primitif où avait été longtemps déposé le corps de sainte Geneviève. Par bonheur, cette humble pierre, noircie par les siècles, et qui ne tentait ni la cupidité, ni la colère, échappa aux dévastateurs. Elle est aujourd'hui placée, dans une chapelle voûtée, à droite du chœur, et on ne saurait dire avec quelle pieuse confiance le peuple de Paris continue d'y apporter ses naïves offrandes, son respect traditionnel, ses vœux, ses prières. Bien qu'une église voisine, l'un des plus magnifiques monuments de Paris, ait quitté le nom païen de Panthéon pour reprendre la dénomination d'église Sainte-Geneviève ; bien que dans cet autre temple, ce qu'on a pu sauver des reliques de la sainte soit exposé, dans une splendide châsse, à la vénération de la capitale et de l'empire, les habitants de Paris ont conservé l'habitude de se rendre près du tombeau, et la garde de ce monument est confiée à une association d'institution récente, l'institut des Dames-de-Sainte-Geneviève. La pierre sépulcrale est enchâssée dans une balustrade de cuivre dorée ; la chapelle, restaurée avec soin selon les traditions de l'art gothique, est revêtue d'inscriptions, d'ex-voto, et de diverses offrandes émanées de la reconnaissance des malades guéris, des pécheurs revenus à Dieu par l'intercession de la sainte.

La chapelle du tombeau est fort belle. Elle est dans la partie méridionale de l'église. Du côté septentrional, on remarque avec une grande curiosité d'anciennes peintures récemment restaurées avec soin, et qui représentent une légende du moyen âge relative aux combats, aux souffrances et au martyre d'un millier de chevaliers chrétiens, faits prisonniers et mis à mort par les infidèles d'Asie. C'est une peinture morale d'un effet à la fois naïf et saisissant. On se reporte par la pensée dans l'une de ces églises d'Allemagne, que les artistes catholiques ont revêtues autrefois des plus magnifiques ornements, et qui, avant l'invasion des erreurs de Luther et les destructions des anabaptistes offraient tant de sujets de recueillement et de foi à la méditation des peuples.

La ville de Paris vient de faire restaurer l'église Saint-Étienne-du-Mont. Elle n'a pu y replacer les œuvres de piété et d'art que les décorateurs du dix-huitième siècle et les dévastateurs révolutionnaires des temps modernes lui ont successivement ravies. On a substitué à la plupart des tombes des inscriptions gravées sur les murs d'une chapelle, et qui mentionnent les noms des hommes célèbres qui furent jadis inhumés sous le sol de cette église, dans le cimetière de Sainte-Geneviève et dans les églises ou chapelles que Saint-Étienne-du-Mont a remplacées. La chapelle de la Sainte-Vierge, quoique dans le goût des architectes de 1825, c'est tout dire, ne saurait être de la part des visiteurs l'objet d'un injuste dédain. Si la plupart des ornements sont froids et ne parlent pas au cœur, des deux côtés les murailles à demi circulaires, présentent aux regards des tableaux dignes d'attention et représentent, l'un l'adoration des mages, l'autre la mort de la sainte

Vierge. Peut-être ce dernier tableau ne donne-t-il pas une idée réelle de ce qui dut se passer, lorsque Marie comme tous les enfants d'Adam, paya sa dette à la mort. On dirait une famille vulgaire, frappée dans la personne de l'un de ses membres les plus chers. Marie est étendue les mains jointes, et son visage ne rayonne pas assez de la gloire; les spectateurs la contemplent avec une sorte d'affliction, lorsqu'ils devraient surtout être étonnés ou saisis au spectacle des récompenses que Dieu décerne dans le ciel à sa mère, récompenses inouïes et indescriptibles qui devraient se refléter sur le front de Marie. L'image de ce qui se passa après la mort de la sainte Vierge, c'est un tableau représentant son assomption : tout ce qui nous la fait voir objet de lamentations terrestres, est en contradiction avec la tradition chrétienne, avec le sentiment des grandeurs et des gloires de Marie.

On ne sera pas surpris si la plupart des tableaux et des sculptures que renferme cette belle église, retracent à nos méditations les souvenirs du martyre de saint Étienne et de la vie de la bienheureuse patronne de Paris.

Étienne est le premier qui ait eu la gloire de mourir pour Jésus-Christ. Comme ce diacre de la primitive Église accomplissait de grands prodiges parmi le peuple, ses ennemis qui étaient ceux de Dieu lui-même, l'amenèrent au sanhédrin et l'accusèrent de blasphèmes. Alors disent les *actes des apôtres*, ceux qui avaient les yeux fixés sur lui *virent son visage comme le visage d'un ange*. Interrogé par le grand prêtre, il retraça en quelques paroles les bienfaits que Dieu avait accordés depuis des siècles à la race d'Abraham; puis il s'écria : « Têtes « dures, hommes incirconcis de cœur et d'oreilles, « vous résistez toujours au Saint-Esprit, et vous « êtes tels que vos pères ont été. Qui est celui d'en- « tre les prophètes que vos pères n'aient point per- « sécuté? Ils ont tué ceux qui prédisaient l'avéne- « ment du juste que vous venez de trahir, et dont « vous avez été les meurtriers. Vous avez reçu la « loi par le ministère des anges, et vous ne l'avez « point gardée. » A ces paroles, dit le livre saint, ils entrèrent dans une rage qui leur déchirait le cœur, et ils grinçaient des dents contre lui. Mais Étienne étant rempli du Saint-Esprit et levant les yeux au ciel, vit la gloire de Dieu, et Jésus qui était debout à la droite de Dieu, et il dit : « *Je vois les cieux ouverts et le fils de l'homme qui est debout à la droite de Dieu.* » Alors, poussant de grands cris et se bouchant les oreilles, ils se jetèrent sur lui tous ensemble; et l'ayant entraîné hors de la ville, ils le lapidèrent..., et lui invoquait Jésus, et disait : « *Seigneur Jésus recevez mon esprit!* » Et, s'étant mis à genoux, il cria à haute voix : « *Seigneur ne leur imputez point ce péché.* » Après cette parole, il s'endormit au Seigneur (Act. cap., 6 et 7).

Sainte Genofève, que nous appelons Geneviève, fut

la contemporaine d'Attila et de Clovis, et les naïves traditions des premiers siècles de la monarchie ne cessent de la représenter sous les humbles dehors d'une bergère gardant ses troupeaux sur les bords de la Seine, ou sur les pentes du mont Valérien. Nous n'avons point à rappeler son histoire depuis le jour où, par les conseils de saint Germain d'Auxerre elle se consacra à Dieu, jusqu'à celui où elle s'endormit dans le Seigneur, le 3 janvier de l'an 512. On sait qu'elle obtint par ses prières que Paris fût préservé de l'invasion des Huns; ce fut elle qui nourrit les Parisiens assiégés par les Francs : plus tard elle détermina Clovis à faire bâtir l'église de Saint-Pierre-et-Saint-Paul sur une chapelle souterraine, consacrée par saint Denis, au sommet du mont *Lucotitius*, que nous appelons aujourd'hui Montagne-Sainte-Geneviève. Après sa mort, elle fut bien plus encore que durant sa vie terrestre la puissante protectrice de la capitale du royaume gallo-franc. Comme elle avait voulu être ensevelie dans la crypte de l'église Saint-Pierre-et-Saint-Paul, le lieu qu'habitaient ses dépouilles ne tarda pas à devenir un but de pèlerinage, et l'on vit se réaliser en faveur de Paris, et par l'intercession de la sainte, cette parole que Dieu avait dite après la mort de David : « Je garderai Jérusalem pour l'amour de moi et de David mon fidèle serviteur. » (*Rois*, IV, 19.) Les miracles se succédèrent près de la tombe de la bergère de Nanterre. On se lasserait à les consigner ici d'après les pieuses chroniques qui en font foi. Lors de la terrible épidémie qui durant trois siècles désola si souvent l'Europe occidentale, et qu'on appelait *le feu des ardents*, sainte Geneviève fut plus d'une fois invoquée, et ses reliques étant portées processionnellement à Notre-Dame, on vit le fléau disparaître de Paris et de la France. Dans les grandes calamités publiques, telles que les inondations de la Seine, on recourait aux mêmes cérémonies, on promenait religieusement la châsse de la sainte, et Paris voyait s'étendre sur les habitants la miséricorde de Dieu.

En 1427 le 2 juillet, on invoqua la sainte pour obtenir la prochaine délivrance d'Orléans; au mois d'avril 1436, pour mettre fin à la domination des Anglais à Paris; en 1590, pour le triomphe des catholiques menacés d'être mis sous le joug d'un roi huguenot. Depuis lors, comme à toute époque, Paris et la France n'ont cessé de se mettre sous le patronage de sainte Geneviève : en retour, la glorieuse servante de Jésus-Christ a veillé avec une constante sollicitude sur son peuple; et dans le ciel où elle réside, l'amour divin qui la remplit d'un bonheur ineffable, n'a point éteint en elle le juste amour de la patrie. Aussi le peuple rassemblé sous les voûtes de Saint-Étienne-du-Mont, ne cesse-t-il à son tour de servir de garde d'honneur au tombeau de sa protectrice.

Adressons-nous à Dieu, qui est admirable dans

ses saints, en implorant sa miséricorde par l'intercession de la patronne de Paris.

PRIÈRE

A SAINTE GENEVIÈVE, PATRONNE DE PARIS.

Glorieuse patronne de Paris, vous qui, pendant votre sainte vie, avez été son salut et sa gloire, et depuis votre bienheureuse mort sa consolation et son refuge, je viens vous adresser avec confiance des vœux que vous avez souvent exaucés; vos prières ont souvent détourné de cette contrée les guerres, la famine, la peste et tous les fléaux qui menaçaient ou qui dévoraient déjà l'héritage de Jésus-Christ. Hélas! une contagion bien plus funeste nous désole : l'insouciance, l'impiété, l'endurcissement gagnent tous les cœurs. Vous qui avez préservé nos pères des fureurs d'un roi barbare, nous laisserez-vous en proie à l'ennemi du salut? Nous abandonnerez-vous aux ravages de l'incrédulité, de l'irréligion et de l'erreur? Ah! je vous en conjure, obtenez-nous la conservation et le renouvellement de la foi, la conversion des âmes et leur retour aux vertus chrétiennes. Nous sommes vos concitoyens, notre patrie fut la vôtre. Elle a joui longtemps de vos dépouilles vénérées : elle ne conserve plus que votre tombeau, mais Dieu peut encore le rendre glorieux par les miracles de sa miséricorde. Obtenez-nous cette grâce par les mérites de Jésus-Christ. Ainsi soit-il!

HYMNE.

Cœlo receptam plaudite Cœlites :
Quæ vestra nascens gaudia fecerat,
Sponsæ fideli destinatum
Intrat ovans Genovefa regnum.

Dum mens adepto perfruitur Deo,
Tellus verendas exuvias habet :
Non tota discedis ; superstes
Ossibus est cinerique virtus.

Procul malorum jussa fugit cohors,
Utcumque votis te populi colunt,
Arcere morbos efficacem,
Atque truci dare jura letho.

Te civis ambit, seu calamo sages
Arente languet, seu madido natat ;
Et imbris et solis potentem
Supplicibus veneratur ulnis.

Heu ! quot procellis cingimur, o Deus !
Diri quot hostes insidias parant !
Da corpus invictum periclis ;
Da niveam sine labe mentem.

Laus summa Patri, summaque Filio,
Tibique compar gloria, Spiritus,
Per quem triumphatrix refulget
Magnificis Genovefa signis. Amen.

MÉDITATION

Dans la chapelle de MARIE, REINE DES VIERGES et REINE DE TOUS LES SAINTS.

Elle a de justes droits au titre de Reine des vierges celle qui, dès sa plus tendre enfance, s'était consacrée à Dieu et qui opposa, aux paroles de l'ange Gabriel, ce vœu de virginité perpétuelle. C'est Marie qui, selon l'expression de saint Ambroise, *a arboré l'étendard de la virginité*. A sa suite s'avancent devant le trône de l'Agneau toutes les vierges qui *ont choisi la meilleure part,* toutes celles qui ont aspiré à la perfection, celles enfin que Dieu a appelées à lui, encore parées du lis virginal, emblème de la pureté, honneur d'un corps qui est demeuré chaste. La virginité de Marie, nous dit l'Église dans sa liturgie sacrée, loin d'avoir rien perdu de sa perfection, « a reçu, par la naissance miraculeuse du Sauveur, comme une consécration divine. » (Miss. Rom., *in Concept.* B. M. V.)

Marie est la reine de tous les saints, et à vrai dire, cette gloire que l'Église lui attribue, ce titre magnifique dont elle la décore se présentent naturellement à notre esprit, et sont comme la conséquence nécessaire de tout ce qui a été dit touchant les mérites, les grandeurs, la puissance, les incomparables priviléges de la Mère de Dieu. « N'est-elle pas, dit saint Épiphane, au-dessus de tous les êtres, Dieu seul excepté? » Et ne devons-nous pas reconnaître, avec saint Jean Damascène, que sa dignité de Mère du Créateur fait d'elle la reine de toutes les créatures? Reconnaissons donc, proclamons avec l'Église que « dans la demeure du Père céleste, où les trônes « et les couronnes sont diversifiés (Jean, XIV, 2.) » Marie est vraiment la reine et la souveraine des saints, et que si Dieu, selon l'expression sacrée, est *admirable dans ses saints*, il est surtout admirable en Marie.

La pureté est de toutes les vertus la plus aimable aux yeux de Dieu. Marie est non-seulement la reine des vierges, elle est encore la protectrice de tous ceux qui, pour demeurer chastes, luttent généreusement contre la chair et le monde. Recourons à elle et la victoire nous viendra.

Efforçons-nous d'être saints. Ceux qui, avant nous, ont conquis le ciel, étaient comme nous des hommes faibles, hors d'état par eux-mêmes de vaincre le démon et de triompher des obstacles qui s'opposaient à leur salut. Ils ont compris qu'il ne leur servirait de rien de gagner le monde s'ils venaient à perdre leur âme; ils ont senti qu'*une seule chose est nécessaire*, le salut. Ils ont vu que Dieu était le salaire et la récompense de leurs efforts, de leurs sacrifices, de leurs combats, et appuyés sur la grâce, ils ont triomphé. Imitons leurs exemples, suivons leurs traces, et nous arriverons comme eux à l'éternel bonheur.

Dieu dans sa miséricorde nous a donné pour intercesseurs auprès de lui les saints qui règnent éternellement avec lui et qu'il a revêtus d'une couronne immarcessible. Par leurs prières nous pouvons obtenir de surmonter nos passions, de vaincre le monde et notre propre cœur, et d'arriver comme eux à la gloire. Ayons sans cesse recours à ces bienheureux protecteurs qui se réjouissent de nos triomphes et désirent ardemment voir s'accroître la cour du souverain roi, la cour de Jésus-Christ leur maître et le nôtre : surtout, recourons à Marie, la reine des saints et que notre confiance croisse, s'il est possible, en proportion de la puissance de cette médiatrice qui obtient tout par Jésus.

O Marie! reine des vierges, obtenez-nous de triompher des tentations et de fuir avec horreur tout ce qui est le péché, tout ce qui conduit au péché : reine des saints, obtenez-nous, par vos prières à qui Dieu n'a jamais rien refusé, de combattre généreusement nos passions, de ne rien désirer autant que le salut de notre âme, de tout faire pour conquérir le ciel, et pour entrer à notre tour, quelque indignes que nous puissions être, dans cette magnifique assemblée des élus et des anges dont vous êtes la reine.

XIIᵉ PÈLERINAGE

SAINT-GERMAIN-DES-PRÉS

Vers le milieu du VIᵉ siècle, Childebert, fils de Clovis, et roi des Francs de Paris, fit la guerre aux Wisigoths d'Espagne, et rapporta de cette expédition un morceau de la vraie croix et la tunique de saint Vincent qu'il avait recueillie à Saragosse. Par les conseils de saint Germain, évêque de Paris, il conçut le projet de faire bâtir une église nouvelle, où les précieuses reliques seraient déposées. L'emplacement fut choisi dans une prairie, située sur la rive gauche de la Seine, à peu de distance du fleuve, et non loin de la résidence d'été de la famille royale. Cette église, terminée en 558, l'année même de la mort de Childebert, fut d'abord dédiée sous le vocable de *Saint-Vincent-de-la-Croix* : plus tard, saint Ouen, évêque de Rouen, la désigna sous le nom de Saint-Germain, et à raison des prairies dont elle était environnée, elle reçut la dénomination de Saint-Germain-des-Prés qu'elle porte encore de nos jours.

Cette église, bâtie en forme de croix latine, était

soutenue par de hautes colonnes de marbre qui la partageaient en trois nefs, recouvertes par un plafond orné de lambris dorés : les murailles étaient embellies de peintures, exécutées sur un fond d'or. Tout l'édifice était revêtu de cuivre doré, et la magnificence du monument au dehors était en harmonie avec la richesse de la décoration intérieure. A l'entrée de l'église, on avait construit deux oratoires ; l'un au midi, sous l'invocation du martyr saint Symphorien, et où saint Germain fut enterré vers l'an 576 ; l'autre au nord, sous l'invocation de saint Pierre, et où fut plus tard inhumé saint Doctrovée. L'église, en ces temps de guerre, ressemblait à une citadelle englobée dans une vaste abbaye ; les murailles étaient flanquées de tours, et ceintes de fossés qu'alimentait un canal large et profond, dont le lit s'étendait le long de l'espace aujourd'hui occupé par la rue Bonaparte, depuis le quai jusqu'à la rivière ; ce canal était appelé la Petite-Seine ; la prairie qu'il partageait reçut les noms de Grand et Petit-pré-aux-Clercs.

Sous le règne des fils et des petits-fils de Clovis, l'église de Saint-Vincent-de-la-Croix n'était que la dépendance de l'abbaye : le saint évêque fit venir de Saint-Symphorien d'Autun, des religieux qui s'établirent dans ce monastère, et ne tardèrent pas à embrasser la règle de saint Benoît. Sous le règne de Charlemagne, vers l'an 787, Robert Ier, abbé de Saint-Germain-des-Prés, installa dans son abbaye une école qui devint célèbre : de cette académie sortirent Abbon, Aimoin, Usuard, et plusieurs écrivains qui furent comme l'avant-garde de cette longue série d'érudits et de savants bénédictins dont le nom est demeuré cher à la science. A plusieurs reprises, durant les invasions des Normands, l'église et l'abbaye de Saint-Germain-des-Prés furent prises et pillées par ces barbares; vers l'an 887, lors du siège de Paris, elles furent livrées aux flammes, et ne présentèrent bientôt après qu'un amas de ruines. Les religieux avaient eu le bonheur de transporter ailleurs les reliques dont ils étaient dépositaires, et qu'ils placèrent momentanément dans l'église de Saint-Jean-Baptiste, située dans la cité, et qui fut dès lors appelée Saint-Germain-le-Vieux. En des temps moins agités, et sous le second roi capétien, les bénédictins firent de nouveau construire une église sur l'emplacement de celle qu'avaient détruite les barbares, et dont il restait encore la grosse tour au bas de laquelle s'ouvre la principale entrée. Les nouvelles constructions durèrent près d'un siècle et demi, avant d'être définitivement livrées au culte, et l'église Saint-Germain-des-Prés, commencée en 1014, par les soins de Morard, abbé du monastère, fut dédiée et consacrée le 21 avril 1163, par le pape Alexandre III. C'est l'un des très-rares monuments qui nous soient restés de l'époque romane. Quant à la grosse tour, dont le caractère a été plusieurs fois altéré et modifié, les savants ne sont pas d'accord sur son origine. Les uns la font dater de Childebert lui-même; les autres prétendent qu'elle a été bâtie sous les Carlovingiens, mais la première opinion semble mieux établie : nous croyons du moins que la partie inférieure de cette tour appartient à l'église primitive, construite par Childebert, et que le clocher est du onzième ou du douzième siècle, alors florissait le style romain byzantin.

C'est vers la même époque que paraît avoir été achevé le sanctuaire de l'église. Comme plusieurs rois et princes de la première race avaient été inhumés dans la basilique primitive, on leur éleva, vers la fin du douzième siècle, de nouveaux tombeaux qui lors des dévastations de 1793, eurent à subir les profanations révolutionnaires. Recueillis ensuite au musée des monuments français, ils furent, en 1817, transportés à Saint-Denis pour y compléter la série chronologique des rois mérovingiens. Parmi ces personnages historiques, dont les sépultures royales avaient été brisées par les Normands, et, mille ans plus tard, par les acolytes d'Hébert, nous mentionnerons, Childebert Ier, la reine Ultrogote, enfant, Chilpéric Ier, Frédégonde, Clotaire II, Bilihilde, Childebert II, Dagobert et Bertrude. Durant les siècles les plus tourmentés du moyen âge, l'abbaye de Saint-Germain-des-Prés, bien souvent assiégée par l'ennemi, eut à subir des vicissitudes diverses, qu'il serait sans objet de rappeler ici sous la ligne, elle résista au roi calviniste. En 1644, l'église reçut des dispositions nouvelles. La nef jusqu'alors couverte en charpente, fut voûtée en pierre, les fenêtres furent agrandies, les hauts piliers intérieurs ornés de chapitaux composites. La chapelle de Sainte-Marguerite fut rendue plus vaste, on construisit à neuf le portail méridional qui ouvre sur la rue d'Erfurt. L'ancienne disposition du chœur fut changée par le déplacement du maître-autel, et des tombeaux de Childebert Ier et de la reine Ultrogote.

A cette époque, l'abbé de Saint-Germain-des-Prés était Henri de Bourbon, fils de Henri IV et d'Henriette de Balzac. En 1669, il fut remplacé par Casimir, roi de Pologne et de Suède, qui venait d'abdiquer. Cet abbé-roi étant mort en 1672, on éleva à sa mémoire, dans le transept du nord, le magnifique mausolée qu'on y admire encore de nos jours : trois ans plus tard, au mois de mai 1675, le corps de ce prince fut transporté à Cracovie, par les soins du paladin Opalski, mais le corps de Jean Casimir demeura déposé à Saint-Germain-des-Prés. Avant de monter sur le trône de Pologne, Jean-Casimir avait embrassé la carrière ecclésiastique et avait été d'abord jésuite, puis cardinal. En 1648, à la mort de son frère Ladislas Sigismond, les Polonais l'avaient sollicité de régner sur eux, et le pape, cédant aux sollicitations de ce peuple, avait accordé au cardinal Jean-Casimir les dispenses nécessaires.

Devenu roi, Jean-Casimir s'était héroïquement et avait assisté à dix-sept batailles, dont seize victoires. Après tant de services rendus à son pays, il était de nouveau rentré dans les ordres, et avait obtenu le titre d'abbé de Saint-Germain. Le tombeau qui lui fut élevé le représente à genoux, offrant à saint Casimir, son patron, le sceptre et la couronne de Pologne. La statue est de marbre blanc, du plus beau travail : sur la base du monument est un fort remarquable bas-relief en bronze, œuvre d'un frère convers de l'abbaye, et dont le sujet rappelle une victoire célèbre remportée par Jean-Casimir. Aux angles sont des captifs enchaînés à des trophées d'armes. Ce tombeau est de Gaspard de Marty, l'un des plus illustres sculpteurs du dix-septième siècle. En face de ce tombeau, à l'autre extrémité du transept, a été élevée vers la fin du même siècle la chapelle Sainte-Marguerite, œuvre éminente, mais qui n'est point d'accord avec le style de l'église. La statue de la sainte, sculptée par Jacques Bourlet, autre frère convers de l'abbaye, a été placée sur l'autel de la chapelle au commencement du dix-huitième siècle. Sur la droite on remarque le splendide tombeau de la famille des Castellans, qui s'est éteinte en 1683 ; ce mausolée, œuvre de Girardon, est de marbre blanc. Non loin, on remarque la sépulture des Douglas : le tombeau est de marbre noir, et la statue de marbre blanc qui le surmonte représente Jacques Douglas, couché sur le côté, et le visage tourné vers l'autel. En 1696, le cardinal de Furstemberg avait fait ériger dans la même église une tombe monumentale à son neveu le comte Ferdinand Égon, landgrave de Furstemberg ; il y fut lui-même enterré, peu d'années après, et la même tombe reçut les restes mortels des cardinaux d'Estrées et de Bissy. On se lasserait à énumérer les personnages illustres qui furent ensevelis, depuis l'ère mérovingienne, sous les voûtes de cette église abbatiale. A côté des fils et des petits-fils de Clovis, on inhuma à diverses époques, des évêques, des abbés, des rois, et des enfants naturels de Henri IV et de Louis XIV : la curiosité, l'avarice, l'esprit révolutionnaire se sont mis parfois d'accord avec le génie des architectes pour déplacer ou profaner leurs tombes.

De nos jours, on a pieusement transféré dans cette église les restes de Montfaucon, de Mabillon, de René Descartes et de Boileau Despréaux.

Au commencement du dix-neuvième siècle, la révolution ayant détruit les abbayes, et passé la charrue sur beaucoup de monastères historiques, l'église abbatiale de Saint-Germain-des-Prés fut déclarée paroissiale, et l'on confia bientôt après à M. Godde, architecte, le soin de la restaurer ou de l'étayer. De grands travaux de consolidation furent entrepris, mais les artistes regretteront toujours qu'au lieu, de réparer et de reconstruire, au moins en partie, les deux belles tours qui avoisinaient le sanctuaire, on ait jugé indispensable de les démolir et de les faire disparaître. A l'intérieur, les principales constructions ayant été reprises en sous-œuvre, tous les chapiteaux de la nef disparurent. Vers la même époque (1825), une nouvelle chapelle de la Vierge fut construite pour remplacer celle qu'avait démolie le marteau revolutionnaire. Elle fut élevée à l'extrémité orientale de l'église, et, afin de se procurer l'emplacement convenable, on eut la regrettable idée de détruire quelques constructions en harmonie avec le reste de l'édifice, pour leur substituer une chapelle d'architecture romaine du plus mauvais goût.

En résumé, après tant de vicissitudes diverses, l'église de Saint-Germain-des-Prés a environ cent mètres de longueur sur environ vingt-trois mètres de largeur. On y arrive, à l'occident, en passant sous la grande tour mérovingienne qui fut épargnée, en 1822, lorsque l'on supprima les deux autres clochers. Un porche, dans le style encore à la mode sous le règne de Henri IV, précède la porte ancienne qui, jusqu'en 1793, fut ornée de statues du douzième siècle. Un bas-relief représentant la cène et quelques chapiteaux mutilés sont les seuls restes de son ancienne ornementation. Lorsqu'on a franchi la partie inférieure du clocher, on entre dans la nef principale séparée des collatéraux par des arcades en plein cintre que soutiennent des chapiteaux dont le style appartient à la période romane; au delà s'élèvent les transepts et le sanctuaire dans lesquels la présence de l'arc aigu caractérise l'architecture du douzième siècle; toute cette partie de l'église est éclairée par de grandes fenêtres en ogive, garnies de vitraux modernes, à travers lesquels passe un jour mystérieux. Vers le milieu du sanctuaire, se trouve une petite galerie décorée de colonnettes de marbre et de chapiteaux variés; plus bas s'élèvent les grands arcs du rond-point dont les forts piliers et les riches sculptures s'allient heureusement avec la peinture des murs verticaux. Derrière cette colonnade la circulation s'établit par une galerie qui conduit aux chapelles du pourtour qui toutes, à l'exception de la chapelle de la Vierge, œuvre d'art fort médiocre et peu en harmonie avec le style de l'église, sont ornées de faisceaux de colonnettes, de chapiteaux et de fenêtres du douzième siècle.

La ville de Paris, fière de posséder un si beau débris de l'architecture du moyen âge, justement indignée des altérations qu'on lui a tant de fois fait subir, a récemment ordonné une restauration complète, intelligente et savante de cet édifice. Cette mission a été confiée à des artistes habiles, qui ont dignement répondu aux espérances des savants et des archéologues chrétiens. M. Victor Ballard, architecte, a remplacé par des chapiteaux dans le style de la nef tous ceux qui, en 1644, avaient été placés sur les hauts piliers pour supporter les nervures de la voûte : partout ailleurs on s'est attaché à restituer au monument son caractère primitif si longtemps méconnu. Un de nos peintres d'histoire les plus renommés, M. Hippolyte Flandrin a eu l'honneur, si envié par ses rivaux, de décorer la nef, le chœur et le sanctuaire par un ensemble de coloration et de dorure dont le seul aspect fait revivre pour nous les splendeurs religieuses du moyen âge.

Arrêtons-nous devant le maître-autel qui s'élève au milieu du chœur et dont nos pères admiraient la richesse et les ornements surchargés d'or et de pierreries. Si la révolution a dépouillé cet autel des trésors périssables que les rois avaient prodigués pour en accroître la splendeur et de ceux qui étaient le fruit des épargnes et des sacrifices de Guillaume III, abbé de Saint-Germain-des-Prés, vers le commencement du quinzième siècle, il ne lui a pas été donné de lui ravir pour toujours l'ineffable honneur d'être l'arche sainte, c'est-à-dire de renfermer dans son tabernacle Jésus-Christ présent sous les apparences du pain eucharistique. Oublions les merveilles de l'art humain pour ne songer qu'aux magnificences incomparables et divines du très-saint sacrement, et méditons en silence.

MÉDITATION DEVANT LE SAINT SACREMENT.

Le Fils de l'homme qui est *assis à la droite de la puissance de Dieu* et que nous verrons *venant sur les nuées du ciel,* s'abaisse volontairement par amour pour nous jusqu'à résider sur nos autels. Lui et le Père *ne font qu'un* (1), et, bien qu'il voile sa majesté adorable, notre devoir est de nous prosterner devant les saints tabernacles et de confesser, comme autrefois le centurion, que *celui-là est vraiment le Fils de Dieu,* qu'il est *le Seigneur à qui le Seigneur a dit : Vous dominerez au milieu de vos ennemis, la souveraineté sera avec vous au jour de votre force dans la splendeur des saints* (2).

Considérons, s'il est possible, la création tout entière, œuvre merveilleuse dans laquelle s'est complu la toute-puissance de Dieu. Sur la terre où nos regards sont bornés, où, accablés par le spectacle des magnificences que le Seigneur a faites, nous ne les entrevoyons qu'à la dérobée et en soulevant un petit coin du voile, en ce monde limité et fini, nous sommes éblouis par la gloire du Dieu créateur et nous ne concevons rien qui puisse aller au delà des merveilles dont nous sommes témoins. Or dans le sacrement adorable de l'Eucharistie, l'œuvre que Dieu accomplit par le ministère du prêtre est bien

(1) *Joan.*, c. x., v. 30.
(2) *Psalm.*, c. cix, v. 1, 3, 4.

autrement grande que ne fut celle de la création, puisque le pain et le vin sont changés en son corps et en son sang, puisque Dieu est multiplié sans cesser d'être un, puisque chaque hostie consacrée, chaque parcelle d'hostie contiennent Jésus-Christ tout entier Dieu et homme tout ensemble, sans que Jésus-Christ cesse d'être un. O prodige incompréhensible! *Le Seigneur, bon et miséricordieux, a fait un abrégé de ses merveilles pour en conserver la mémoire, il a donné à ceux qui le craignent une excellente nourriture* (1).

Qui dit l'infini, l'éternel, l'incompréhensible, désigne Notre-Seigneur Jésus-Christ, dans des termes tels que la bassesse de notre nature s'humilie profondément devant ce Dieu dont aucun regard humain ne saurait embrasser les perfections. Eh bien, ce Dieu, devant lequel les sphères et les soleils ne sont que poussière, est réellement présent dans l'Eucharistie, et s'il n'y était pas, le monde entier ne subsisterait pas une heure, parce que l'édifice social qui repose sur la parole de Dieu n'aurait plus de base, parce que Jésus-Christ lui-même ayant affirmé que le *pain* eucharistique était son sang, il faut ajouter une foi absolue et justement soumise à ses paroles, sous peine de livrer le monde entier à l'illusion et au doute, et le monde, s'il était ainsi abandonné à la négation et au hasard, périrait sur-le-champ, car il n'aurait plus la vie.

(1) *Psalm.*, c. c, v. 4.

Étrange contradiction, lamentable infirmité de l'homme! Jésus-Christ est là près de nous, en corps et en âme, en esprit et en divinité, lui, le Dieu Sabaoth, le Dieu trois fois saint, le Dieu des armées, celui qu'adore le ciel, dont le seul nom fait frémir les enfers, et qu'environnent sans cesse des légions d'anges et d'archanges : et nous demeurons froids, insoucieux, oublieux, et nous nous accoutumons si aisément à la merveille ineffable de sa présence réelle, dans l'Eucharistie, qu'à peine si parmi nous un petit nombre d'âmes qu'on appelle ferventes et pieuses se dévouent à adorer Jésus-Christ dans le saint sacrement et à lui offrir quelques prières en réparation des outrages multipliés qu'il reçoit de la foule incrédule, outrages qui rappellent par leur malice et leur insolence les ignominies endurées par Notre-Seigneur dans le prétoire, la préférence donnée au meurtier Barabas. Le vice, c'est ce Barabas dont nous venons de prononcer le nom; vainement on met en présence du monde ce meurtrier et Jésus, l'auteur de la vie, le monde va au péché, le monde laisse Jésus dans les tabernacles, et se précipite au milieu des plaisirs, des fêtes, des joies coupables, et Jésus est oublié. Oh! que cette désertion des pécheurs a coûté de larmes aux saints qui méditaient sur les perfections adorables de Jésus-Christ! Combien cette indifférence des multitudes chrétiennes ne rappelle-t-elle pas le sommeil qui endormit les apôtres, dans le jardin des Olives, au moment où leur Dieu et leur maître bien-aimé, subissait les terribles étreintes de son agonie. Nous détestons souvent le sommeil de ces disciples, dont nous ne comprenons pas l'apathie et la froideur ; à combien plus forte raison ne devons-nous pas maudire notre propre insouciance et notre indifférence impie lorsqu'il s'agit de Jésus dans le sacrement adorable.

Si Jésus consent aux abaissements incompréhensibles qui, dans l'Eucharistie, vont bien au delà de ce qu'ils furent à Bethléem ; si celui qui, pour racheter la race d'Adam a daigné se faire homme, veut bien encore, pour rester avec nous et nous servir de nourriture, se dérober à nos regards sous les apparences du pain, faut-il que parce qu'il nous aime tant, nous sentions diminuer pour lui notre respect et notre amour? C'est pourtant là, pécheurs endurcis que nous sommes, ce qui se passe même dans le monde qui se dit chrétien. Si Jésus-Christ ne daignait opérer le miracle de la transsubstantiation qu'une fois dans l'espace d'un siècle, qu'en un seul lieu sur la terre, de quelle prodigieuse émotion les peuples ne seraient-ils pas agités aux approches du temps marqué pour la présence du Verbe fait chair? Plusieurs mois à l'avance, de toutes les extrémités des régions habitables, les multitudes se mettraient en route et se dirigeraient vers le pays, privilégié entre tous, où le redoutable mystère devrait s'accomplir. Hommes, femmes, enfants, vieillards, malades, infirmes, justes et coupables, tous se feraient un bonheur de quitter leurs foyers, d'accourir, de se hâter, pour saluer Jésus-Christ dans le saint sacrement, et la terre entière frémirait d'amour en entonnant l'unanime *Hosanna*! De quel œil regarderait-on l'être assez insensible, assez froid, assez impie pour ne pas s'associer à cet élan de la race humaine, l'insensé qui réserverait ses contemplations à d'autres gloires? Eh bien, le miracle ne s'accomplit pas en un siècle, en un seul lieu, par le ministère d'un seul prêtre; il est de tous les moments, il s'opère partout, et quelque chemin que suivent nos pas, il nous est aisé d'arriver à une église où l'on offre le sacrifice de la messe et où Jésus-Christ est réellement présent dans le tabernacle. Est-ce donc parce que Dieu, infiniment saint, multiplie les témoignages de son amour que nous sommes indifférents et oublieux, et qu'au lieu d'accourir de nous-mêmes au pied des autels pour jouir de la présence de Notre-Seigneur et converser avec lui, comme avec un ami, nous passons indifférents devant les portes du temple, nous nous bornons de temps à autre, si toute foi n'est pas éteinte dans nos cœurs, à donner quelques marques extérieures de respect et à réciter au plus vite quelques prières? Pardonnez-nous, ô Jésus, et dites encore, comme autrefois sur la croix, *ils ne savent ce qu'ils font*!

Quand les magistrats d'une ville donnent une fête, c'est à qui parmi les habitants de la cité se disputera l'honneur ou le privilége d'être du nombre des invités ; quand un des grands de la terre voyage ou tient sa cour, l'élite des peuples se hâte d'accourir et de saluer de son enthousiasme et de ses respects, l'homme illustre qu'il est permis de voir un moment. Eh bien ! Jésus, le roi du ciel et de la terre, le fils tout-puissant du Dieu tout-puissant, qui vit et règne dans les siècles des siècles, Jésus nous appelle autour de ses tabernacles, il nous invite à sa table sacrée, il veut être à la fois notre hôte, notre convive, notre nourriture, et pour nous forcer de répondre à l'appel de son incompréhensible amour, il a fallu que l'Église fît un commandement formel, et qu'elle dévouât aux châtiments célestes l'homme assez ingrat et assez téméraire pour refuser de prendre place une fois par an, au banquet eucharistique. Hélas ! disons encore une fois avec Jésus-Christ : *Ils ne savent ce qu'ils font.* C'est là l'excuse qui seule, peut-être, peut obtenir en notre faveur que Dieu use de miséricorde et de patience. Nous savons bien, la foi nous l'enseigne, que c'est Jésus Dieu et homme qui réside dans le saint sacrement de l'autel, mais nous ne connaissons pas Jésus, nous sommes comme ces Israélites pervers ou aveugles qui le calomniaient et le persécutaient, parce qu'ils ne comprenaient pas qu'il était le Messie annoncé par les prophètes, l'agneau dominateur envoyé de Dieu pour gouverner la terre ; nous n'avons point l'habitude de tourner nos regards vers Jésus; nous ne méditons jamais sur ses perfections adorables, nous ne concevons rien de sa grandeur et c'est à peine si nous songeons quelquefois à l'immensité de son amour. Nous ne connaissons pas Jésus, et c'est la seule excuse qu'il nous soit possible de faire valoir pour apaiser le Père. Mais cette excuse elle-même, nous est-il permis de la présenter au tribunal de Dieu? Si nous ne connaissons pas Jésus, c'est notre faute; nous le connaîtrions si nous avions consenti à correspondre à son amour et à contempler, sinon la divinité que nos regards ne sauraient voir face à face, du moins les témoignages multipliés de sa charité, de sa puissance, de sa sagesse, de sa bonté incomparable, témoignages que chaque page des saints Évangiles renferme, que l'Église met sous nos yeux à chaque solennité, que notre esprit doit avoir sans cesse présents par la méditation et le souvenir. Sortons enfin de notre assoupissement et de nos vanités. Allons à Celui qui nous attend et nous appelle.

HYMNE.

Pange, lingua, gloriosi
Corpis mysterium,
Sanguinisque pretiosi,
Quem in mundi pretium,
Fructus ventris generosi,
Rex effudit gentium.

Nobis datus, nobis natus
Ex intacta Virgine,
Et in mundo conversatus,
Sparso Verbi semine,
Sui moras incolatus
Miro clausit ordine.

In supremæ nocte cœnæ
Recumbens cum fratribus,
Observata lege plene,
Cibis in legalibus,
Cibum turbæ duodenæ
Se dat suis manibus.

Verbum caro, panem verum,
Verbo carnem efficit,
Fitque sanguis Christi merum ;
Et si sensus deficit,
Ad firmandum cor sincerum,
Sola fides sufficit.

Tantum ergo Sacramentum
Venerémur cernui ;
Et antiquum documentum
Novo cedat ritui ;
Præstet fides supplementum
Sensuum defectui.

Genitori, Genitoque,
Laus et jubilatio :
Salus, honor, virtus quoque,
Sit et benedictio :
Procedenti ab utroque
Compar sit laudatio. Amen.

SECONDE MÉDITATION.

Allons maintenant nous agenouiller devant l'image de Marie la mère de Dieu, l'arche d'alliance.

O mère de Notre-Seigneur! O ma mère, l'ennemi infernal se dresse contre moi, il me menace de ses dards empoisonnés, il m'assiége de pensées coupables, il cherche à m'entraîner dans l'abîme, je crois fermement, ô Marie! mon espérance, ma protectrice et mon refuge, je crois et je sais que si vous combattez pour moi la victoire m'est assurée. Si redoutable donc que soit le tentateur, son pouvoir n'a rien qui approche du vôtre, puisque vous êtes la femme par excellence qui a terrassé le démon et qui a posé le pied sur le serpent. Venez donc à mon aide, daignez me tendre la main, c'est un de vos enfants égarés qui crie et demande sa route, c'est un enfant affamé qui veut revenir sous le toit de sa mère et reprendre sa place au banquet de la famille; c'est un pécheur qui a mille et mille fois offensé Jésus, et qui vous supplie de le ramener à Jésus et d'intercéder encore pour obtenir miséricorde et clémence. Vierge sainte, qui, par la prière, participez à la toute-puissance de votre fils, priez pour moi et sauvez-moi par votre intercession toujours exaucée.

« Ils me dresseront un sanctuaire, dit le Seigneur, afin que j'habite au milieu d'eux... Vous ferez une arche de bois de Setim... Vous la couvrirez d'un or très-pur dedans et dehors : vous y ferez au-dessus une couronne d'or, qui régnera tout autour... Vous mettrez dans l'arche les tables de la loi... » (*Exode*, xxv, ⚜ 8, 10, 11, 16.) Cette arche, dont le Seigneur lui-même donna le plan à Moïse, était sous plusieurs rapports la figure de Marie. Marie elle aussi, est le sanctuaire de Dieu; l'arche sainte avait été faite d'un bois incorruptible, et le péché n'a jamais terni la pureté de Marie; Marie porte dans le ciel cette couronne magnifique, cette couronne d'étoiles que l'apôtre vit autour de sa tête et qui la faisait resplendir au-dessus des saints et des anges; Marie a conservé neuf mois dans ses chastes flancs plus que la loi, c'est-à-dire l'auteur même de la loi.

L'arche de Noé avait précédé celle de Moïse; elle avait reçu la famille bénie d'où les peuples actuels devaient descendre, elle avait sauvé de la fureur des eaux un couple de tous les animaux : cette arche sainte et merveilleuse, dont Dieu lui-même avait déterminé les proportions, avait donc préservé la race humaine et ce qui a vie sur la terre et dans l'air d'une destruction complète. Ainsi Marie est le salut et le refuge de ceux que la tempête menace, de ceux qui vont périr dans le naufrage des passions, ceux que la justice de Dieu atteindrait et emporterait comme les grandes eaux du déluge emportèrent les nations, à l'exception de ce qui avait reçu un asile dans l'arche.

« Levez-vous, Seigneur, pour entrer dans votre repos, vous et l'arche où éclate votre sainteté » (*psalm.* 131, v. 8.) Puisse le règne de Dieu arriver parmi les peuples et dans les cœurs, puisse l'Église catholique apparaître triomphante, puisse Marie être partout aimée, honorée, servie et glorifiée en Dieu !

Qui d'entre nous n'est pas semblable à un malheureux naufragé? ne sommes-nous pas à disputer notre vie aux ennemis qui la menacent, c'est-à-dire aux afflictions spirituelles et temporelles, à la misère du corps et à la misère de l'âme bien autrement redoutable? Eh bien, au milieu des périls et des tempêtes, Marie nous apparaît comme l'arche impérissable de salut et de bénédiction, où nous pouvons trouver la vie, où l'enfer et le monde nous assiégeront en vain. Que Dieu est bon de nous l'avoir donnée! Négligerons-nous de recourir au moyen de salut que nous offre cette arche sainte? serons-nous assez ingrats et assez insensés pour dédaigner ce gage de délivrance et de repos?

Lorsque l'arche d'alliance, l'arche, dont il est si souvent question dans les saintes Écritures était élevée et posée sur le cou des Lévites, les prêtres entonnaient ce chant sublime : « Levez-vous, Seigneur, dissipez vos ennemis, et mettez en fuite « ceux qui vous haïssent. » Et en les remettant à la place, ils disaient : « Retournez, Seigneur, à votre armée d'Israël. » De même par l'exaltation de la mère de Dieu les forces de nos ennemis sont affaiblies et avec elle nous vient toujours la miséricorde de Dieu.

Dès que paraissait l'arche sainte des Hébreux, les murailles de Jéricho tombaient à terre, l'idole de Dagon était renversée, et les impies, qui osaient traiter cette arche sacrée avec irrévérence, étaient frappés de châtiments sévères. De même, quand nous invoquons Marie à notre aide, les puissances infernales qui veulent s'emparer de notre âme succombent et sont vaincues! De même aussi, s'élever contre Marie, attaquer son culte, agir envers elle avec impiété et irrévérence, ce sont là autant de signes précurseurs de réprobation. Méditons sur ses grandes vérités et mettons-les à profit pour notre salut.

Marie, mère de Dieu et des hommes, intervient auprès du Tout-Puissant pour obtenir le pardon des pécheurs égarés, pour faire descendre des trésors de grâce sur les justes, pour fléchir la juste colère du Seigneur. Reconnaissons à ces fonctions saintes et consolantes qu'elle est vraiment la médiatrice de notre salut, l'espoir des malheureux, l'arche d'alliance élevée au-dessus du peuple chrétien et vers laquelle nous devons sans cesse tourner les yeux et la pensée.

O Marie! qui mieux que nous voyez les dangers dont nous sommes environnés; Marie, qui êtes témoin de nos épreuves et qui, si le secours ne nous était promptement donné, seriez témoin de notre naufrage, daignez, comme l'arche de salut et d'alliance, nous offrir un refuge et nous obtenir la victoire, afin que d'ennemis de Dieu, tels que nous fait le péché, nous redevenions, par votre intercession puissante et miséricordieuse, les amis et le peuple de ce Dieu trois fois saint et à jamais adorable.

XIIIᵉ PÈLERINAGE

SAINT-GERMAIN-DES-PRÉS. NOTRE-DAME CONSOLATRICE

Revenons à Saint-Germain-des-Prés. Ce n'est pas trop d'un second pèlerinage pour l'admiration, la méditation et la prière : nos pères ont si souvent suivi le même chemin, que c'est un pieux devoir pour nous que de marcher sur leurs traces, et de venir adorer Dieu et vénérer Marie sous ces voûtes où d'autres générations se rassemblèrent durant tant de siècles dans la même pensée.

L'aspect du voyage a d'ailleurs bien changé depuis 1789, et les races éteintes, si elles reparaissaient de nos jours, ne reconnaîtraient plus bien leur route, alors qu'elles se dirigeraient vers la tour hybride et massive que nous avons déjà décrite, et qui signale de loin à nos regards l'église de Saint-Germain-des-Prés.

Il ne reste que peu de vestiges de cette abbaye, qui avait des priviléges presque royaux, et qui était comme un château fort ayant juridiction sur les quartiers voisins du pré aux Clercs et sur le faubourg Saint-Germain. Elle était ceinte de murailles flanquées de tour. La principale entrée était située à l'est, vers l'emplacement où fut plus tard construite la prison militaire de l'Abbaye, et qui, de nos jours, est à peine occupé par des baraques de planches, servant de café et de bazar provisoires, en attendant que la rue de Rennes soit prolongée sur cet espace et se croise avec le boulevard Saint-Germain. Une entrée moins fréquentée s'ouvrait dans la rue Saint-Benoît; on la nommait porte Papale; elle était flanquée de deux tours rondes, et on y arrivait au moyen d'un pont-levis. Vers l'endroit où la rue de Furstemberg aboutit à celle du Colombier, s'élevait une vieille tour ronde ; de cette tour le mur de clôture très-élevé s'étendait en ligne droite jusque vers le bas de la rue Saint-Benoît; à l'angle de cette rue était une seconde tour pareille à la précédente. A ce point, le mur, retournant presque à angle droit, rencontrait la porte Papale, et aboutissait à une troisième tour ronde. Là se présentait un angle rentrant, qui laissait une petite place dont on voit encore la trace aux extrémités des rues Saint-Benoît et Sainte-Marguerite. Le mur d'enceinte suivait ensuite la direction aujourd'hui indiquée par la rue Sainte-Marguerite, jusqu'à la forteresse où se trouvait l'entrée principale du monastère. Ce mur était crénelé, soutenu par des piliers buttants, et, de distance en distance, garni de tourelles. Il était en outre protégé par le fossé qu'alimentait le canal dont nous avons parlé, et qui était désigné sous le nom de Petite Seine.

A l'intérieur de cet enclos on remarquait la chapelle de Saint-Symphorien, où saint Germain avait d'abord été enseveli : on rencontrait, vers le nord de l'église, la sacristie où l'on conservait une relique dite la ceinture de sainte Marguerite : on y remarquait également une croix d'or, à double traverse, haute de huit pouces, non compris le pied : elle était bordée de diamants et d'améthistes, et renfermait du bois de la vraie croix. Le nom de Manuel Comnène, gravé sur cette croix d'or, indiquait qu'elle avait appartenu à cet empereur, qui en avait fait don à un prince de Pologne. On conservait encore dans la sacristie une croix d'argent, haute de trois pieds, œuvre admirable de goût et de travail, et qui était enrichie d'une multitude de pierres précieuses. Le réfectoire, situé à quelque distance de la sacristie, avait été construit en 1239 par Pierre de Montreuil. La longueur en était de cent quinze pieds, la largeur de trente-deux, la hauteur de quarante-huit, et il était soutenu de tous côtés par une multitude de petites colonnes, se prolongeant en faisceaux et en nervures, jusque sous la voûte. Sur les vitraux, admirablement coloriés, les armes de Castille attestaient que ce magnifique réfectoire datait de la régence de la reine Blanche, mère de saint Louis. La chapelle dédiée à la sainte Vierge avait été construite par les soins de l'abbé Hugues VII, dit Hugues d'Issy : Pierre de Montreuil était également l'architecte à qui l'on devait ce beau monument, et on l'y avait inhumé après sa mort, arrivée en 1266. Lorsque cette chapelle fut détruite, sous la révolution, on éleva sur son emplacement la rue Neuve-de-l'Abbaye. Déjà à diverses époques, sur les autres parties de l'enclos, on avait ouvert la rue Bourbon-le-Château, la rue de Furstemberg, la rue de Childebert et la rue Sainte-Marthe.

L'histoire de l'abbaye de Saint-Germain-des-Prés est féconde en vicissitudes dont nous n'avons pas à mentionner les incidents. Les religieux qui habitaient ce monastère eurent de fréquents démêlés avec l'Université, au sujet du pré aux Clercs, et furent bien souvent en butte aux excès, aux violences, aux outrages des écoliers que protégeaient des priviléges abusifs et une juridiction spéciale. En 1558, le roi donna pleine raison à l'abbaye et mit le pré aux Clercs en sa puissance. En 1630 la réforme de la congrégation de Saint-Maur lui fut imposée : « Depuis que la réforme de la congrégation de Saint-Maur a été introduite dans Saint-Germain-des-Prés, dit Félibien, on peut dire sans flatterie et sans ostentation que cette abbaye a prospéré en régularité, en science, en bâtiments et en domaines. » En 1668, après de nombreux conflits d'autorité, une transaction intervint entre l'archevêque de Paris et l'abbé de Saint-Germain-des-Prés. La juridiction de l'archevêque s'étendit sur tout ce qui appartenait à la congrégation, à l'exception de l'abbaye et de son enclos, et le prieur de l'abbaye fut institué pour toujours vicaire général né de l'archevêque dans le faubourg Saint-Germain. En 1693, l'abbaye de Saint-Germain-des-Prés fut confirmée dans toute la juridiction temporelle sur le bourg et l'enclos, juridiction exercée par un bailli, un procureur fiscal, un greffier et deux huissiers. Le bailli de l'abbaye connut des appellations et des jugements rendus en matières civiles par les juges des hautes justices dépendantes du temporel de l'abbaye, situées hors de la banlieue de Paris. Ce fut durant la seconde moitié du dix-septième siècle et les commencements du dix-huitième que s'achevèrent au sein de l'abbaye les immenses travaux historiques qui font la gloire de cette maison célèbre. Cette période vit s'illustrer, parmi les bénédictins de Saint-Maur, des hommes dont il suffit de citer les noms, les Dubreuil, les Mabillon, les Montfaucon, et avec eux Hugues Ménard, d'Achery, Michel Germain, Ruinart, Denis de Sainte-Marthe, Félibien, Bouillard, Martène, Clément, Bouquet, Lobineau. Pourquoi faut-il que plus tard les religieux de cet ordre se soient montrés beaucoup trop indulgents pour les erreurs du jansénisme? Cette faiblesse, mêlée d'orgueil, ne les préserva point de voir détruire leur institut et leurs priviléges, à l'époque où la révolution confisqua toutes les abbayes et supprima tous les monastères.

Depuis lors l'église abbatiale de Saint-Germain-des-Prés a été restituée au culte catholique et est devenue la première succursale de Saint-Sulpice.

Entrons de nouveau dans cette église, si magnifiquement restaurée dans les vraies conditions du style romano-byzantin, et admirons les peintures murales dont un grand artiste, M. Hipp. Flandrin, achève en ce moment de la revêtir.

Sur des fonds d'or, imitant les mosaïques des antiques églises de l'Orient, et celles que reproduisirent les artistes occidentaux, le peintre a rappelé les riches compositions de feuillages enroulés, les palmiers, les attributs, les figures qui ornent les vieilles basiliques de Rome. Il a su les mettre en harmonie avec le caractère de l'architecture romane. Les voûtes peintes en bleu d'azur sont couvertes de brillantes étoiles; toutes les nervures qui les divisent en se croisant sous leurs clefs sont détachées elles-mêmes par des tons délicats qui reposent l'œil. Le chœur, entouré de stalles richement sculptées, présente sur ses parois deux vastes compositions; les sujets en sont puisés dans le Nouveau Testament. Sur la muraille septentrionale, l'artiste a peint l'entrée triomphale de Jésus-Christ dans Jérusalem; le peuple, qui l'escorte, porte des palmes, et crie: hosanna! Des femmes et des enfants le précèdent. C'est une magnifique page d'histoire sacrée. En regard, sur la muraille méridionale, Notre-Seigneur est représenté chargé de sa croix et suivant la voie douloureuse du Calvaire; il est entouré de soldats, et sa très-sainte mère évanouie est entourée de quelques pieuses femmes. Il y a une grande et salutaire pensée dans la réunion de ces deux images placées en face l'une de l'autre. Les chrétiens la comprendront.

Les peintures de la nef sont également fort remarquables, quoique moins éclatantes. M. Hipp. Flandrin a développé sur les deux murailles cette pensée mystique : « Jésus-Christ dévoilé aux chrétiens après avoir été présenté aux Hébreux sous des voiles. » En d'autres termes, il a voulu placer les principaux faits mentionnés par le Nouveau Testament en regard des faits bibliques qui les annoncent et les symbolisent : une pareille idée ne semblait pas se prêter à la peinture, qui n'exprime bien que les objets sensibles. M. Hipp. Flandrin a su la rendre intelligible aux fidèles, en respectant la tradition religieuse et en se maintenant dans les règles de l'art. En entrant dans l'église, à gauche et sur la première arcade, le peintre a représenté *l'Annonciation*. La figure de Marie est empreinte d'un chaste recueillement, la vierge pleine de grâce, vêtue d'une robe rose et drapée d'un manteau bleu, se tient debout, et accepte la volonté divine ; un rayon de lumière traverse l'humbre demeure de la fille de David ; sur un escabeau une tige de lis sort d'un vase en terre ; la figure de l'ange est d'une beauté céleste. Sur la même arcade, l'artiste a représenté le *buisson ardent*, image prophétique de la maternité virginale. Au-dessus de la seconde arcade on remarque, d'un côté la *naisance de l'enfant Jésus à Bethléem*, de l'autre Adam et Ève, après la désobéissance, et Dieu qui promet aux hommes un futur rédempteur. *L'adoration des Mages* occupe la troisième arcade. La sainte Vierge, humble et rayonnante, tient sur ses genoux son divin enfant. Saint Joseph est debout auprès d'elle; les trois mages offrent au nouveau-né l'or, la myrrhe et l'encens. Tout auprès, séparé par la bande colorée, apparaît à nos regards Balaam offrant un sacrifice : au fond d'un ciel bleu, une étoile fait rayonner des pointes d'or, entourées d'un cercle, et Balaam surpris semble dire : « Que tes pavillons sont beaux, ô Jacob! Que tes tentes sont belles, ô Israël!... Je le vois, mais non maintenant; je le contemple, mais non pas de près. Une étoile sortira de Jacob; un sceptre s'élèvera d'Israël...! »

Sur la quatrième arcade on remarque le *baptême de Notre-Seigneur* et, en regard, le *passage de la mer Rouge*. Cette double composition est magnifique. Un peu plus loin, l'*institution de l'eucharistie par Notre-Seigneur* occupe la cinquième arcade: Jésus à table avec ses disciples, prononce les paroles sacramentelles en élevant entre ses mains le pain et le calice; tout auprès, le pontife Melchisédech fait pressentir l'institution du divin sacrement, en offrant le pain et le vin.

Arrivés au transept, nous nous arrêtons, et nous tournons nos regards vers la muraille du midi. Sur la première arcade, la plus rapprochée du transept, l'artiste a déroulé devant nous à la fois la *trahison de Judas* et la vente de *Joseph par ses frères*. Sur l'autre arcade nous considérons *Jésus élevé sur l'arbre de la croix*, les saintes femmes pleurent en le regardant ; la sainte Vierge est dans l'attitude que lui donne la tradition, et l'on comprend que son cœur est percé d'invisibles glaives. Au fond, sur un ciel ténébreux, apparaissent les disques rouges du soleil et de la lune. Toute la nature est en deuil. La figure biblique placée à côté de cette douloureuse scène est le *sacrifice d'Abraham*. Sur la troisième arcade nous contemplons la double image de la *résurrection de Jésus-Christ*, et du prophète *Jonas* sortant de la baleine. Vient ensuite une splendide peinture qui nous rappelle la *mission des apôtres*, au moment où Jésus, drapé de blanc, donne à saint Pierre les clefs de son royaume. En regard, l'image biblique représente la dispersion des hommes, à la suite de la confusion des langues : la tour de Babel, écroulée à demi, forme le dernier plan de cette composition.

A l'heure où nous écrivons ces lignes, l'artiste n'a point encore achevé de peindre l'*ascension de Notre-Seigneur* et le *jugement dernier* qui ne tarderont pas à compléter ce grand poëme pictural, où les deux Testaments sont reliés par une pensée unique : la prophétie et son accomplissement, la réalité et le symbole. Au-dessus des tableaux dont nous venons d'esquisser les principaux traits, dans la zone des vitraux, sont figurés des personnages de la Bible, posés comme les témoins de tant de merveilles qui seront accomplies après la grande nouvelle annoncée par l'ange. Le talent de l'artiste a dignement rendu leurs traits ou leur attitude. A force de simplicité, en se retranchant les ressources faciles, M. Hipp. Flandrin a obtenu des effets que la singularité cherche sans les rencontrer. Chez lui rien de brusque, rien de heurté, pas de contraste violent, mais un dessin plein de rhythme et une harmonie générale. Pas d'archaïsme et rien de trop moderne ; nulle dissonance de réalisme dans l'idéal. Pardessus tout, rien qui blesse la foi ou inquiète la chasteté chrétienne.

L'église Saint-Germain-des-Prés contient encore quelques peintures sur toile, qui disparaîtront peu à peu, lorsque la peinture à fresque aura couvert toutes les parois de l'édifice. De nos jours, la nef du midi a été ornée de la belle statue en marbre de la Vierge portant l'enfant Jésus, qui, depuis l'époque du concordat, avait été conservée dans la sacristie. Cette œuvre du quatorzième siècle provient de l'église abbatiale de Saint-Denis ; elle a été placée sous un dais habilement sculpté dans le style de la même époque : une grille, disposée pour recevoir des cierges, est placée en avant de la statue, et la sépare des nombreux et pieux visiteurs qui viennent s'agenouiller devant elle et implorer l'adoucissement de leurs épreuves, par l'intercession de

Notre-Dame consolatrice. Imitons-les et considérons avec eux combien il est profitable au peuple chrétien d'invoquer, dans les souffrances de l'âme et du corps, la mère des miséricordes, celle que l'Église appelle : *Consolatrix afflictorum.*

MÉDITATION.

En cette terre, bien justement nommée une vallée de larmes, l'homme est sujet aux afflictions et aux misères. Pas une joie qui ne soit attristée par quelque épine; pas un bonheur parfait et sans mélange : la croix sous toutes les formes, aux heures mêmes où le rire déride nos fronts. Aucune satisfaction n'est ni complète ni durable, et Dieu, qui nous aime et veut nous faire comprendre que la terre est un lieu d'exil, ne permet pas que nous perdions de vue, dans les délices du temps, la nécessité de combattre et de vaincre pour conquérir l'éternité bienheureuse, séjour de félicité et de repos, demeure de Dieu. Aussi la maladie, les souffrances, les humiliations, les déceptions, la perte de nos biens, la perte de nos proches, tout nous atteint, tout nous afflige, tout nous menace, et nous sommes sans cesse affligés.

Mais surtout, dans le sens de l'Église, nous sommes affligés par nos passions, par les attaques du démon, par nos chutes, par notre faiblesse, par nos péchés multipliés et sans nombre, et nous traînons lentement, au milieu des ronces et des épines, en confessant notre misère et en sollicitant de Dieu qu'il nous donne sa grâce et abrége notre combat.

Dans les afflictions du corps et de l'âme, au milieu de nos deuils et de nos épreuves, accablés sous le poids des maux qui assiégent l'homme, élevons nos regards vers la consolatrice d'en haut, vers Marie notre mère, et elle nous obtiendra la paix, la force et la délivrance.

Qui de nous n'est affligé dans sa vie? qui de nous ne verse des larmes? Jésus daigna lui-même pleurer sur le tombeau de Lazare: qui de nous n'a pas à déplorer la perte d'un être aimé, celle d'un parent, celle d'un bienfaiteur? de quelque côté que nous tournions nos regards nous sommes témoins des misères de nos frères qui répondent aux nôtres, et nous voyons combien il est vrai que la terre est une région triste où nous languissons dans l'exil. Après avoir contemplé la croix de Jésus, après avoir adoré les plaies sacrées du Sauveur, considérons Marie, au pied de la croix, et saluons en elle la consolatrice des affligés. Plus qu'aucun être vivant elle a souffert, et c'est parce qu'elle a connu la souffrance qu'elle met son bonheur et sa gloire a faire descendre le repos et la paix sur ceux qui pleurent.

Marie est la mère des miséricordes, et, après la miséricorde de Dieu, rien n'égale celle dont cette Vierge sainte entoure les malheureux qui languissent en ce monde sous le fardeau des afflictions. Hâtons-nous donc de nous placer sous sa protection puissante. Quelle que soit la douleur qui nous accable, au spectacle de nos misères, nous sommes loin de connaître, comme Marie, l'étendue de nos maux : Marie a le bonheur de comprendre Dieu, elle sait (ce que nous ignorons) jusqu'à quel point le péché est abominable à Dieu et attire le châtiment sur l'homme, et plus Marie nous voit dans la souffrance et dans la douleur, plus elle est émue de compassion et disposée à nous prodiguer les consolations célestes.

En ce moment nous sommes bannis de notre patrie et privés de la vue de Dieu. Hommes charnels, qui n'avons jamais contemplé la gloire du ciel et qui ignorons les splendeurs du Saint des saints, nous sentons le poids de notre exil, et cependant nous ne comprenons pas combien cet exil est douloureux et amer. Mais si nous avions entrevu un seul moment les perfections adorables dont le spectacle enivre les saints et les anges, avec quelle ardeur nos âmes ne s'élèveraient-elles pas vers le Seigneur, et comment nous serait-il possible d'endurer la vie présente, de trouver quelque joie dans l'existence humaine. Demandons à Marie qu'elle nous console dans l'exil ; supplions-la de diriger nos cœurs vers Dieu et d'écarter de nous tout ce qui pourrait nous éloigner de Dieu, et rendre éternel cet exil d'un jour qui pèse tant aux âmes vraiment chrétiennes.

O vous qui êtes la consolatrice des affligés, voyez nos misères et nos peines, daignez en avoir compassion et intercéder auprès de Jésus votre fils, afin qu'il fasse descendre sur nous ses miséricordes. Soutenez-nous pendant que nous traversons cette vallée d'amertume ; montrez-nous le fils béni de vos entrailles, le Sauveur du monde, et obtenez-nous de nous attacher à son service pour le temps et pour l'éternité, afin que rien ne nous ravisse la consolation qui ne peut venir que de Dieu et qui nous vient de Dieu par Marie.

HYMNE

Je vous révère, Vierge incomparable, ornée des fleurs de toutes les vertus et de tous les dons de la grâce, Mère toujours Vierge, Reine de miséricorde, couronnée d'étoiles.	Salve, Virgo florens, Mater illibata, Regina clementiæ Stellis coronata.
Plus pure et plus sainte que tous les anges, vous êtes dans le ciel à la droite du Roi de gloire, revêtue de ce qu'il a dans ses trésors de plus précieux.	Supra omnes angelos Pura, immaculata; Atque ad Regis dexteram, Stans veste deaurata.
O Mère de grâce, ô douce espérance des pécheurs ! Étoile de la mer, port assuré de ceux qui ont fait naufrage ;	Per te, Mater gratiæ, Dulcis spes reorum, Fulgens stella maris, Portus naufragorum,
Porte du ciel toujours ouverte, le salut des pauvres malades, faites que, par votre intercession, nous jouissions un jour de la vue du Roi de gloire dans le séjour des bienheureux. Ainsi soit-il.	Per te, cœli janua, Salus infirmorum, Videamus Regem, In aula sanctorum. Amen.

XIV· PÈLERINAGE

NOTRE-DAME-DES-MIRACLES.

(A Saint-Maur).

Non loin de l'enceinte de Paris, au delà de cette forêt de Vincennes dont on vient de faire un parc à l'usage de nos promeneurs et de nos oisifs, on rencontre le village de Saint-Maur les Fossés, situé dans une péninsule de la Marne. Nous n'avons point à nous préoccuper de son origine que beaucoup font remonter à César ou aux annales primitives de la Gaule : nous ne soulèverons aucune discussion sur le nom latin de *Castrum Bagadaurum*, Camp des Bagaudes, qui lui est attribué dans les anciens titres. Il est avéré que, vers le milieu du cinquième siècle, les Huns qui marchaient sur Paris mirent à mort dans ce lieu plusieurs chrétiens fugitifs, au nombre desquels on cite Félix, Agoard et Aglibert, vulgairement appelés les saints de Créteil. Un siècle plus tard, sous le règne de Clovis II, roi de Neustrie, l'archidiacre Blidégésile fonda sur la terre arrosée du sang de ces martyrs, un monastère qu'il dédia à la sainte Vierge et aux apôtres saint Pierre et saint

Paul. Saint Babolein en fut le premier abbé. Plus tard, les bénédictins y apportèrent le corps de saint Maur, précédemment inhumé dans la célèbre abbaye de Clarfenille, et qu'ils avaient hâte de soustraire aux ravage des Normands : à dater de cette époque, un grand nombre de miracles s'opérèrent dans cette abbaye, qui fut appelée « Sainte-Église des Fossés. » De merveilleuses traditions se rattachaient à cette église. On disait que le Sauveur était venu lui-même en faire la dédicace ; on ajoutait qu'un très-pieux comte de Corbeil ayant voulu, en l'an 1061, faire don à ce sanctuaire d'une image de de Notre-Dame, debout au pied de la croix, cette statue se trouva toute faite sans main d'homme, au moment où le sculpteur se disposait à dégrossir le bois dont il voulait la tirer. L'historien de Saint-Maur a fait allusion à ce fait, en donnant à son récit le titre suivant : *Iconia Beatæ Mariæ Virginis, quam effigiavit Virtus Altissimi.*

« Quoi qu'il en soit de l'origine de cette statue, dit un pieux contemporain (1), il est certain qu'en priant à ses pieds on y obtint des guérisons sans nombre, qui firent appeler la chapelle où elle était placée du nom de *Notre-Dame des Miracles*, et qui la rendirent si vénérable, que les religieux de Saint-Maur n'y entraient jamais que pieds nus. »

L'ancienne église de Saint-Maur était alors située

---

(1) Le vénérable et docte abbé Hamon, curé de Saint-Sulpice. *Notre-Dame de France*, t. I, p. 107.

au bas du village, dans une position dominée par une colline. La construction extérieure appartenait à la première période romane ; dans la nef, les piliers dataient du règne de Robert II ; la voûte et la croisée semblaient être du douzième siècle ; le sanctuaire et les vitraux paraissaient dater du quatorzième. Vers cette dernière époque, plusieurs parties de l'édifice menaçant ruine, l'église fut presque entièrement rebâtie, et la chapelle de Notre-Dame des Miracles fut reconstruite en dehors de la basilique, sur l'emplacement de l'église précédente : on y conserva la statue miraculeuse et le cercueil en pierre de saint Babolein. Le concours des fidèles à ce sanctuaire fut loin de se ralentir ; peu de dévotions étaient aussi populaires à Paris. Aussi, sous le règne de Louis XIII, le premier archevêque de Paris voulant favoriser ces témoignage de la piété de ses diocésains, crut-il devoir instituer une confrérie dite de *Notre-Dame des Miracles,* à laquelle, le 13 mai 1627, de nombreuses indulgences furent accordées par le pape Urbain VIII. « Peu d'années après, dit encore le vénérable M. Hamon, touché d'une dévotion spéciale pour *Notre-Dame des Miracles,* le père de Condren, cet homme éminent en sainteté, l'oracle et le modèle du clergé de son temps, réunit en communauté, à Saint-Maur, un certain nombre d'ecclésiastiques d'élite, pour les y exercer, sous l'œil de Marie, aux vertus sacerdotales et les préparer aux travaux de l'apostolat. M. Olier, jaloux de s'adjoindre à cette pieuse compagnie, quitta la maison maternelle et entra dans la nouvelle communauté fondée à Saint-Maur. Là, il aimait à passer de longues heures dans la chapelle de Notre-Dame des Miracles, à épancher son cœur dans le cœur de Marie, sa mère ; il témoigna dans la suite qu'il avait obtenu beaucoup de grâces dans ce saint lieu (1). »

Au début de la révolution française, cette auguste chapelle fut démolie, mais l'image miraculeuse fut transportée dans une chapelle de l'église Saint-Maur, où elle est encore aujourd'hui. Là, dès le mois de mai 1806, furent rétablies les pratiques et les solennités qui étaient en usage dans l'antique chapelle, et le souverain Pontife accorda à la confrérie de nouvelles et nombreuses indulgences. Chaque année, le second dimanche de juillet, on célèbre en grande pompe la fête de la Dédicace de cette chapelle, et chaque mois a lieu, en l'honneur de Notre-Dame des Miracles, une procession destinée à attirer sur le pays des sources de grâces.

Empressons-nous de nous associer à ces pieux pèlerinages, à ces saintes démonstrations : elles ont pour but d'honorer Marie, dont l'intercession n'est jamais en vain sollicitée. Méditons les priviléges accordés par le Seigneur à sa mère, Notre-Dame des Miracles, la Vierge puissante, la Vierge admirable.

(1) *Notre-Dame de France*, t. I, p. 108.

MÉDITATION.

Dans le glorieux cantique de la visitation, lorsque le cœur de Marie, ne pouvant contenir davantage le sentiment de la reconnaissance, remercia Dieu tout-puissant *des merveilles qu'il avait opérées en elle*, elle s'écria que *toutes les générations l'appelleraient bienheureuse* : et comment oserons-nous essayer de dire pourquoi l'Église l'appelle admirable, nous qui savons, avec les saints, *que Dieu seul peut la louer dignement* ! Saint Bernard la compare à l'arc que Dieu plaça dans les nuées après le déluge pour rassurer le genre humain contre les eaux d'un nouveau déluge : elle est l'arc d'alliance placé dans le ciel, afin que la race d'Adam, rachetée par Jésus-Christ, ne périsse pas sous les traits du démon. Les Écritures retentissent à chaque page de la splendeur de son nom : *elle est belle comme la lune, unique et resplendissante comme le soleil, terrible comme une armée rangée en bataille.* Elle a été ornée de toutes les grâces ; Dieu l'a placée à la tête de l'humanité tout entière, comme cette nuée lumineuse qui précédait les Hébreux dans le désert, et sa mission est de nous préserver des ténèbres et des abîmes. Mais si admirable qu'elle soit par les prodiges que Dieu a accomplis en sa faveur, ce n'est pas seulement parce qu'elle règne au-dessus des saints, parce qu'elle est revêtue du soleil, parce qu'elle est couronnée d'étoiles que nous l'admirons : c'est dans le pauvre réduit de Nazareth, c'est dans l'étable de Bethléem, c'est dans l'atelier de saint Joseph, c'est sur le Calvaire que nous la trouvons admirable au-dessus de toutes les créatures ; et qui connaîtrait son cœur, l'admirerait plus encore que celui qui ne connaîtrait que sa gloire. Et quand une voix, s'élevant de la foule qui entourait Jésus-Christ, s'écria : « Heureux les flancs qui vous ont porté, heureuses les mamelles qui vous ont allaité, » Notre-Seigneur ne répondit-il pas : « Heureux plutôt ceux qui écoutent la parole de Dieu et qui la pratiquent : » en parlant ainsi, il nous disait ce que nous devons le plus admirer dans Marie, car aucune créature n'a plus qu'elle aimé, honoré, écouté et servi Dieu.

La véritable gloire consiste à servir Dieu et à obéir à ses commandements. Lors donc que nous voulons méditer sur les titres que Marie possède à notre admiration, ce n'est point à la mesure des idées humaines sur la grandeur et sur l'éclat extérieur qu'il faut apprécier ses titres : aucune créature ne correspondit autant que cette divine Vierge à tout ce que Dieu aime, à tout ce qui lui plaît. Elle a été, en ce monde, *la servante du Seigneur*, non par quelques actes d'humilité, mais en toute chose et dans tous les instants de sa vie. Si élevée en grâce que l'enfer s'arrêtait vaincu devant elle, elle ne s'est attribué aucun mérite de tant de puissance, elle s'est bornée à remercier Dieu, son Sauveur, *de ce qu'il avait daigné regarder sa bassesse.* L'Écriture sainte, en parlant des hommes les plus dignes de nos éloges, en exaltant Abraham, Jacob, Isaac, Joseph, Moïse et tant d'autres, annonce aux siècles qu'ils furent les *serviteurs de Dieu.* La vraie gloire est donc dans l'obéissance aux ordres de Dieu et dans la conformité à sa volonté. Que les enfants du monde la fassent consister dans les satisfactions de l'orgueil, dans la splendeur des pompes et des richesses, dans la science, dans la renommée, tout cela n'est que poussière aux yeux de Dieu, et Marie, en choisissant pour sa part l'humilité et l'obéissance, nous a montré ce qui a un droit réel à l'admiration du ciel et de la terre.

« O Dieu, dit le Psalmiste, celui-là sera digne d'entrer dans votre tabernacle, qui marche dans l'innocence et qui remplit tous ses devoirs. » Il y aura des hommes, au jour du jugement, qui auront fait des miracles, guéri des malades et ressuscité des morts, et qui n'en seront pas moins réprouvés, parce qu'ils n'auront pas correspondu en tout à la volonté de Dieu. Faire des miracles, c'est manifester une puissance qui est un don de Dieu : correspondre à la grâce de Dieu, c'est ce qui mérite les récompenses célestes. Le serviteur fidèle qui avait reçu dix talents, ne fut pas loué par le père de famille parce que ce dernier lui avait confié un dépôt aussi précieux, mais parce qu'il s'était attaché à le faire valoir. La maternité divine de Marie est un don de Dieu; le soin que Marie eut de conformer toutes ses pensées et toutes ses actions à la volonté du Seigneur, voilà ce qui lui mérita d'être appelée par l'Église, « Mère admirable. »

Dieu était toute la pensée, Dieu était l'unique bonheur de Marie : toute sa vie ne fut qu'un acte d'amour de Dieu. *Nous croyons*, dit le bienheureux Albertle Grand, cité par saint Liguori, *sauf meilleur avis, que la bienheureuse Vierge, dans l'incarnation du Fils de Dieu, reçut une aussi grande charité que puisse obtenir une pure créature, placée encore dans la voie*. Charité envers Dieu, que sainte Catherine de Sienne résume en appelant Marie *porte-feu*, ce qui signifie porte-feu du divin amour; charité envers les hommes, qui fut si grande *qu'elle leur donna son fils unique ;* charité qui persiste dans la gloire du ciel et qui éveille et attire notre confiance. Selon le témoignage de saint Augustin, *Marie fut plus heureuse d'avoir reçu la foi de Jésus-Christ, que de l'avoir conçu ;* et c'est encore nous dire en quoi elle est le plus admirable. Et qui pourrait énumérer ses vertus. Sa foi, sa patience, son humilité, son amour du travail, sa pauvreté volontaire, son expérience au milieu des épreuves, sa pureté, sa piété fervente : voilà ses plus glorieux titres, voilà ce qui la rend digne des regrets du monde, et voilà ce que nous devons imiter, autant que possible, si nous voulons être vraiment les enfants de cette Mère admirable.

Seigneur, qui êtes fils de cette Mère admirable ; Trinité sainte, qui avez orné de tant de splendeur et de tant de gloire Marie, de la tribu de Juda ; Marie, fille de David ; Marie, vierge sans tache, nous vous bénissons et nous vous rendons grâces de l'avoir comblée des dons précieux qui de siècle en siècle la font appeler bienheureuse et bénie entre toutes les femmes : et comme Marie est surtout proposée à l'admiration du monde, moins par le privilége ineffable qu'elle a reçu, en devenant Mère de Dieu, que parce qu'elle fut, du premier au dernier instant de sa vie terrestre, l'humble et fidèle servante du Seigneur, daignez nous accorder, par l'intercession de cette Vierge très-sainte que nous nous efforcions sans cesse de suivre ses pas et de conformer notre vie à la sienne.

HYMNE

Salve, urbs refugii,
Turrisque munita,
David propugnaculis
Armisque insignita.

In Conceptione,
Charitate ignita,
Draconis potestas
Est a te contrita.

Je vous révère, divine Reine, notre refuge, notre asile, figurée par la tour de David, où se trouvent toutes les armes pour combattre les ennemis de notre salut.

Dès le premier instant de votre Conception immaculée, embrasée du feu de la charité, vous avez triomphé de la puissance du dragon infernal, vous l'avez détruit et mis en poussière.

O femme véritablement forte, invincible Judith, plus sage et plus belle qu'Abisaïe, vous avez mérité l'amour et la tendresse du véritable David.	O mulier fortis, Et invicta Judith, Pulchra Abiseg, Virgo Verum fovens David.
Rachel a été mère du Sauveur de l'Égypte, et Marie a porté dans son sein le Rédempteur de tout le monde. Ainsi soit-il.	Rachel curatorem Ægypti gestavit : Salvatorem mundi Maria portavit. Amen.

XV° PÈLERINAGE

L'ADORATION RÉPARATRICE

Dans l'un des plus humbles quartiers de Paris, sur la rive gauche, et au delà de l'église Saint-Jacques du Haut-Pas, on rencontre l'une de ces pieuses retraites qui sont comme des foyers de prières, des réservoirs de grâces. C'est un fort petit monastère, provisoirement établi au n° 14 de la rue des Ursulines, et qui ne va pas tarder à disparaître pour faire place on ne sait à quel boulevard de nouvelle création : cette maison sera alors remplacée par un couvent dont la construction commence à peine. Pour le moment, bien qu'elle présente l'apparence de la demeure du pauvre, bien que rien ne la signale au dehors, nous nous y arrêterons comme pèlerins, car elle sert d'asile à l'œuvre de *l'Adoration réparatrice.*

Cette association se compose de trois classes de personnes : de sœurs régulières qui, étant liées par les trois vœux simples de pauvreté, de chasteté et d'obéissance, vivent en commun dans la même maison ; de sœurs séculières qui, n'étant liées que par les vœux de chasteté et d'obéissance, peuvent vivre chez elles; enfin de personnes simplement associées. A chacune de ces trois classes sont assignés des devoirs de piété particuliers. La société de l'Adoration réparatrice, fondée en 1848, se dévoue à la réparation de toutes les offenses faites à la Majesté divine, et spécialement des blasphèmes, des outrages que reçoit Jésus-Christ dans l'Eucharistie, de la profanation du dimanche. Cette œuvre est un complément de toutes celles qui ont pour but d'apaiser la justice de Dieu par la prière et la pénitence, et d'attirer ses miséricordes par l'Adoration perpétuelle : elle jouit de l'inestimable privilége d'avoir jour et nuit le très-saint Sacrement exposé pour les fins réparatrices qu'elle se propose. On dirait qu'elle a pris pour point de départ de son existence cette parole de l'apôtre Pierre : « Entrez vous-mêmes dans la structure de l'édifice, comme étant des pierres vivantes, pour composer une maison spirituelle et un sacerdoce saint, afin d'offrir à Dieu des hosties spirituelles, qui lui soient agréables par Jésus-Christ. »

Il est des mystères de piété et de charité qu'il ne faut pas livrer au monde profane. Nous nous abstiendrons de raconter comment cette œuvre de l'Adoration réparatrice a été instituée à Paris et à Lyon; par quel dévouement, que ne décourageait aucun obstacle, une femme d'élite, une artiste connue par de remarquables travaux, a entrepris de mener cette pensée à bonne fin, de s'y consacrer tout entière : nous blesserions la sainte modestie de cette âme et de celles qui se sont associées à elle pour atteindre le même but. Nous nous abstiendrons, quoique à regret, de rappeler comment, au milieu d'un incendie qui dévorait la chapelle de la communauté, cette fondatrice de l'œuvre, au péril de sa vie, disputa aux flammes le Saint-Sacrement, et fut atteinte de glorieuses et cruelles blessures. D'autres viendront après nous, à l'heure convenable, qui recueilleront toutes les circonstances honorables pour l'Adoration réparatrice, et auront pour devoir d'édifier les fidèles en les racontant : un sentiment de respect nous interdit de parler plus au long d'une œuvre sainte que Dieu bénit, que lui seul connaît. Bornons-nous à rappeler que la société de l'Adoration réparatrice a été honorée par un bref donné à Rome, à Sainte-Marie-Majeure, sous l'anneau du pêcheur, le 8 juillet 1853, et la huitième année du pontificat de Sa Sainteté Pie IX. Ce bref, émané du successeur de Pierre, renferme le passage suivant :

« Louant dans le Seigneur ladite société et son but utile et saint, nous accordons à toutes et chacune des sœurs régulières ou séculières de cette même société, en quelque lieu qu'elle ait été instituée ou qu'elle soit instituée par la suite, une indulgence plénière le jour qu'elles prendront l'habit de l'Institut, et celui auquel elles feront ce qu'o appelle la profession; et, quant aux Associées, le jour où elles seront admises dans la société : de plus, tous les jours où elles prieront pendant une heure, sans discontinuer, devant le très-saint Sacrement exposé à la vénération dans la chapelle de l'Institut, et enfin deux jours de chaque mois, qui seront désignés par les évêques respectifs où elles visiteront la chapelle de l'Institut, ou bien une autre église publique, pourvu qu'en chacun desdits jours où elles le feront, étant vraiment contrites, s'étant confessées et ayant reçu la sainte communion, elles adressent à Dieu de pieuses prières pour la concorde entre les princes chrétiens, pour l'extirpation des hérésies et l'exaltation de l'Église notre sainte Mère. De même, nous accordons miséricordieusement dans le Seigneur, à toutes les consœurs des trois classes de ladite société, une indulgence plénière, avec pardon et rémission de tous leurs péchés, le jour où, étant vraiment contrites et s'étant confessées, elles recevront la très-sainte Eucharistie en forme de Viatique, et prieront comme il a été dit, selon leur pouvoir.

« Les présentes seront valables pour tous les temps à venir.... »

Aux termes des statuts de l'Adoration réparatrice, les associés concourent aux fins générales de l'œuvre, et participent d'une manière spéciale aux mérites, sacrifices et adorations de la congrégation religieuse, en s'acquittant des obligations suivantes :

1° Avoir la bonne volonté d'empêcher, autant qu'on le peut, suivant les circonstances et sa position, les blasphèmes contre la Majesté divine, les outrages faits à la religion et la profanation du dimanche ;

2° Avoir à cœur de réparer de quelque façon ces sortes de péchés, quand on n'a pu les prévenir ;

3° Faire inscrire son nom sur les registres des associés de la communauté de l'Adoration réparatrice ;

4° Prendre pour chaque mois une heure fixe, à jour déterminé, pour l'adoration réparatrice devant le très-saint Sacrement, exposé soit dans les chapelles des communautés, soit dans l'église désignée à cet effet par l'ordinaire du lieu où se trouvent les congrégations ;

5° Tous les associés réciteront chaque jour le *Pater*, l'*Ave*, le *Gloria Patri* et les invocations suivantes :

Loué et adoré soit à jamais Notre-Seigneur Jésus-Christ au très-saint Sacrement ;

O Dieu, notre protecteur, regardez-nous, et jetez les yeux sur la face de votre Christ ;

O Marie, conçue sans péché, priez pour nous qui avons recours à vous ;

6° Pendant l'heure de réparation, on récitera un acte d'amende honorable et de louange ;

7° Chaque fois qu'on verra Dieu outragé, on dira au moins de cœur :

Sit nomen Domini benedictum, ex hoc nunc et usque in sæculum.

Et maintenant unissons-nous à notre tour aux pieux visiteurs qui se pressent dans l'humble chapelle où le très-saint Sacrement est exposé jour et nuit, et méditons avec eux sur l'amour que Jésus-Christ nous prodigue dans la divine Eucharistie, sur l'amour qu'il est en droit d'attendre de nous.

MÉDITATION.

DEVANT LE TRÈS-SAINT SACREMENT.

Il est là, sur l'autel, le Roi de gloire, le Dieu sauveur, le Dieu tout-puissant, et par amour pour nous il s'expose volontairement à l'indifférence et au mépris du monde. Le père de famille a préparé un grand festin; dédaigné par ceux qui, avant tous les autres, devaient s'empresser d'accourir à sa table, il a dit à ses serviteurs : « Amenez ici les pauvres, les estropiés, les aveugles et les boiteux (*Luc.*, XIV, 21). » Comment comprendre et dépeindre l'amour qu'il nous porte et qu'il nous témoigne dans la divine Eucharistie. On a vu des hommes souffrir les privations les plus dures pour ceux qu'ils aiment, on en a vu donner leur sang et leur vie pour les êtres qui leur étaient chers; où en a-t-on vu qui se soient donnés à eux pour nourriture? Nous sommes tous pécheurs et rebelles, nous sommes les pauvres et les infirmes que le Roi du ciel presse de venir à la table sacrée où il est à la fois victime et convive ; nous sommes les conviés ingrats et oublieux qu'il invite au plus merveilleux des festins, et qui, entraînés loin de lui par les soins du monde, préférons aller à nos plaisirs, à nos affaires, à toutes les préoccupations de la vie matérielle, et laissons déserte la salle du banquet où Jésus-Christ nous attend pour se donner à nous. Nous ne voulons voir ni ses bienfaits, ni la grandeur de son amour ; nos yeux ne s'ouvrent que sur les intérêts de la terre, et ce Dieu caché, mais vraiment Dieu, qui nous appelle et nous attend, ne touche pas nos cœurs opiniâtres et n'amollit pas nos volontés tout entières aux choses d'ici-bas. Bien plus, ses menaces nous émeuvent à peine. Ensevelis que nous sommes dans la torpeur de nos passions, nous disons sans cesse : plus tard, plus tard ! et il nous semble que ces menaces attendront complaisamment que nous ayons le loisir d'y faire droit, que, dégoûtés et rassasiés du monde, nous finissions par nous tourner vers Dieu et lui apporter les débris de notre cœur.

Élevons les yeux vers Jésus, et détournons ensuite nos regards sur nous. D'un côté, quelle pureté divine et ineffable, quelle abondance de perfections, que de splendeurs et de merveilles sans nombre, dont la pensée humaine ne peut embrasser les mystères, et en face desquelles l'homme ébloui se prosterne, s'humilie et adore ; de l'autre côté, c'est-à-dire en nous-mêmes, que d'abjections et de misères! Cette sainte aimée de Dieu, qui obtint de considérer son âme avec les yeux de la foi, fut tellement épouvantée de ce spectacle qu'elle ne put en supporter la durée, et qu'elle demanda à ne plus être forcée de voir cet amas d'imperfections et de taches ; que serait-ce, s'il nous était donné de voir et de comprendre ce que nous sommes! Nous reculerions d'horreur au spectacle de nos péchés ; nous ne pourrions sans frémir arrêter nos regards sur les cicatrices, sur les plaies saignantes que le démon, en séjournant dans l'âme des pécheurs, y a produites, et qu'ils n'ont su guérir ni par la pénitence, ni par le retour sincère à Dieu. Eh bien, Jésus ne se laisse point rebuter par la vue de ces infirmités douloureuses. Il nous voit et il nous plaint, et il vient à nous, portant en ses mains divines le baume qui doit régénérer nos cœurs ; il est témoin de nos chutes et de nos égarements, et il nous invite, avec une merveilleuse patience, à revenir à lui et à lui demander soulagement et secours.

Jésus-Christ nous a aimés en s'abaissant, dans le mystère de l'Incarnation, jusqu'à revêtir la nature humaine; il s'est fait homme ; le Verbe incréé s'est fait chair, et il a habité parmi nous. Pouvait-il, après cette marque infinie de son amour, nous en donner une autre, non moins merveilleuse, non moins consolante? C'est ce qu'il a fait en instituant l'adorable Eucharistie. Durant sa mission, de Bethléem au Calvaire, tandis qu'il parcourait la Judée et annonçait la bonne nouvelle aux pauvres, on ne pouvait le voir que dans les contrées qu'il habitait, et la multitude avait beau se presser sur son passage, l'immense majorité des générations et des peuples était privée du bonheur de le contempler. Aujourd'hui il est réellement présent sur nos autels, non-seulement comme Dieu, car à ce titre il est partout, mais il y est comme homme, en corps et en âme, et si nos yeux ne peuvent le discerner, sous les saintes espèces eucharistiques, la foi nous avertit de sa présence, et nous sommes tous appelés, par sa charité infinie, à nous asseoir au banquet sacré où il se donne à nous pour aliment, où son corps adorable est vraiment notre nourriture; qui donc nous empêche d'aller à lui? N'est-il pas ce Dieu tout-puissant et trois fois saint qui guérissait, en Judée, les infirmités du corps et les blessures de l'âme? L'ombre seule de son corps rendait la santé et la vie à ceux qui étaient souffrants ou morts. Pour avoir touché la frange de ses vêtements, une femme, malade depuis de longues années, se sentit subitement guérie. Il est éternel et immuable, et ses perfections pas plus que son omnipotence n'ont pu s'affaiblir. Faut-il que parce que sa miséricorde se manifeste d'une manière plus merveilleuse qu'à Jérusalem, nous sentions amoindrir notre confiance et diminuer notre amour? N'aimerons-nous Jésus et n'irons-nous à lui que s'il n'apparaît que de loin en loin, que s'il faut franchir des déserts, des contrées lointaines, de vastes mers pour arriver près de sa personne; et parce qu'il vient à nous, parce qu'il nous appelle, parce qu'il nous cherche, dédaignerons-nous le bonheur de nous trouver réunis à lui, en sa société sacrée, comme des amis près de leur ami? Ce serait à la fois de l'ingratitude et de la démence, et nous en porterions la peine; car, nous avons beau l'oublier, sa gloire et son bonheur ne peuvent être le moins du monde obscurcis par nos dédains, tandis que loin de Jésus, il n'est pour l'homme ni consolation, ni joie, ni repos.

Jésus-Christ, Dieu éternel et créateur, a mis dans l'homme l'instinct de la vie, l'amour de la vie, comme un sentiment naturel et nécessaire qui domine tous les autres. Puis, pour nous attirer à lui, dans la sainte Eucharistie, par ce même sentiment dont il connaît la force, il répéta plusieurs fois et à dessein que la source de la vie est dans le sacrement adorable. Entendez la voix de Notre-Seigneur. « Je suis, dit-il, le pain de vie, descendu du ciel; celui qui mangera de ce pain vivra éternellement. » N'a-t-il pas dit ailleurs : « Je suis la voie, la vérité et la vie! » O hommes, qui avons peur de mourir, qui tenons si fort à vivre, comprenons-nous bien où est la vie? Ne voyons-nous pas qu'elle n'est qu'en Jésus, qu'être avec lui c'est vivre, que se séparer de lui c'est mourir! Allons donc aux pieds des autels sur lesquels il réside ; allons nous agenouiller devant les tabernacles qu'il a choisis pour demeure; prosternons-nous devant la divine Eucharistie qui est Dieu lui-même, et méditons sur la grandeur incompréhensible de son amour.

Jésus-Christ, dans la divine Eucharistie, continue l'œuvre de la Rédemption. S'il a choisi pour demeure les tabernacles et l'autel, c'est pour travailler au salut des âmes. Comme il est la sagesse infinie, il sait que ce qui importe le plus à l'homme, c'est de conquérir la bienheureuse éternité, d'éviter l'enfer, de s'associer pour jamais aux saints et aux anges qui chantent dans les splendeurs du ciel l'hosanna sans fin. C'est pour nous attirer à lui, c'est pour que nous venions au Père qu'il est dans le saint Sacrement. Là, il est la consolation des affligés, la force des faibles, l'espoir de ceux qui descendent vers le découragement, la vie de ceux qui s'éteignent et languissent. Il est l'aide des pécheurs, il s'offre pour eux à la justice divine, il les réconcilie avec son Père, et il apaise la colère du Tout-Puissant, prête à frapper, comme il l'apaisa sur la croix. Le pécheur irrite Dieu par un mépris insolent de ses perfections, et Jésus-Christ, dans l'adorable sacrement de nos autels, répare cette offense avec un avantage incomparable. Le pécheur offense Dieu par orgueil, et Jésus-Christ, l'agneau de Dieu, qui efface les péchés du monde, apaise la justice éternelle en s'humiliant dans l'Eucharistie jusqu'au plus profond anéantissement; le pécheur offense Dieu en se livrant à des voluptés coupables, et Jésus-Christ, l'agneau très-pur, se met en état de pénitent pour donner satisfaction à son Père à la place de cet homme aveugle et criminel ; le pécheur irrite le Tout-Puissant par la haine et l'ingratitude, et Jésus-Christ, dont le cœur est un foyer éternel de charité et d'amour, obtient de son Père le pardon de cet insensé. Ne vous semble-t-il pas entendre Jésus, dans la très-sainte Hostie, s'adresser au Père éternel et lui dire, en parlant des impies et des indifférents : « Pardonnez-leur, mon Père, car ils ne savent ce qu'ils font! » Et certes, en présence de tant de déréglements et de tant de crimes, qui pourrait arrêter le cours des vengeances divines, si le sang de l'Agneau sans tache ne demandait miséricorde, si le Père éternel ne regardait la face de son Fils, et pour l'amour de ce Fils, infiniment saint, ne pardonnait à ceux pour le salut de qui Jésus est mort sur la croix et réside dans l'Eucharistie?

Quand Jésus s'adresse ainsi à son Père, quand il intercède pour nous, coupables pécheurs, il ne laisse pas de nous parler à nous-mêmes, de nous montrer à quel abaissement volontaire il se réduit pour l'amour de nous, de présenter à nos regards ses mains et ses pieds transpercés de clous, sa tête couronnée d'épines, son corps déchiré par la flagellation, sa face adorable meurtrie et sanglante, et alors il nous demande si nous comprenons bien jusqu'à quel point il nous aime, si nous ne l'aimerons jamais à notre tour. Écoutons sa voix; pénétrons-nous bien de sa bonté incomparable et de notre honteuse ingratitude, et tenons-nous humblement prosternés au pied de l'autel, le remerciant de son amour sans égal et excitant nos cœurs à répondre enfin à l'appel de cette tendresse sacrée qui, jusqu'à ce jour, nous a trouvés froids et insensibles.

PRIÈRE

Ave, verum corpus natum
De Maria Virgine:
Vere passum, immolatum
In cruce pro homine;
Cujus latus perforatum
Unda fluxit cum sanguine,
Esto nobis præguslatum
Mortis in examine.
O Jesu dulcis,
O Jesu pie,
O Jesu fili Mariæ,
Tu, nobis miserere. Amen.

MÉDITATION

DEVANT L'IMAGE DE MARIE

Marie est la reine des anges : après le titre de Mère de Dieu, c'est le plus sublime de ceux que l'Église lui donne, et c'est parce qu'elle est, dans le ciel et sur la terre, mère de Jésus-Christ, que les anges la saluent comme leur souveraine, comme la reine du ciel.

Les anges du ciel sont nos soutiens, nos intercesseurs et nos guides. Ne cessons de les honorer avec un cœur reconnaissant et respectueux, et recourons souvent à eux, particulièrement à celui d'entre eux que Dieu, dans sa bonté, nous a donné pour gardien.

Remercions Dieu de ce qu'il a élevé Marie à un si haut degré de gloire, qu'elle est la reine des anges et que les innombrables légions célestes qui remplissent le ciel lui forment une cour. A ce signe, reconnaissons encore la puissance de la Mère de Dieu, et que notre confiance redouble.

C'est le prince de la milice des anges qui a terrassé le démon et l'a précipité dans l'abîme, en vertu de la force même de Dieu et en prononçant cette parole ineffable : « Qui est comme Dieu ? » Disons à notre tour : « Parmi les créatures, qui est élevé en puissance et en gloire comme Marie et qui, semblable à elle, a reçu de Dieu le pouvoir d'écraser le fatal serpent ? » Confiance donc en Marie reine des anges.

Marie est la reine des patriarches ; ces justes de l'Ancien Testament, ces hommes saints et vénérables qui ont été en communication directe avec Dieu, avec lesquels Dieu a daigné converser, dont il a agréé les sacrifices, et qui ont fait monter vers lui leurs prières pour la race humaine, pour les pauvres enfants d'Ève, ont eu de leur vivant un honneur et une gloire qui étaient comme l'ombre et l'image de la gloire et de l'honneur dont jouit Marie, Mère de Dieu, qui a porté Jésus dans ses entrailles et qui, dans le ciel et sur la terre, a traité Jésus comme son fils.

Marie est la reine des prophètes : annoncée par Isaïe, elle a vu, avant les prophètes, ce Désiré des nations qu'ils invoquaient, qu'ils appelaient de leurs vœux, qu'ils entrevoyaient à travers les éblouissements de leur âme et dans la mesure de l'initiation qu'ils avaient reçue du Saint-Esprit parlant par leur bouche. Marie a été comme eux animée de l'Esprit-Saint, qui voit avant l'ordre des temps et qui assiste à l'avenir, et nous en avons une preuve dans le sacré cantique où elle a prophétisé sa propre gloire. Marie, plus heureuse que les prophètes, a vu Jésus des yeux de la chair ; elle a été sa vraie mère ; elle l'a allaité, elle a veillé sur sa divine enfance, elle a vu ses travaux, elle a assisté à l'œuvre de la rédemption du genre humain.

Sollicitons et obtenons par Marie de désirer Jésus comme les patriarches et les prophètes, qui soupirèrent si ardemment après la venue du Sauveur. Ils ont langui dans l'attente du Seigneur promis à la race d'Abraham, et qui devait sauver le monde ! Ils ont appelé de leurs vœux l'*Agneau dominateur* à qui toute puissance a été donnée sur la terre et dans le ciel. Ils jouissent de sa présence. Obtenons de Dieu par Marie d'être associés à leur bonheur et à leur gloire.

Marie est la reine des apôtres. Comme eux, elle suivait son Fils adorable, et tandis que leur foi chancelait, la sienne demeurait ferme : Marie, plus heureuse que les apôtres, a vu Jésus dès sa naissance, et non pas seulement dans les dernières années de la mission du Sauveur ; Marie n'a pas eu besoin que la vérité lui fût dite en paraboles, elle a toujours écouté le langage de son divin Fils, elle l'a toujours gardé dans son cœur, elle en a fait l'objet de ses méditations persévérantes ; Marie, comme les apôtres, a été honorée, au saint jour de la Pentecôte, de la visite du Saint-Esprit ; mais déjà, dans le mystère adorable de l'Incarnation, elle était devenue l'épouse même de l'Esprit-Saint, par l'opération duquel elle avait conçu Jésus-Christ sans cesser d'être vierge. Et comme la mission des apôtres a été d'annoncer Jésus et de le faire connaître et aimer du monde, n'est-il pas évident que nulle créature, remplie de l'Esprit de Dieu, n'a mieux que Marie été investie de la gloire de l'apostolat.

Marie est la reine des apôtres. Nous pouvons, à

L'ADORATION RÉPARATRICE.   235

notre tour, être les imitateurs des apôtres et remplir comme eux la généreuse mission d'amener nos frères à Jésus-Christ. Prêchons par nos paroles et par nos exemples ; soyons prêts à verser notre sang pour Jésus ; attachons-nous, comme les apôtres, à suivre Jésus ; considérons comme un honneur et une victoire de faire aimer Jésus et d'attirer à lui les âmes. Il n'est aucun de nous qui ne puisse à son tour être apôtre, sinon dans son pays, du moins dans sa famille, et étendre dans les cœurs le règne de Dieu. Obtenons ce bonheur et cette grâce par l'intercession de Marie, reine des apôtres.

Ave, Maria, etc.

XVIᵉ PÈLERINAGE

NOTRE-DAME-DE-BOULOGNE

Au mois de février 1319, par lettres patentes datées de Viviers-en-Brie, le roi Philippe le Long donna aux habitants de Paris et autres, qui avaient été en pèlerinage à Notre-Dame de Boulogne-sur-Mer, la permission de faire construire une église au village de Menus-lez-Saint-Cloud, *in villâ de Menus propè Sanctum Clodoaldum;* il les autorisa également à établir entre eux une confrérie, à la condition que le Prévôt de Paris, ou tout autre délégué royal serait présent à leurs assemblées. Ce qui détermina les bourgeois de Paris à choisir l'emplacement de *Menus*, c'est que deux notables d'entre ces pèlerins, Girard de la Croix, scelleur au Châtelet, et Jean, son frère, offrirent une terre de cinq arpents dont ils étaient propriétaires, pour y bâtir cette église. Le dimanche après l'Ascension, en l'an 1320, Jeanne de Repentie, abbesse de Montmartre, leur accorda des lettres d'amortissement, en qualité de dame du lieu. La nouvelle église, construite en moins de dix ans, fut dédiée sous le vocable de Notre-Dame de Boulogne-sur-Mer, parce qu'elle avait été bâtie exactement sur le modèle de la grande église de cette ville. En 1329, le pape Jean XXII lui accorda de nombreuses indulgences; en 1330, elle fut érigée en paroisse par l'évêque de Paris, et le petit village dont elle faisait partie fut détaché d'Auteuil. Guillaume de Tours fait mention, dans ses poésies, du pèlerinage qui amenait à cette église un grand concours de fidèles, et il annonce que lui-même s'y est rendu en 1516. L'église dont nous parlons ne tarda pas à donner son nom au village de Menus, qui fut appelé d'abord Boulogne-la-*Petite*, et qui, de nos jours, porte simplement le nom de Boulogne. Entre ce village et les fortifications de Paris s'étend l'ancienne et célèbre forêt de Rouvray, qui, successivement amoindrie et circonscrite, reçut à une époque moderne le nom de Bois de Boulogne. On en a fait un splendide parc, dessiné à l'anglaise, avec lacs, îles, rivières et cascades, et c'est l'une des merveilleuses promenades dont l'administration impériale a voulu doter les citoyens de Paris.

Foulque de Chanal, évêque de Paris, dans une transaction conclue en 1343 avec les fondateurs de l'église de Notre-Dame-de-Boulogne, s'exprime en ces termes : « Des miracles s'opèrent chaque jour (*de die in diem panduntur miracula*) dans cette église, par l'intercession de la même Mère de Dieu (*per ipsam Dei Genitricem*) ; on y voit grossir le concours des populations pieuses, et en même temps le produit des offrandes, legs et autres donations (*crebre Deo affluit devotus populus, et de bonis sibi à Deo collatis multas oblationes, legata et alia pia donaria felici proposito per Dei gratiam largiuntur*). Les ressources et les biens de cette église croissant de jour en jour, permettent de donner plus de pompe au service divin et font naître l'espoir qu'on pourra bientôt y fonder quelques chapelleries. » Outre les dons et les oblations, de très-nombreux *ex-voto*, appendus aux murailles de l'église, attestaient la pieuse reconnaissance des fidèles, les grâces et les miraculeuses faveurs par lesquelles la sainte Vierge avait justifié leur confiance. Les rois s'associaient aux peuples pour multiplier ces témoignages de leur dévotion envers Notre-Dame-de-Boulogne. Les premiers Valois et les petits-fils de saint Louis venaient humblement solliciter, aux pieds de cette image bénie, la toute-puissance miséricordieuse de Dieu. L'un d'eux fit présent à ce sanctuaire d'un fragment de la véritable image de Notre-Dame de Boulogne-sur-Mer, et cette relique, jusqu'aux mauvais jours de la révolution, demeura placée dans l'église de Boulogne-la-Petite sous la protection spéciale des rois de France. Pour la faire sortir un moment de cette église, il fallait la permission de la cour des Comptes, et on ne l'accordait qu'une fois l'an. Alors les pèlerins accouraient en foule et l'on portait en procession la sainte relique sous un dais, pieds nus, avec flambeaux et encens, jusqu'à l'abbaye de Notre-Dame de Longchamps qu'avait fondée, sous le vocable de l'humilité de la sainte Vierge, la bienheureuse Isabelle, sœur de saint Louis.

Lorsque la foi se fut éteinte dans les cœurs, quand les vaines pompes du siècle se furent substituées aux saintes allégresses de la religion, le pèlerinage dont nous venons de parler se transforma peu à peu en promenade mondaine. Les trois derniers jours de la semaine sainte, les femmes élégantes, les hommes qui vivent pour le luxe ou par le luxe, se rendirent chaque année à Longchamps, non plus pour y vénérer l'image de Marie, non plus même pour y entendre les chants des religieuses de l'abbaye ou des artistes rassemblés dans la chapelle, mais pour y étaler de nouvelles toilettes, pour essayer des modes inconnues, pour passer en revue les équipages les plus riches et pour étudier les changements opérés dans l'empire du bon goût. C'est là ce qu'on appelle encore de nos jours la *promenade de Longchamps* : hâtons-nous de dire qu'à son tour elle passe de mode et que les arbitres du bon ton et des belles manières ont cessé de s'y donner rendez-vous.

Une réaction s'est accomplie dans quelques âmes. Au mois de mai 1853, la confrérie établie dans l'église de Notre-Dame-de-Boulogne, par Philippe le Long, a été reconstituée par le curé de la paroisse, et Sa Sainteté Pie IX a daigné l'enrichir de nouvelles faveurs spirituelles énoncées dans deux rescrits, l'un du 29 novembre, l'autre du 15 décembre de la même année.

Allons donc, pleins de confiance en la protection de la Mère de Dieu, nous associer à ceux qui l'aiment et qui la servent, et, dans cette église où tant de fidèles ont été consolés et exaucés, par l'intercession de Notre-Dame de Boulogne, remercions Dieu des grâces sans nombre dont il a comblé Marie, la Reine du ciel, la *Mère du Créateur*.

MÉDITATION.

Lorsque l'Église, après avoir appelé la très-sainte Vierge Mère de Dieu et Mère du Christ, l'appelle Mère du Créateur, elle veut nous donner l'idée la plus haute qui se puisse concevoir de la grandeur de Marie : elle a enfanté son Créateur, prodige qui serait impossible (puisque de toute éternité le Créateur a précédé la créature), miracle que nul ne pourrait concevoir, si le Verbe éternel ne s'était incarné dans ses chastes entrailles. Or, le Verbe éternel est celui de qui l'apôtre Jean a dit expressément : « Toutes choses ont été faites par lui, et rien de ce qui a été fait, n'a été fait sans lui. » Saint Paul, à son tour, nous rappelle « qu'en Jésus-Christ ont été créées toutes choses dans le ciel et sur la terre, les êtres visibles et invisibles. » Et il ajoute « que tout a été créé et subsiste en lui et par lui. » Ainsi le Verbe éternel, qui s'est fait homme en prenant un corps dans le sein de la Vierge Marie, est véritablement Créateur : ainsi Marie a droit d'être appelée Mère du Créateur. Est-il pour Marie un privilége plus auguste et plus étonnant? Elle a enfanté celui-là même qui lui a donné l'être; elle est mère du Dieu Créateur qui existait avant elle de toute éternité. Bénissons Dieu des grandes choses qu'il a opérées en elle et par elle.

Lorsque Dieu, le Père tout-puissant, dit au Verbe éternel : « Vous êtes mon Fils, je vous ai engendré » (*Ps.* ii, 7), il propose à nos adorations et il nous ordonne d'adorer Jésus-Christ, à l'égal du Père et à l'égal de l'Esprit-Saint. Lorsque l'Église honore Marie en l'appelant Mère du Créateur, elle nous invite à réclamer d'elle, avec une humble confiance, l'exercice des droits d'intercession, et d'intercession toute-puissante, que Jésus, Dieu créateur, a donnés à sa mère. Marie, à son tour, et par la grâce qu'elle a reçue de son Fils et par les grâces qu'elle obtient de lui en notre faveur, créera, en quelque sorte, dans notre âme les saintes pensées, les remords salutaires, le retour à Dieu, le mépris du monde, l'amour de la pauvreté et du travail, la haine du péché, le désir persévérant d'être pur et chaste. Supplions-la donc d'user ainsi de son pouvoir et de montrer une fois de plus, en nous régénérant, qu'elle est la Mère du Créateur.

Lorsque nous disons à Dieu, avec le roi-prophète : « Créez en moi un cœur pur, » nous nous adressons à celui de qui émanent toute pureté, toute sainteté, à celui de qui Marie a obtenu les dons ineffables qui l'élèvent au-dessus des anges et des hommes. Mais Dieu se plaît à ce que nos prières lui soient représentées par Marie : elle est sa mère, dans le ciel, comme elle l'était sur la terre ; assise pour l'éternité au banquet céleste, elle se tourne encore vers son Fils, et lui montrant notre indigence et notre faiblesse, elle semble toujours lui dire, comme à Cana : « Ils n'ont point de vin. » C'est alors qu'elle écarte les dangers que nous ne craignons pas, qu'elle prévoit les malheurs que nous ne prévoyons pas, qu'elle obtient pour nous les grâces dont nous avons besoin et que nous ne songeons pas à demander. Si Marie sollicite ainsi son Fils pour nous quand nous ne réclamons pas son secours, que sera-ce si nous avons recours à ses prières ?

Saint Paul, voulant définir ce que la foi chrétienne opère en nous, se sert d'une expression admirablement vraie ; il établit que c'est là une *création*. « Si quelqu'un est en Jésus-Christ, » écrit-il aux Corinthiens, « il est *créature nouvelle*. » Comment obtiendrons-nous que ce bonheur nous soit accordé, si nous n'implorons la toute-puissante intercession de Marie, Mère du Créateur ! Marie, par la puissance de son Fils toujours prêt à exaucer ses prières, crée en nous l'amour de Jésus-Christ, la contrition, le ferme propos de ne plus pécher, l'horreur du mal. Lorsque Dieu a créé le monde par sa parole, lorsqu'il a fait toute chose de rien, il n'a pas eu de coopérateur; *il a dit, et tout a été fait; il a appelé le ciel et la terre, et ils se sont présentés.* Dieu, lorsqu'il s'agit de créer en nous un cœur nouveau, n'a pas besoin non plus de coopérateur, mais il aime à ce que Marie sollicite sa grâce et soit intermédiaire entre nous et la puissance infinie de qui tout procède dans l'ordre matériel et spirituel, dans l'ordre des choses visibles et invisibles : Marie le prie pour nous, et il crée une fois encore notre cœur. *Mère du Créateur,* elle enfante dans nos âmes la divine grâce.

Seigneur tout-puissant, qui, par votre divine parole, avez fait sortir le monde du néant, Dieu créateur et souverain maître de toutes choses, vous voyez combien notre cœur est pauvre, comme il est indigent et quelles sont ses infirmités et ses souillures : daignez avoir compassion de nous et nous venir en aide; qu'elle s'accomplisse en nous cette parole du saint cantique de Marie, votre mère : *Il a rempli de biens ceux qui souffraient la faim* (1). Daignez prêter l'oreille à nos gémissements, et n'entrez pas en jugement avec nous, car qui pourra supporter votre justice. Créez en nous des cœurs

---

(1) *Esurientes implevit bonis.*

purs, daignez nous donner une vie nouvelle et nous faire revivre en vous, par vous et pour vous seul. Ce sont les grâces que Marie, notre mère, sollicite de vous en faveur de ses pauvres enfants. Ne permettez pas qu'il y ait rien en nous qui fasse obstacle à ce que ses prières soient exaucées. *Renouvelez au fond de nos entrailles l'esprit de justice, l'esprit droit* (1), et en exauçant les prières de la Vierge très-pure, montrez une fois de plus, ô Dieu créateur, qu'elle est vraiment votre mère.

PRIÈRE

COMPOSÉE DES PRIÈRES DE L'ÉGLISE.

Monstra te esse matrem ; sumat per te preces, qui pro nobis natus, tulit esse tuus.

Sancta Maria, mater Dei et Virgo, sine labe concepta, ego te hodie in Dominam, Patronam, Advocatam et gloriosam Matrem eligo, firmiterque statuo ac propono me nunquam te derelicturum, neque contra te aliquid unquam dicturum aut facturum, neque permissurum ut a meis subditis aliquid contra tuum honorem unquam agatur. Obsecro te igitur, suscipe me in servum perpetuum, adsis mihi in omnibus actionibus meis, nec me deseras in hora mortis meæ. Amen.

(1) Ps. L.

XVIIᵉ PÈLERINAGE

NOTRE-DAME DE LORETTE

Dans le faubourg Montmartre, à l'extrémité de la rue Coquenard (rue Lamartine) et vers le commencement de la rue des Porcherons (rue Saint-Lazare), on fit bâtir, sous le règne de Louis XIII, une chapelle auxiliaire de la paroisse de Montmartre : elle fut consacrée sous le vocable de Notre-Dame de Lorette, et, en 1646, les habitants des Porcherons, du quartier Saint-Eustache et de Montmartre, obtinrent la permission d'y fonder une confrérie. La fête de cette confrérie fut fixée au 8 septembre, jour de la Nativité de Notre-Dame. Les associés obtinrent que tous les jours de fêtes de Marie, et même tous les dimanches, on fît à haute voix dans la chapelle le service solennel. Cette chapelle n'avait d'ailleurs aucune juridiction paroissiale; les habitants du lieu pouvaient seulement, en cas de nécessité, y recevoir les sacrements. La bénédiction de l'eau y était interdite. Le jour de la *Chandeleur*, le pain bénit était rendu à Notre-Dame de Lorette par les jeunes gens des Porcherons, qui tous allaient à l'offrande un cierge à la main. Vers la fin du dix-huitième siècle, cette chapelle fut érigée en succursale. Depuis lors, et de nos jours, elle a été entièrement démolie ; mais une nouvelle église a été élevée, non loin de là, sous le même vocable. Commencée en 1823, sur les dessins de M. Hippolyte Lebas, elle a été inaugurée en 1836. Elle fait face au boulevard, et termine l'extrémité septentrionale de la rue Lafitte. On a cherché à y reproduire l'ancienne forme des basiliques, et le luxe d'or, de marbres, de peintures des églises italiennes ; tout y charme, tout y éblouit l'œil. On dirait un édifice religieux construit à l'usage d'un quartier peuplé de familles riches et qui, jusque dans la prière, tiennent à s'entourer du confortable de la vie. Nous espérons qu'on y fera grande et commode la place du pauvre.

La façade de cette église se compose d'un portique formé de quatre colonnes corinthiennes et d'un fronton couronné à ses trois angles par les statues de la Foi, de l'Espérance et de la Charité : le tympan du fronton est orné d'un bas-relief de Nanteuil, représentant les *Anges en prière devant la sainte Vierge et son Fils*. En arrière du portique, qui n'occupe que la largeur de la grande nef, se présentent deux murs nus, dans lesquels sont pratiquées les portes des collatéraux. A l'intérieur, quatre rangs de colonnes ioniques forment les divisions des nefs et des chapelles : celles-ci sont au nombre de dix. Le maître-autel occupe le centre d'un hémicycle, en avant duquel se présentent, à droite et à gauche, les stalles du chœur. Il est surmonté d'un baldaquin soutenu par quatre colonnes de granit d'Égypte, avec bases et chapiteaux de bronze doré (1). De très-belles peintures, œuvres de nos principaux artistes contemporains, décorent cette splendide basilique. Deux sacristies sont à la proximité du chœur et à l'extrémité des bas-côtés; elles sont éclairées chacune par une grande croisée en arcade. Dans l'une de ces sacristies, à gauche, le vitrail colorié, exécuté à la manufacture impériale de Sèvres, d'après les compositions de M. Delorme et de M. Lebas, représente une *Assomption de la Vierge*. De semblables vitraux ont été exécutés pour la croisée de l'autre sacristie. Quatre chapelles, d'une assez grande dimension, qui occupent les angles des bas-côtés, sont décorées de peintures. La première est consacrée au baptême, la deuxième à la communion, la troisième au mariage, la quatrième aux offices des morts. Six autres chapelles ont été pratiqués sous les bas-côtés de l'église. Elles se présentent dans l'ordre suivant : à droite, la chapelle de *Saint-Hippolyte*, ornée de tableaux de MM. Hesse, Contan et Bézard, et d'une statue de M. Durat ; la chapelle de *Sainte-Hyacinthe*, décorée de tableaux peints par M. Alfred Johannot et par madame Varcolier ; la chapelle de *Sainte-Thérèse*,

(1) *Paris dans sa splendeur sous Napoléon III.* H. Charpentier, éditeur.

où l'on remarque quatre tableaux, œuvres de MM. Langlois, Caminade et Decaisne. A gauche, la chapelle de *Sainte-Geneviève,* ornée de tableaux de MM. Dejuine et Eugène Devéria, et de madame Dehérain ; la chapelle de *Saint-Philibert*, décorée de deux tableaux de M. Schnez et de la statue du saint, œuvre de M. Etex ; la chapelle de *Saint-Etienne*, ornée de tableaux peints par MM. Champmartin, Couder et Goyet. Sur les huit trumeaux qui séparent les croisées sont représentés, peints sur le mur, des sujets tirés de l'histoire de la Vierge, et parmi lesquels on distingue l'*Assomption,* de M. Dejuine. *Quatre prophètes*, Jérémie, Ézéchiel, Isaïe et Daniel, occupent les écoinçons des grandes arcades, au-dessus des orgues et à l'entrée du chœur. Les deux grands tableaux qui décorent les parois des murs, au-dessus des stalles, ont pour sujet, à gauche, la *Présentation au temple ;* à droite, *Jésus au milieu des docteurs ;* ils sont de MM. Hesse et Drolling. M. Delorme est l'auteur des *quatre évangélistes* peints dans les pendentifs qui supportent la coupole.

L'église de Notre-Dame de Lorette n'est pas voûtée ; elle a un fond plat, orné de caissons. Cette imitation trop exacte de plusieurs églises d'Italie n'est pas heureuse. Elle laisse vivement regretter les inspirations mystérieuses qui viennent à l'âme lorsque l'on prie dans les édifices chrétiens que nous a légués le moyen âge.

Les grandes peintures de la coupole, œuvre de M. Delorme, représentent le miracle de la *translation de la maison de la sainte Vierge*, de Nazareth à Tersatz en Dalmatie d'abord, en l'an 1291 ; puis, de ce lieu dans la marche d'Ancône, aux environs de Recanati, sur l'autre rive de l'Adriatique, en 1294 ; et enfin, quelque temps après, sur la colline qu'elle occupe encore aujourd'hui.

Ce prodige est attesté par les historiens ecclésiastiques les plus célèbres, et il a eu le treizième siècle pour témoin. Ils s'accordent à déclarer qu'après la destruction de la magnifique église construite à Nazareth, par l'impératrice Hélène, au moment où la sainte maison qu'elle renfermait était exposée à tomber sous le marteau des infidèles, Dieu ordonna à ses anges de la transporter sur d'autres rivages. Cette maison, qui avait été celle de Marie et où s'était accompli le mystère ineffable de l'incarnation, n'avait rien de semblable aux édifices de la Dalmatie. Elle était formée de petites pierres rouges et carrées, liées ensemble par du ciment ; elle était solidement établie sur le sol, et cependant elle reposait sur la terre nue, sans fondement. L'intérieur, tout en rappelant l'humble asile de la fille de David, avait été, pendant des siècles, transformé en lieu de prière et formait un carré long. Le plafond, surmonté d'un petit clocher, était de bois, peint d'azur. Les murs épais d'environ une coudée, construits sans règle et sans niveau, ne suivaient pas exactement la ligne verticale; ils étaient recouverts d'un enduit où l'on voyait en peinture les principaux mystères opérés dans cette demeure sacrée. En face de la fenêtre s'élevait un autel, surmonté d'une croix grecque; près de l'autel, on apercevait une petite armoire fort simple, destinée à recevoir les ustensiles nécessaires à un pauvre ménage; elle renfermait quelques petits vases semblables à ceux dont se servent les mères pour donner la nourriture à leurs enfants. A gauche, au-dessus du foyer, dans une niche précieuse, était une statue de cèdre, représentant la bienheureuse Vierge debout et portant le divin enfant dans ses bras : c'était l'œuvre de saint Luc lui-même. L'autel avait été dressé par saint Pierre; le crucifix avait été placé par les apôtres. Les visages de l'enfant Jésus et de sa mère, peints d'une couleur semblable à l'argent, étaient noircis par le temps et sans doute aussi par la fumée des cierges. Marie était couronnée de perles; ses cheveux flottaient sur son cou et sur ses épaules; les cheveux de l'enfant Jésus étaient, comme ceux de sa mère, partagés à la manière des Nazaréens: le divin enfant levait les deux premiers doigts de la main droite, comme pour bénir; la main gauche portait un globe. Trois ans et demi après son arrivée à Tersatz, la maison de Nazareth s'éleva de nouveau dans les airs et disparut sur l'emplacement qu'elle avait occupé. Le prince Nicolas Frangipage, qui gouvernait alors le pays, fit élever une chapelle commémorative du miracle. Cependant la maison sacrée, portée par les anges à travers les airs, avait été déposée, en présence d'un peuple immense, sur le territoire de Recanati : ce qui retentit alors dans le monde, fut attesté par des procès-verbaux et des écrits authentiques dont les historiens de l'Église font mention et qu'il serait trop long d'énumérer. Le pape Paul II, qui éleva une nouvelle basilique autour de la *Santa Casa* et de la chapelle qui la renfermait, dit, dans une bulle du 15 octobre 1464 : « On ne saurait douter que Dieu, à la prière de la très-sainte Vierge, Mère de son divin Fils, n'accorde tous les jours aux fidèles qui lui accordent pieusement leurs vœux des grâces singulières, et que les églises dédiées en l'honneur de son nom ne méritent d'être honorées avec la plus grande dévotion ; celles-là cependant doivent recevoir des hommages plus particuliers, dans lesquelles le Très-Haut, à l'intercession de cette auguste Vierge, opère des miracles plus éclatants, plus évidents et plus fréquents. Or, il est manifeste, par l'expérience, que l'église de Sainte-Marie de Lorette, dans le diocèse de Recanati, à cause des grands, inouïs et infinis miracles qu'y fait éclater la puissance de cette Vierge bienheureuse, et que nous avons éprouvés nous-même dans notre propre personne, attire dans son enceinte les peuples de toutes les parties du monde. » Sixte IV, successeur de Paul II, déclara Lorette propriété du Saint-Siége.

Nous n'avons point à énumérer ici les efforts multipliés que beaucoup d'autres souverains Pontifes firent l'un après l'autre pour honorer la maison sacrée de Marie, pour l'entourer de monuments d'or et de marbre, pour rehausser par la splendeur des arts ce sanctuaire vénéré des nations chrétiennes. Il faudrait citer Léon X, Clément VII, Sixte V, Clément VIII, Benoît XIV, et à leur suite un nombre considérable d'évêques, de religieux et de saints dont la foi, continuée sans interruption, n'a cessé de fortifier et de garantir la nôtre. Sur le fronton de la magnifique église qui l'enveloppe et la couvre, Sixte V a fait tracer cette inscription : *Deiparœ domus in quâ Verbum caro factum est*. Inclinons-nous par la pensée devant ces augustes souvenirs, et sachons gré à ceux qui, en élevant à Paris l'église dédiée sous le vocable de Notre-Dame de Lorette, ont voulu faire participer plus directement la France aux hommages que les catholiques de l'Occident et de l'Orient ne cessent de rendre à la Mère de Dieu dans le sanctuaire où a été conçu Notre-Seigneur et où l'Ange a salué Marie du nom de *pleine de grâce*.

Nous nous recueillerons, autant que possible, dans cette église parisienne où le luxe s'étale sous toutes les formes. Après tout, c'est faire un saint emploi de l'or que d'en revêtir la maison de Dieu ; c'est donner à l'art une destination légitime que de le faire servir à glorifier les merveilles du Tout-

Puissant et à en dérouler devant nous le souvenir. Dans les splendeurs qu'on étale sous nos yeux, s'il y a quelque chose à regretter, nous ne sommes pas juges de cette question délicate, et nous n'avons pas mission de blâmer. Les intentions sont bonnes. Ce luxe, dont on semble ici contester l'utilité, on l'approuve en Italie où il se déploie avec bien plus de magnificence, et nous ne devons pas perdre de vue que l'église de Notre-Dame de Lorette s'élève à Paris dans le quartier le plus riche et le plus fastueux, dans celui où l'on prodigue à pleines mains, pour servir les passions et le vice, l'or qui devrait soulager les misères de la multitude. Ne reprochons donc pas à ce temple quelques dorures et des œuvres d'arts. Si le sentiment chrétien n'est point excité par les choses extérieures, rappelons-nous que nous sommes devant les tabernacles où Jésus-Christ lui-même consent à résider : tournons les yeux vers l'image de Marie, reportons-nous par la pensée à cette demeure sacrée de Nazareth où le Tout-Puissant opéra en Marie de si grandes merveilles (*fecit... magna qui potens est*), et unissons-nous à l'ange Gabriel pour honorer la Vierge épouse du *Saint-Esprit*, la *Vierge sans tache*, la *Mère du Sauveur*.

PREMIÈRE MÉDITATION.

Exempte de la tache originelle, par un privilége que nulle autre créature issue d'Adam n'a obtenu,

Marie a toujours été sans tache, *intemerata*. Elle a correspondu à la grâce de Dieu d'une manière parfaite, et sa sainteté toujours croissante ne doit pas être considérée comme une sainteté sans mérite. *La bienheureuse Vierge fut si terrible aux princes des ténèbres*, dit un pieux commentateur, *qu'ils n'eurent jamais la témérité ni d'en approcher, ni de la tenter; les flammes de l'amour divin les effrayaient* (Richard, cité par saint Liguori). Selon le sentiment de saint Ambroise, l'amour de Marie pour son Dieu ne dormait point, même pendant le sommeil de nos corps, privilége qui, d'ailleurs, comme saint Augustin l'affirme, avait été donné à nos premiers pères durant leur état d'innocence. Ainsi l'amour de Marie envers son Créateur ne se reposa jamais, et c'est par là qu'elle décourageait les puissances infernales, qui frémissaient en sa présence et qui n'osaient assiéger celle qui devait un jour mettre le pied sur le serpent, celle qui apparut à saint Jean *environnée des rayons du soleil* (Apoc., xii, 1). Être sans tache, et ajouter à ce bonheur incompréhensible l'honneur d'être la mère de Jésus et l'épouse de l'Esprit-Saint, n'est-ce pas resplendir devant toutes les âmes comme le phare allumé pour éclairer la route par laquelle l'homme peut arriver à Dieu? Réjouissons-nous de ce privilége sublime donné à Marie, et redoublons d'espoir et de confiance en elle.

Marie a été la seule créature sans tache. Combien

donc le péché lui est-il contraire et peut-on se croire l'enfant de cette auguste Mère lorsque l'on ose offenser Dieu et faire de sa propre vie un long enchaînement d'iniquités? Certes nous ne voulons pas diminuer la confiance du pécheur à son égard, mais avoir confiance en elle, c'est l'aimer et non la fuir, et le pécheur, à mesure qu'il persiste dans le mal, s'éloigne de son cœur et semble la renier.

Voulons-nous être véritablement enfants de Marie? Efforçons-nous sans relâche de modeler notre vie sur la sienne. Plus Marie eut horreur du péché, plus nous devons suivre en cela son exemple, et c'est ainsi que nous aurons le droit de l'appeler notre mère. Prier Marie et ne rien faire pour imiter ses vertus, c'est imiter les Philistins qui, alors qu'ils possédaient l'arche du Seigneur, l'entouraient d'honneurs et l'enrichissaient de présents, et n'en demeuraient pas moins asservis aux idoles. L'Arche sainte ne les sauva pas. L'apôtre saint Paul dit aux fidèles : *Soyez mes imitateurs comme je l'ai été de Jésus*. Ce langage convient surtout à Marie et ne semble-t-il pas que nous l'entendions nous dire : *Si vous êtes mes enfants, conformez votre cœur au mien*.

Heureuse auprès de son fils, et pour toute l'éternité, Marie ne cesse de rendre grâce au Père tout-puissant, et son esprit est ravi de joie en Dieu son Sauveur (*exultavit spiritus in Deo salutari*) parce qu'il a daigné descendre jusqu'à son humble servante (*quia respexit humilitatem ancillæ suæ*). Or, pendant qu'elle glorifie Dieu de ce qu'il a fait en elle de si grandes choses, elle doit se sentir émue d'une vive et profonde pitié pour les pauvres pécheurs. Son cœur maternel implore Jésus même pour ces fils ingrats qui, dans le délire de leurs passions, crucifient encore le divin Sauveur. Il nous semble qu'elle se tourne vers Jésus, et que lui rappelant les consolantes paroles prononcées sur le Calvaire, elle lui dise à son tour : *Pardonnez-leur, car ils ne savent ce qu'ils font*. Si donc, jusqu'à ce jour, nous avons eu le malheur d'offenser Dieu, pourvu que le repentir soit entré dans notre âme, pourvu même que nous désirions l'y voir entrer, et si faible que soit notre résolution de ne plus pécher, espérons en Marie, tournons nos regards vers elle, et supplions-la avec confiance. Affranchie du péché, victorieuse du démon, exempte de toute souillure et fille privilégiée du Très-Haut, elle aura d'autant plus compassion de nos misères qu'elle en voit toute l'étendue, elle nous obtiendra la grâce du repentir et du retour à Dieu.

Être sans péché, n'avoir jamais été dans les ténèbres, mais toujours dans la lumière; avoir été plus favorisée encore que saint Jean-Baptiste qui, cependant, fut rempli du Saint-Esprit dans le sein de sa mère, quel glorieux et ineffable privilége et combien l'enfer n'est-il pas terrifié au spectacle de cette grandeur réservée à une fille d'Adam! Gardons-nous donc de douter un seul moment de la puissance de Marie : l'épouvante que son nom inspire au démon est pour nous une arme perpétuelle dont nous avons droit de nous servir. Si ce cri magnifique et sublime, *Qui est comme Dieu!* a suffi, pour terrasser Lucifer et les anges rebelles, réunis autour de lui et complices de sa révolte, si le saint nom de Jésus prosterne et renverse les puissances infernales, n'est-il pas vrai que, lorsque ce mot ineffable, lorsque ce nom sans égal est prononcé par Marie, l'enfer se reconnaît vaincu et cesse de combattre? Nous lisons dans saint Jean : « Et le « dragon irrité contre la femme, alla faire la guerre « à ses autres enfants qui gardent les comman- « dements de Dieu. » Ne semble-t-il que le saint apôtre, dans sa vision de Patmos, ait entrevu et proclamé que les démons, ne pouvant rien contre Marie, se soient vus réduits à tourner leur rage contre *ses autres enfants*, c'est-à-dire contre les chrétiens? Mais Marie, puissante comme une armée rangée en bataille, combattra pour ses fils et les fera vaincre.

SECONDE MÉDITATION.

Lorsque l'ange Gabriel apparut à saint Joseph, il lui dit, en lui parlant de Marie : « Elle enfantera « un fils à qui vous donnerez le nom de Jésus

« parce que ce sera lui qui sauvera son peu-
« ple (1). » Lorsque Notre-Seigneur Jésus-Christ
lui-même définit ainsi sa mission : « Le Fils de
« l'homme n'est pas venu perdre les âmes, mais les
« sauver (2). » Et ailleurs : « Le Fils de l'homme
« est venu chercher et sauver ce qui avait péri (3). »
Ces textes sacrés, en établissant que Jésus est vraiment Sauveur, vraiment Rédempteur, selon cette
parole de saint Jean : « Le Père a envoyé son
« Fils pour être le Sauveur du monde. » Ces
divines paroles, disons-nous, proclament la gloire
de Marie, mère de Jésus-Christ, et énoncent le
plus touchant de ses titres, puisqu'elles la présentent à nos yeux comme ayant enfanté notre
salut, l'auteur même de notre salut. Les hommes
sont morts par le péché d'origine, ils ont été
rachetés et ils ont reconquis la vie éternelle par
Jésus, fils de Marie, et Dieu Sauveur. Nous étions
les sujets de Satan, nous étions exilés du ciel, et
voilà que le Fils de Dieu s'est fait homme pour nous
sauver de l'enfer et nous réconcilier avec son Père.
Ce Dieu Sauveur est le fils de Marie, et, à cause des
prières de sa sainte mère, il continuera de nous
sauver, et les mérites infinis de son sang ne seront
pas perdus pour nous.

Marie est mère de Jésus, notre Sauveur : savons-

---

(1) Saint Matthieu, ch. i.
(2) Luc, ch. ix.
(3) Ch. xix.

nous assez ce que notre salut a coûté à Jésus? Pour accomplir cette œuvre, le Fils de Dieu a voulu naître dans une étable, souffrir le froid, la faim, la nudité, toutes les misères qui sont inséparables de l'indigence : il s'est condamné pendant trente ans à une vie humble, rude, laborieuse, vivant du travail de ses mains, cachant sa toute-puissance et sa divinité sous les dehors d'un ouvrier obscur et dédaigné du monde, écoutant avec respect Marie et Joseph, et leur étant soumis en toutes choses. Puis, au terme de cette longue et pénible épreuve, a commencé la mission qui s'est terminée sur le Calvaire; alors Notre-Seigneur a vu redoubler ses souffrances et ses fatigues : *le Fils de l'homme n'a pas eu une pierre pour reposer sa tête ;* il a été repoussé et trahi par ceux-là mêmes qu'il venait sauver de l'enfer; son divin caractère a été méconnu; au mépris des éclatants miracles qui révélaient en lui le Messie, le Sauveur promis par les Prophètes et annoncé par Dieu même à nos premiers pères, il a été traité d'imposteur et de séditieux, il a été poursuivi, honni, persécuté, exposé aux humiliations et aux outrages ; représentons-nous Jésus, au jardin des Oliviers, et assistons à sa longue et douloureuse agonie ; voyons-le lorsque Judas ose le trahir par un baiser; suivons sa route douloureuse chez Caïphe, chez Hérode, chez Pilate ; assistons aux humiliations du jugement, du prétoire, de la flagellation, de la préférence donnée par le peuple à

Barabbas, sur le Fils de Dieu fait homme : montons avec lui sur le Calvaire et assistons à son supplice et à sa terrible et lente agonie. Puis, frappons notre poitrine, versons des larmes, et disons-nous : Voilà ce que notre salut a coûté à Jésus !

Marie était là, Marie a souffert comme la plus tendre des mères peut souffrir au spectacle du long supplice et des affreux tourments d'un fils; elle a enduré plus de glaives, plus de douleurs que les confesseurs et les martyrs ; et cependant, unissant sa volonté à celle du Père tout-puissant, unissant sa résignation à celle de son fils adorable, brisée et désolée jusqu'au fond de l'âme par la vue de cette lamentable agonie, elle a fait, comme mère de Jésus, comme fille du Tout-Puissant, comme épouse du Saint-Esprit, le sacrifice que la très-sainte Trinité réclamait d'elle, elle a, à son tour, offert et donné son fils pour le salut du genre humain. Voilà ce que notre salut a coûté à Marie ! Serons-nous insensibles aux souffrances de notre Mère et ne chercherons-nous pas à les adoucir, en nous efforçant d'imiter l'apôtre saint Jean en la personne de qui nous avons été faits enfants de Dieu?

Qu'un homme se fût dévoué à nous jusqu'à risquer sa vie pour sauver la nôtre ; qu'il eût enduré pour nous les humiliations, les tortures, la prison, le froid, la faim; les périls de toutes sortes : cet homme-là, fût-il un pauvre esclave, un coupable rejeté du sein même de la société, avec quelle vénération, avec quelle reconnaissance ne prononcerions-nous pas son nom, avec quelle affection pieuse ne garderions-nous pas son souvenir, et, s'il vivait encore, si nous étions assez heureux pour pouvoir reconnaître ses bienfaits, que ne lui donnerions-nous pas, que ne ferions-nous pas pour lui témoigner les sentiments de notre cœur, pour adoucir ses peines et lui être agréables! Eh bien, Jésus, le Saint des saints, s'est livré pour nous aux tourments et à la mort; il a souffert pour nous les coups, les blessures, les outrages, le crucifiement; il nous a rachetés, non de quelques peines passagères, non de la mort présente, qui n'est qu'un passage, mais des peines de l'enfer, mais de la mort éternelle, et en présence d'un Sauveur si grand, si pur, si chaste, revêtu de toutes les perfections et de toutes les gloires, et qui a tant fait pour nous, nous restons insensibles, et notre vie n'est qu'une suite de péchés! Jetons-nous aux pieds de ce Dieu Sauveur, et supplions-le de nous accorder, par l'intercession de sa Mère, la grâce de ne plus l'offenser: cessons d'être au nombre de ses persécuteurs et de ses bourreaux et efforçons-nous d'être et de rester ses frères.

O Dieu Sauveur qui, vous étant fait homme pour nous racheter de la mort éternelle et de l'esclavage du péché, avez opéré notre salut sur l'arbre de la croix, nous vous supplions de nous accorder que les mérites de votre sang ne soient pas stériles pour nous, et daignez accorder à l'intercession de Marie, votre mère bien-aimée, que, méditant sans cesse sur ce que notre salut vous a coûté, nous nous attachions à vous montrer notre reconnaissance et notre amour en embrassant une vie pieuse et fervente, et en fuyant avec horreur le péché. O Dieu, Père éternel et tout-puissant, qui avez livré votre Fils à la mort pour nous sauver, daignez faire qu'elle s'accomplisse pour nous cette parole que vous avez prononcée et que nous lisons dans le Prophète : « Je ne veux point la mort de celui qui périt; revenez à moi et vivez. »

XVIIIᵉ PÈLERINAGE

LA CHAPELLE DES MARISTES

Ici pas de pompe artistique, aucune des splendeurs qui attirent la curiosité, rien qui parle aux regards et qui soit de nature à figurer sur des impressions de voyage ou sur des albums : pour venir prier dans cette chapelle, il faut qu'une voix amie vous en ait signalé l'existence, que d'autres pèlerins vous en aient indiqué la route. La multitude qui fréquente les quartiers à demi déserts qui environnent Notre-Dame des Champs et avoisinent le jardin du Luxembourg et le cimetière du Sud, passe mille et mille fois devant l'humble retraite où vivent les Pères de la Société de Marie, et bien peu se doutent qu'il y a là un asile ouvert au repentir des pécheurs, aux prières des âmes ferventes.

La Société de Marie est une œuvre de dévouement et de charité : les religieux qui la composent, et qui ont en France d'assez nombreux établissements, se dévouent particulièrement à l'instruction du pauvre et aux missions de l'Océanie. Les uns prêchent dans nos cités ou dans nos campagnes et rappellent à

Dieu les cœurs qui l'oublient ; les autres donnent à la jeunesse un utile enseignement et lui prodiguent le pain mystérieux des chrétiens aussi bien que le pain dont se nourrit le corps. Ceux que leur vocation désigne à l'accomplissement des grandes œuvres lointaines, vont propager la foi dans les mers du Sud et porter la bonne nouvelle aux sauvages de la Nouvelle-Calédonie et du continent, trop peu connu, où les populations de l'Australie sont encore *assises dans les ténèbres de la mort*. Il y en a là qui sont morts à la tâche, épuisés par la souffrance et la fatigue ; d'autres, tels que le père Chanel, du diocèse de Belley, ont subi le martyre de la main des idolâtres. Dieu connaît les noms de ceux que par un juste sentiment de respect nous ne désignerons pas ici, et c'est lui qui les glorifie et les récompense. Pour ce qui nous concerne, nous nous garderons bien d'attirer sur eux la vaine attention des oisifs.

A Paris, cette maison vraiment bénie existe dans la rue du Mont-Parnasse, à l'angle du boulevard de ce nom. Si la tradition déjà effacée et oubliée n'est point inexacte, le couvent des Maristes, construit vers la fin du dix-huitième siècle, était comme une villa de madame la princesse de Lamballe : après les catastrophes qui la firent passer en diverses mains, elle eut d'autres hôtes, et parmi eux on cite Robespierre. Nous laissons ces souvenirs pour ce qu'ils valent. Il n'y a qu'un moment, en effet, que nous promettions de ne faire ici aucun appel à la curiosité du monde. Bornons-nous à dire que les très-petites chapelles des Maristes, contiguës l'une à l'autre, sont dédiées l'une à la sainte Vierge, l'autre à saint Joseph. Nous y avons vu quelques lambris assez modestes et des vestiges de dorure qui dataient de l'époque où cette maison était habitée par l'amie de l'infortunée Marie-Antoinette. Aujourd'hui tous les objets qu'elles renferment sont destinés à réveiller la piété au fond des cœurs. Lorsqu'on entre dans cet humble séjour de la dévotion, on éprouve un sentiment inconnu de foi et de charité. On se croit séparé de Babylone par des continents et des mers. Quelques femmes agenouillées devant un autel ou rassemblées autour d'un confessionnal; un prêtre qui offre le saint sacrifice ou qui exhorte l'assistance; de pauvres gens, bien religieux et bien recueillis, qui commencent leurs rudes journées par la prière; quelques pécheurs qui viennent solliciter le pardon, par les mérites de Celui qui a répandu tout entier sur la croix ce sang divin dont une seule goutte aurait suffi pour racheter les péchés du monde. Voilà le tableau que cette maison nous offre : s'il ne se prête pas aux émotions puissantes, s'il n'éveille pas des enthousiasmes bruyants et des transports inattendus, au moins fait-il naître des pensées touchantes et nous inspire-t-il l'attendrissement et le respect. Qui dirait que ces intérieurs chrétiens se rencontrent à Paris? Que l'on heurte, sans s'en douter, des choses ou des hommes qui sont d'autant plus élevés aux yeux de Notre-Seigneur que la terre semble moins les connaître ?

Les religieux de la rue du Mont-Parnasse, comme leur nom l'atteste, se sont dévoués au service de Marie : unissons-nous à eux pour honorer la divine Vierge ; méditons sur les mérites de Celle dont le cœur fut transpercé par le glaive, pour le salut du genre humain, de Celle qui est pour l'éternité l'objet des respects du ciel et de la terre.

PREMIÈRE MÉDITATION.

Marie était à peine créée que les Anges s'inclinaient devant elle en lui payant un tribut d'hommages, parce que dès le commencement du monde les esprits célestes avaient été instruits de la gloire que Dieu réservait à cette auguste Vierge, parce que dès la première heure où Dieu leur avait donné l'être ces pures intelligences avaient pu s'écrier, avec le livre des Cantiques : « Quelle est celle qui se lève « comme l'aurore, qui est belle comme la lune, écla- « tante comme le soleil ! » Marie a été annoncée aux Patriarches et aux Prophètes comme la source de la grâce et la médiatrice du salut ; les Saints, depuis dix-huit siècles, ont entonné à sa louange un cantique qui doit durer pendant l'éternité ; ils l'ont appelée la porte du ciel, la gloire du genre humain, la lumière du monde, le trésor des dons célestes, le bouclier des combattants, la mère des orphelins, le sceau dont l'empreinte marque les vrais catholiques (1). Aussi voyez comment les chrétiens fidèles n'ont cessé de se dévouer à son service, comme un soldat prudent et sage se range sous la conduite du capitaine le plus habile et le plus fort : les uns l'honorent par des jeûnes volontaires ; d'autres, par des chants et des prières ; d'autres, en portant sa livrée ; d'autres, en cherchant à imiter sa pureté, sa modestie, son humilité, son obéissance ; d'autres, en lui dédiant des oratoires ou des temples, et tous ensemble, car c'est par là qu'on lui témoigne vraiment le plus de respect, tous en aimant, en adorant et en servant son Fils Jésus-Christ, et en la suppliant de les aider à son service et de les conduire elle-même vers l'Agneau dominateur, vers le Dieu des vierges.

Marie est vraiment digne des respects de la terre et du ciel : saint Cyrille, au concile d'Éphèse, l'appelait la beauté et la merveille de l'univers ; saint Épiphane disait qu'elle avait rempli le monde des fleurs les plus recherchées du paradis ; il voyait en elle la racine et le principe de toute la gloire des hommes. Et n'est-ce pas Dieu lui-même qui l'a proposée aux louanges et aux vénérations du genre humain? Fille bien-aimée du Père éternel, mère du Christ, épouse du Saint-Esprit, Marie est élevée au-dessus de toute grandeur créée, « et toutes les « générations l'appellent bienheureuse. » Saint Au-

---

(1 *Titulus catholicorum*, S. Bernard. *De concept.*

gustin, ravi par la contemplation de ses merveilles, ne craint pas de lui dire : « Si je vous nomme le « miroir de la dignité, je n'avance rien qui surpasse « votre mérite. » Et nous qui sommes si loin de la grandeur des saints et des anges, ne serons-nous pas à notre tour saisis de respect en considérant les gloires, la sublimité, la puissance de Marie, et ne nous associerons-nous pas, toute notre vie, à ce concert de toutes les créatures bénies qui chantent ses louanges et célèbrent *les merveilles que Dieu a faites en elle?* Jésus-Christ au plus haut des cieux la respecte comme sa mère : lui refuserons-nous le respect que lui accorde son divin Fils ?

Dieu a tellement honoré Marie qu'il a daigné partager avec elle la gloire d'avoir pour fils un Dieu consubstantiel et égal à lui, et qu'il a versé sur elle sans mesure les grâces et les faveurs qu'il a départies aux autres selon l'ordre de sa bonté! Nous sommes par adoption les enfants de Marie et les cohéritiers de Jésus-Christ. Qui d'entre nous, en voyant de quelle gloire Dieu a revêtu sa mère, ne cherchera pas à son tour à propager le culte que l'Église rend à Marie, et ne croira pas de son devoir de faire partout aimer, bénir et servir cette divine Vierge, puisque c'est là encore, c'est là surtout un moyen d'aimer, de bénir et de servir Dieu d'une manière plus complète et plus efficace, c'est-à-dire par Marie ?

SECONDE MÉDITATION.

Marie est digne des plus magnifiques louanges de Dieu, des anges et des hommes. C'est à elle que l'Église applique ce texte sacré du saint Cantique : *Les filles de Sion et les reines la virent et la proclamèrent bienheureuse*, et Marie elle-même, dans sa visite à Élisabeth, remerciant Dieu avec une humble effusion, a prédit que *toutes les générations* parleraient de son incompréhensible bonheur. C'est elle que *Dieu a choisie* dès le commencement, alors qu'il préparait dans sa pensée les merveilles de l'incarnation.

Dieu l'a associée à l'œuvre de la rédemption. N'est-elle pas vraiment, après Dieu, digne de louanges, et notre devoir n'est-il pas, à nous ses fils, de propager partout son culte et de nous dévouer à étendre sa gloire? Demandons à Dieu qu'il nous accorde cette grâce.

La véritable grandeur de l'homme, au témoignage de l'Ecclésiaste, consiste à craindre Dieu et à observer ses commandements : tandis que Dieu le Père contemplait en Marie le chef-d'œuvre de la création, tandis que le Saint-Esprit la choisissait pour épouse et que le Verbe incarné l'appelait sa mère, elle vivait dans l'humilité, dans la pauvreté, dans la pratique du travail. Sur la terre, elle craignit Dieu; sur la terre, avant de consentir à ce que fussent accomplies en elle les promesses de l'ange, elle préféra garder sa virginité; sur la terre, elle honora, elle aima, elle suivit Jésus, depuis la crèche jusqu'au Calvaire; elle fut grande, parce qu'elle déploya un grand cœur au service de Dieu. Faisons, à son exemple, consister notre gloire et notre grandeur dans l'accomplissement des devoirs de la vie chrétienne.

Lorsque, au milieu de la foule qui se pressait autour de Jésus, une femme s'écria : « Heureuses les « entrailles qui vous ont porté! heureux le sein qui « vous a nourri! » Notre-Seigneur dit à son tour : « Bien plus heureux sont ceux qui écoutent la pa- « role de Dieu et qui la pratiquent! » Notre divin Maître voulait nous faire comprendre non-seulement que l'homme peut arriver, en obéissant à la voix de Dieu, à une gloire que la faiblesse de notre nature ne peut ni comprendre, ni mesurer, il voulait en outre nous montrer que la grandeur de Marie consiste moins encore dans sa sublime maternité que dans le zèle constant, persévérant, extraordinaire avec lequel cette Vierge, conçue sans péché et étrangère au péché, se dévoua toute sa vie au service de Dieu. Si ce fut là, d'après son propre Fils, la plus grande louange que mérita Marie : combien cette pensée consolante ne doit-elle pas nous exciter, par proportion, à rechercher la même gloire?

Seigneur, nous vous remercions, nous vous bénissons humblement des priviléges de grâces que vous avez accordés à Marie et des prérogatives de gloire dont vous avez daigné l'honorer : nous vous supplions de nous accorder ce bonheur que, nous dévouant à votre service, sous la protection et avec l'aide de Marie, nous nous attachions à étendre et à propager la gloire et les grandeurs de votre mère, afin qu'elle soit connue aussi parfaitement des chrétiens qui vivent sur la terre qu'elle l'est des chrétiens qui nous ont précédés et qui la contemplent dans le ciel.

PRIÈRE

(La chapelle des RR. PP. Maristes étant consacrée sous le vocable de Notre-Dame des Sept-Douleurs, on récitera devant l'image de la mère de Dieu, tenant sur les genoux le corps auguste de son fils, cette touchante prière que l'Église met dans la bouche des chrétiens.)

Stabat Mater dolorosa,
Juxta crucem lacrymosa
Dum pendebat Filius.
  Cujus animam gementem
Contristatam et dolentem
Pertransivit gladius.
  O quam tristis et afflicta
Fuit illa benedicta
Mater Unigeniti !
  Quæ mœrebat et dolebat,
Et tremebat, cum videbat
Nati pœnas inclyti.
  Quis est homo qui non fleret,
Christi Matrem si videret
In tanto supplicio?
  Quis posset non contristari,

Piam matrem contemplari
Dolentem cum Filio?

Pro peccatis suæ gentis,
Vidit Jesum in tormentis,
Et flagellis subditum.

Vidit suum dulcem Natum,
Morientem, desolatum,
Dum emisit spiritum.

Eia, Mater, fons amoris,
Me sentire vim doloris,
Fac ut tecum lugeam.

Fac ut ardeat cor meum,
In amando Christum Deum,
Ut sibi complaceam.

Sancta mater, istud agas,
Crucifixi fige plagas,
Cordi meo valide.

Tui Nati vulnerati,
Jam dignati pro me pati
Pœnas mecum divide.

Fac me vere tecum flere,
Crucifixo condolere,
Donec ego vixero.

Juxta crucem tecum stare,
Te libenter sociare
In planctu desidero.

Virgo virginum præclara,
Mihi jam non sis amara,
Fac me tecum plangere.

Fac ut portem Christi mortem,
Passionis ejus sortem
Et plagas recolere.

Fac me plagis vulnerari,
Cruce hac inebriari,
Ob amorem Filii.

Inflammatus et accensus,

Per te, Virgo, sim defensus,
In die judicii.
    Fac me cruce custodiri,
Morte Christi præmuniri,
Confoveri gratia.
    Quando corpus morietur,
Fac ut animæ donetur,
Paradisi gloria.
    Amen.

℣. Tuam ipsius animam doloris gladius pertransibit.
℟. Ut revelentur ex multis cordibus cogitationes.

Oremus.

Interveniat pro nobis, quæsumus, Domine Jesu Christe, nunc et in hora mortis nostræ apud tuam clementiam beata Virgo Maria, cujus sacratissimam, in hora tuæ passionis, doloris gladius pertransivit. Per te, Jesu Christe, Salvator mundi. Amen.

XIXe PELERINAGE

SAINT-GERMAIN L'AUXERROIS

Vers le milieu du cinquième siècle, peu de temps après la mort de saint Germain d'Auxerre, les Parisiens élevèrent une chapelle à l'entrée de la route qui conduisait à Nanterre : cette chapelle servait de baptistère aux habitants des campagnes voisines, séparées de la cité et de l'église paroissiale par la Seine, dont les débordements fréquents étaient un péril et un obstacle. Un siècle après, sous l'épiscopat de saint Germain de Paris, cette même chapelle fut reconstruite ou agrandie, et les travaux ne furent terminés que vers l'an 581, au temps de Chilpéric Ier. La nouvelle église était bâtie en forme de rotonde, d'où lui vint le nom populaire de Saint-Germain le Rond. Sous le règne de Clotaire II, en 606, elle devint *basilique*, et tint le second rang après la cathédrale. Bientôt on établit, dans les constructions qui l'entouraient, une école déjà célèbre sous Grégoire de Tours et qui brilla d'un éclat plus vif encore au début de la période carlovingienne. Lors de l'invasion des Normands, elle subit la loi commune des édifices chrétiens et fut à demi ruinée par les barbares. Abbon, moine de Saint-Germain des Prés, qui a décrit le siége de Paris (885-886), nous apprend que les Normands étaient entrés dans l'église et dans l'enclos de Saint-Germain l'Auxerrois (qu'il appelle Saint-Germain le Rond), qu'ils s'y étaient retranchés et fortifiés, et qu'ils avaient creusé en avant de leur camp des fossés larges et profonds, dont une rue voisine portait encore le nom, il y a peu d'années. Vers l'an 1000, Robert le Pieux releva les ruines de cet édifice, et rétablit le collége de chanoines qui desservaient l'église dès le règne de Charlemagne. En érigeant la collégiale, Robert lui confirma son titre d'église *royale* qu'elle tenait de Childebert. Sa juridiction s'étendait sur de vastes domaines et sur des campagnes où, depuis lors, se sont élevés de splendides quartiers qui, de nos jours, comprennent neuf paroisses de la ville et de la banlieue, savoir : Boulogne, Auteuil, Passy, la Madeleine, Sainte-Agnès (Saint-Eustache), Saint-Landri, les Saints-Innocents, Saint-Sauveur et Saint-Roch. Lorsque le quartier de Paris où était située l'église de Saint-Germain l'Auxerrois, eut vu sa population s'accroître, et vers le règne de Philippe-Auguste, les chanoines qui la desservaient nommèrent un vicaire pour remplir les fonctions de leur ministère, et c'est ainsi que l'église collégiale fut érigée en cure. Quand le Louvre fut devenu la demeure des Capétiens, l'église de Saint-Germain l'Auxerrois devint paroisse royale, mais elle fut successivement pièce à pièce rebâtie et agrandie ; ces constructions qui la transformèrent furent commencées à la fin du treizième siècle et se prolongèrent longtemps après le quinzième. C'est à peine si, de nos jours, on peut encore reconnaître quelques vestiges de l'église du roi Robert : on les découvre dans la partie inférieure de la tour romane, dépouillée, depuis un siècle, de sa flèche élevée en forme de pyramide hexagone.

Le chœur fut bâti durant le treizième siècle ; ce que témoignent les fenêtres à lancettes de l'abside. La face de Notre-Seigneur se voit isolée et apparente à la clef de voûte de cette abside, circonstance qui se rencontre très-rarement dans les églises du moyen âge. Le grand portail ouvert sous le porche est également d'une date très-ancienne : les archéologues nous font admirer les six statues hiératiques et son archivolte où se voit la parabole des vierges sages et des vierges folles, et les images symboliques du paradis et de l'enfer. Il n'y a à Paris que deux anciens édifices du style ogival qui soient précédés d'un porche : c'est la Sainte-Chapelle et Saint-Germain l'Auxerrois. Vers la fin du quatorzième siècle, on reconstruisit la nef; ceux qui ont conservé très-intacte la tradition de l'art se plaignent de ce que les nervures des voûtes et des ogives, au lieu de reposer sur des chapiteaux en saillie, viennent pénétrer insensiblement des piliers monostyles sans soubassement : ils reconnaissent, il est vrai, que ce n'est point la faute des premiers architectes, mais qu'on doit cette circonstance regrettable aux constructeurs plus modernes qui, sous prétexte de remaniement, détruisirent l'ordonnance primitive du chœur.

L'église Saint-Germain l'Auxerrois, en dépit de quelques restaurations maladroites ou de certains embellissements dénués de goût, était à coup sûr l'un des plus magnifiques édifices chrétiens dont s'enorgueillissait Paris. On admirait les splendides verrières qui garnissaient les larges fenêtres ogivales ouvertes dans les transepts et dans la nef, et dont les meneaux entrelacés en lignes ondulées caractérisaient le style flamboyant; on ne pouvait se lasser de contempler le chœur et les chapelles, et leurs vitraux riches de couleur et de dessin, sur lesquels les pieux artistes du quinzième siècle avaient représenté des scènes évangéliques, la passion du Sauveur, et les miracles qui s'opérèrent lors de la translation des reliques de saint Vincent, diacre, par les moines de Tarbes. Il nous reste encore de précieux débris de cette antique décoration, dans les six verrières, et les deux roses du transept.

Vers le milieu du dix-huitième siècle, cette belle église eut à subir les humiliants et irrationnels rajeunissements que dirigea l'architecte Bacarit, à la grande joie des chanoines et des marguilliers de cette époque, les uns et les autres hors d'état d'apprécier et d'aimer les merveilles mystiques de l'architecture chrétienne. On commença par détruire le jubé, œuvre très-remarquable de la renaissance, et qui avait pour auteurs Jean Goujon et Pierre Lescot. Cette destruction, digne des Vandales, fut désapprouvée, même par les contemporains de Louis XV. Quant au surplus des outrages que l'on fit subir au monument, sous prétexte de mettre d'accord le genre moderne et le genre gothique, les écrivains de cette époque les énumèrent avec complaisance et admiration. « Cet habile architecte, disent-ils en parlant de Bacarit, est parvenu à marier les deux styles de *la manière la plus heureuse*.... il y est parvenu en carrelant les colonnes et en rehaussant les chapiteaux de deux pieds. Dans les masses qui sont au-dessus des arcades, il a retaillé des tables qui sont enfoncées avec un caisson dans le milieu. Au pourtour du chœur, au-dessous des croisées, règne une balustrade d'entrelacs, enrichie de fleurons. Les dessous des piédestaux de cette balustrade sont *ornés de consoles, avec des têtes de chérubins, accompagnées de guirlandes*. Quatre consoles de marbre, enrichies de guirlandes, caisson sur la tête, et graine dans les cannelures, le tout de bronze doré, d'or moulu, soutiennent le maître-autel.... On a pris des mesures pour procurer du jour à toute l'église, *en supprimant les rosettes gothiques, et une grande partie des menaux* des croisées. On a mis à leur place des *vitraux neufs*, au moyen desquels tout l'intérieur de ce bâtiment est parfaitement éclairé. (Hurtant et Magny.) » C'est de cette manière que le dix-huitième siècle encourageait les ineptes dégradations que les artistes alors en faveur infligeaient aux plus beaux monuments de l'époque ogivale. Les Vandales, eux du moins, ne s'émerveillaient pas devant leurs œuvres de brutale violence : ils ne les rattachaient ni au triomphe, ni à la gloire du goût.

Les architectes du dix-huitième siècle ne pouvaient tout détruire, sous prétexte d'embellir : ils ont du laisser subsister le portique bâti en 1409, par Jean Gaurel, maçon tailleur de pierre, pour la somme de 960 livres. « Il ne le cède en magnificence, dit Sauval, qu'à celui de la Sorbonne. » La comparaison ne nous paraît guère acceptable, tant il y a de différence dans le style des deux monuments ; Sauval ajoute : « C'est le plus grand de ceux qu'on peut voir à Paris, et il est plus remarquable que les portiques de Saint-Germain des Prés, de Saint-Martin des Champs, de Saint-Victor et du Temple. » Sous le portail, qui date du treizième siècle, on voit encore six statues de la même époque ; à droite, celles de saint Marcel, de sainte Geneviève et de saint Vincent (ou saint Landri) ; à gauche, celles du roi Childebert, de la reine Ultrogothe, et d'un diacre que l'on croit avoir été saint Vulfran. L'église Saint-Germain l'Auxerrois est entourée de chapelles où l'on remarque quelques vitraux d'une bonne exécution. Dans celle où les marguilliers s'assemblaient, on remarquait autrefois une assez belle copie de la *Cène*, de Léonard de Vinci. Le grand ouvrage connu sous le nom de *Gallia christiana* renferme quelques détails sur les chapelles qui entourent la nef, et dont les plus anciennes ne remontent pas au delà du quinzième siècle. Elles ont été dégradées et profanées, ainsi que le reste de l'église, l'an 1793, alors que ce magnifique édifice fut transformé en manufacture de salpêtre : comme les autres églises de Paris, Saint-Germain l'Auxerrois ne fut rendu au culte catholique qu'après la publication du concordat, en l'an X.

A la honte de notre siècle, cette basilique sacrée a été livrée à de plus récentes profanations. Le 14 février 1831, six mois après la tempête qui avait chassé de France les Bourbons de la branche aînée, le curé de Saint-Germain l'Auxerrois célébra dans cette église un service funèbre en commémoration de la mort du duc de Berry, tué, onze ans auparavant, par le démagogue Louvel. Cette cérémonie donna lieu, de la part des amis de la famille exilée, à quelques démonstrations imprudentes, qui, à leur tour, servirent de prétexte à d'abominables scènes de désordre. Les misérables émeutiers qui, à cette déplorable époque, tenaient le pouvoir sous le joug, soulevèrent les hordes dont ils disposaient, et précipitèrent sur l'église une multitude d'hommes armés, en guenilles, parmi lesquels (on était en carnaval) il s'en trouvait beaucoup de masqués, beaucoup d'autres affublés des plus ignobles costumes. L'église envahie par ces bandits, assiégée par la plus vile canaille, devint le théâtre des plus horribles sacriléges, et l'autorité, se croyant impuissante, laissa faire jusqu'au bout sans essayer de mettre obstacle aux attentats populaires. La garde nationale, l'arme au bras, resta témoin de ces fureurs criminelles, attendant des ordres qui lui vinrent tardivement. Paris se souviendra à jamais de ces jours sinistres où les croix furent abattues et traînées dans les carrefours, où l'auguste temple dans lequel s'étaient agenouillées trente générations, fut livré à de brutales destructions, à des dévastations impies. Celui qui régnait alors sur les Français ne voulut ou n'osa donner aucun ordre pour comprimer les brigands, pour faire cesser le crime. On eût dit qu'il voyait sans déplaisir des attentats qui avaient pour effet d'intimider les partisans de la famille dont il avait accepté les dépouilles : si cette pensée fut vraiment la sienne, il dut plus d'une fois se la rappeler quand vint pour lui, dix-sept ans plus tard, un autre février, le février de la colère et de l'expiation.

A la suite de ces horribles excès, l'église Saint-Germain l'Auxerrois, dégradée et à demi détruite, resta fermée au public et offrit le douloureux spectacle de ses ruines. La révolution en eût volontiers fait ses gémonies. Cependant les gens honnêtes s'émurent à leur tour, le pouvoir eut honte de sa lâcheté, la ville de Paris ne voulut pas davantage étaler sous les yeux de l'Europe le témoignage des opprobres de 1831, de cette fatale année durant laquelle, soit à Paris, soit dans les provinces, l'impiété et le sacrilége avaient tant de fois outragé Dieu, abattu la croix, interrompu les processions, prodigué l'outrage aux ministres de la religion catholique. La France désavoua ces fureurs, et fit en quelque sorte amende honorable devant les autels du Saint des saints : plusieurs de ceux qui avaient participé aux attentats dont nous venons de rappeler le souvenir, s'humilièrent sous la main de Dieu et confessèrent leur crime.

Le 12 mai 1837, une ordonnance royale prescrivit de rendre au culte l'église Saint-Germain l'Auxerrois : Le conseil municipal, mis en demeure de réaliser cet ordre du pouvoir, n'épargna rien pour rendre au monument sa splendeur antique. M. Lassus, architecte plein de talent, et dont l'art chrétien déplore la perte, fut chargé de cette restauration, sous la direction de M. Godde, architecte de la ville. Il sut faire revivre cette unité de pensée que révèle d'ailleurs l'ordonnance primitive de cette église. De 1837 à 1842, de grands travaux de consolidation furent exécutés. Les menaux furent rétablis à la rose occidentale et aux fenêtres qui les avaient perdus; les voûtes, les murs, les piliers furent regrattés et réjointés. Sur la pointe du pignon occidental où, pendant trois siècles, on avait remarqué la statue de saint Michel, on plaça l'effigie d'un ange, œuvre d'art qui fit honneur à M. Marochetti. Le porche fut restauré et orné de peintures, que les intempéries ont altérées, et qui n'ont point présenté le caractère durable des fresques d'autrefois. Les pavillons latéraux du porche, reliés entre eux par une galerie découpée à jour, furent de nouveau couronnés de leurs toits aigus, amortis d'épis et de crêtes. Le pilier trumeau de la porte médiane fut rétabli, et orné d'une statue de la sainte Vierge. Un grand nombre de verrières modernes complétèrent la décoration de l'église : elles garnissent la rose occidentale, les dix basses fenêtres de la nef, les tympans des portes du transept, les cinq lancettes de l'abside et les onze fenêtres des chapelles du chevet. La chapelle de la sainte Vierge fut ornée d'un rétable en pierres, avec arcatures ogivales, exécutés sur les dessins de M. Lassus, et de peintures murales par Amaury Duval et Vivet père. Les grilles du chœur, chef-d'œuvre de serrurerie de l'époque de Louis XV, le banc d'œuvre, précieuse composition du peintre Charles Lebrun, et la chaire de Mercier, horriblement mutilée par l'émeute, furent restaurés avec un soin habile, et il ne resta, des profanations accomplies par les iconoclastes de l'anarchie, que le lamentable souvenir, qu'une émotion douloureuse mêlée d'attendrissement et de remords.

Arrêtons-nous sous la voûte de cette splendide

basilique. Prosternons-nous devant l'autel, humilions-nous devant les sacrés tabernacles où Jésus-Christ réside, et adorons Notre-Seigneur dans le mystère de l'Eucharistie. Ce sera comme une nouvelle amende honorable des attentats de 1831. Daigne le très-miséricordieux Sauveur en agréer l'hommage.

MÉDITATION.

Le Roi-Prophète, parlant au Seigneur, lui dit : « Vous êtes le Dieu de mon cœur et mon partage pour l'éternité ! » N'hésitons pas à emprunter ces paroles de David, et à les adresser à Jésus, l'Agneau de Dieu, dans le saint sacrement de l'Eucharistie. *Et à qui irions-nous?* n'a-t-il pas, comme dit l'Apôtre, *les paroles de la vie éternelle?* N'est-ce pas par amour pour lui, n'est-ce pour être uni à lui dans l'éternité que tant de héros chrétiens, dont les exemples nous font rougir, ont bravé les souffrances, les opprobres, les persécutions, la mort? Au milieu des bûchers, sur l'échafaud, sur les chevalets, dans les tortures, les martyrs ont été inondés de joie et d'espérance, parce qu'au terme de leurs épreuves, ils ont vu que Jésus serait à eux, qu'ils seraient à lui, et que cette récompense valait bien mille et mille agonies plus terribles encore que celle que leur imposaient les tyrans. Dans les déserts, dans l'exil, au fond des cachots, en face des juges, les confesseurs n'ont point abandonné la cause de Jésus, ils ont compris que l'union éternelle avec Jésus leur ferait magnifiquement oublier quelques années passées sur la terre à lutter pour se maintenir dans son amour. Les vierges qui ont renoncé au monde, crucifié leur chair, comprimé toutes les aspirations mondaines pour se consacrer à Jésus la pureté infinie, à Jésus le Dieu des chastes, des généreuses servantes de Marie nous ont fait voir, par leur exemple, de quelle manière on aime Dieu, par quels sacrifices des sens et du cœur on répond à la grandeur de son amour. N'oublions pas d'ailleurs de dire que vierges, confesseurs, saints et martyrs n'ont puisé aucune force en eux-mêmes ; que pour vaincre, ils ont recours à Jésus, qu'avant le combat ils se sont nourris du pain des forts, et que c'est seulement ainsi qu'ils ont triomphé.

Jésus-Christ est tout-puissant ; d'un mot il a créé le monde ; d'un signe de la volonté il pourrait multiplier les créations : et cependant, si incompréhensible que soit sa puissance, il ne pourrait pas nous donner un bienfait plus grand que celui dont il nous comble dans la divine Eucharistie ; c'est qu'il se donne lui-même, et qu'au-dessus de lui, il n'y a rien. Les cieux ne sauraient le contenir, et il dérobe sa gloire sous les apparences du pain, et il nous sert de nourriture. Est-il possible de concevoir la charité élevée à un plus haut degré de force ? Dieu réellement présent sous les espèces eucharistiques. Le roi des anges et des trônes, celui que les chérubins environnent en tremblant, celui devant qui les séraphins voilent leur face, consent à être l'aliment d'un pécheur, la nourriture de son propre esclave. Avons-nous bien mesuré l'étendue de ce mystère incomparable ? Cherchons-nous à comprendre l'immensité de cet amour ? Hélas, tandis que nous devrions être tout feu, tout charité, tout désir, tout espérance, l'habitude que nous avons des bienfaits de Dieu nous rend arides et insensibles. Le *Désiré des nations,* celui *dont le nom est Jéhova* vient à nous, nous cherche, nous appelle, nous convie à sa table, se cache sous les apparences du pain, pour que nous puissions aller à lui et prendre part au banquet des saints, et nous ne savons ni voir, ni sentir sa charité, et nous sommes hors d'état d'y correspondre. Prenons garde d'être du nombre de ceux qui, sourds à la voix du Seigneur et détournant les yeux de sa miséricorde, ont mérité qu'il soit dit d'eux-mêmes, dans le livre d'Isaïe : Il *leur semble qu'ils ont faim et qu'ils mangent, et leur âme est vide.* Redoutons que cette menace ne s'accomplisse en nous et sur nous ; arrêtons-nous dans les sentiers du péché, dans les routes de la vanité et du monde ; allons à Jésus, comme y vont *ceux qui ont lavé et blanchi leurs robes dans le sang de l'Agneau* (Apoc., VII, 14), ceux de qui il a été écrit : *Ils n'auront plus ni faim, ni soif... parce que l'Agneau sera leur pasteur et les conduira aux fontaines des eaux vivantes* (*Id.*, V, 16 et 17).

L'apôtre saint Jean, le disciple bien-aimé de Jésus, voulant annoncer aux hommes comment fut institué le mystère de l'Eucharistie, insiste avant tout sur l'amour que cet adorable Sauveur manifesta pour les siens, en cette occasion solennelle : « Comme il avait aimé, dit-il, les siens qui étaient dans le monde, il les aima jusqu'à la fin. » Par ces mots, *les siens*, l'évangéliste désigne d'abord les apôtres, ceux qui avaient le bonheur d'être conviés à la première cène; qu'il nous soit permis de croire également qu'il voulait ensuite parler de tous les chrétiens fidèles, de tous ceux qui, de ce moment jusqu'à la consommation des siècles, devaient arborer le drapeau de Jésus-Christ et se faire gloire de marcher sur les traces de ce divin Sauveur. Ceux-là aussi, par proportion, sont de ceux que Jésus-Christ aima jusqu'à la fin, en vue desquels il opéra l'incompréhensible merveille de l'institution eucharistique. Efforçons-nous d'être de ce nombre; attachons-nous à répondre, par tout l'amour dont notre cœur peut être enflammé, à cet amour du Dieu fait homme, à cet amour infini et ineffable, qui a été poussé *jusqu'à la fin,* c'est-à-dire, dans le sens qu'il nous est permis d'attribuer à cette parole, qui a été agrandi et développé d'une manière si prodigieuse, qu'il n'était pas possible à Jésus-Christ de le manifester d'une manière plus complète et plus significative.

Et ici encore l'Apôtre, comme étonné du mystère

qu'il va mettre sous nos yeux, emploie des expressions qui rappellent la toute-puissance de Notre-Seigneur Jésus-Christ : « Jésus, dit-il, sachant que son Père lui avait mis toutes choses entre les mains... » Eh bien, que va-t-il faire de ce pouvoir sans égal et sans limites ? Ce qu'il doit en faire, ô pécheur, il va l'employer à se multiplier lui-même pour se donner à chacun de nous, pour s'unir et s'incorporer à nous. O amour d'un Dieu, que vous êtes grand et combien vous surpassez la charité humaine ! Puissions-nous ne jamais perdre de vue les merveilles que vous accomplissez ! Puisse notre voix publier hautement et devant tous que vous êtes au-dessus de l'intelligence des peuples et des anges ! Puisse quelque étincelle partir de cet ardent foyer et réchauffer nos cœurs glacés et ingrats !

Écoutons Jésus-Christ, lorsqu'il dit à ses apôtres : « Ceci est mon corps, ceci est mon sang.... mangez et buvez. » Ainsi ce n'est pas seulement pour recevoir nos hommages que le Dieu Sauveur a établi l'auguste Sacrement de nos autels ; il a voulu être la réfection de nos âmes, l'aliment divin qui vivifiera jusqu'à nos corps. Dans ce sacrement adorable ce n'est point une nourriture morte et passagère que nous recevons, c'est Jésus, le roi de gloire, qui s'unit à nous pour nous témoigner l'excès de son amour. Le savons-nous, le comprenons-nous bien ? Nos lèvres sont prêtes à répondre *oui!* mais l'ingratitude de nos cœurs ne dément que trop cette réponse. Si nous étions bien convaincus de l'infinie bonté de Jésus dans l'Eucharistie, si nous méditions sérieusement sur le grand miracle qui s'accomplit lorsque le prêtre, qui tient la place de Jésus-Christ, change le pain et le vin au corps et au sang de Notre-Seigneur, si nous connaissions vraiment le *don de Dieu*, oh! alors nous ne serions pas inertes, froids, oublieux, indifférents comme nous le sommes, et nous correspondrions à l'amour de Jésus-Christ autant qu'il est permis à l'homme faible et borné d'y correspondre. Tel n'est point notre bonheur. Ne nous en prenons qu'à nous-mêmes, n'accusons que nous.

Avec quelle ardeur ne cherchons-nous pas à être aimés des hommes; quelle importance exagérée ou coupable ne mettons-nous pas à l'affection de créatures destinées comme nous aux vers du tombeau, qui sont comme nous poussière et retourneront en poussière! Quant à Jésus, mille et mille fois plus digne d'être aimé que toutes les créatures, quant à Jésus, le roi de gloire, la source de la paix et de la justice, le résumé de tout ce qui est parfait, nous ne paraissons attacher aucun prix à son amour, nous ne faisons rien pour l'obtenir. Qui ne serait étonné en présence de cette contradiction entre nos affections et nos croyances? Nous serions prêts à mourir pour attester que Jésus est vraiment Dieu, qu'il est tout-puissant, qu'il est l'infini; qu'il est le roi du ciel et de la terre; et quand il s'agit de mettre en œuvre cette conviction, d'être pour Jésus ce que nous serions non-seulement pour un roi terrestre, pour un grand, pour un homme de qui nous attendrions ou de qui nous aurions reçu une grâce et un bienfait, alors nous sommes froids et insensibles, nous demeurons inertes, nous attendons tout de Jésus et nous ne lui donnons rien. Pour une affection de ce monde, pour un caprice de vanité, pour le vain fantôme qu'on appelle l'opinion, les hommes sont toujours prêts à souffrir, à combattre, à tenter de prodigieux efforts, trop souvent même à risquer leur vie et leur éternité ; et pour Jésus, ils ne savent faire le sacrifice d'aucune joie vulgaire, d'aucune passion, d'aucun penchant du cœur ; ils ne savent rien endurer, rien porter, rien sacrifier. En vain Jésus-Christ a dit dans le saint Évangile : *Celui qui m'aime sera aimé de mon Père.* En vain a-t-il ajouté : *Je l'aimerai aussi et je me manifesterai à lui.* Les hommes ne comprennent ni l'étendue, ni l'honneur, ni la gloire de cet amour. Jésus-Christ n'est point venu pour juger le monde mais pour le sauver ; dans l'adorable sacrement de l'Eucharistie, il ne se présente pas à nous, comme il viendra à la fin des siècles, revêtu de l'appareil de la toute-puissance et de la gloire, mais il réside humblement et obscurément sur nos autels, et ni la terreur, ni l'épouvante ne nous forcent de rester loin de lui et de voiler notre face pour éviter ses regards. Le premier, et de la voix la plus tendre, il nous invite à aller à lui, il nous conjure de ne point différer davantage ; il nous ouvre les bras, il attend notre repentir. Approchons-nous donc de lui avec confiance. Commençons par rompre avec le péché, avec les occasions du péché ; fuyons ces joies dangereuses où nous avons tant de fois trouvé la mort de l'âme ; arrachons-nous aux sollicitations mauvaises du monde ; supplions Marie de nous venir en aide, de nous faire vaincre l'ennemi de notre salut : si nous sommes trop faibles pour remporter la victoire, Marie, dont les prières sont toutes-puissantes, nous obtiendra la grâce de combattre et le bonheur de triompher. Implorons son secours avec un cœur désireux d'être exaucé, et non plus, comme nous l'avons fait trop souvent, du bout des lèvres, et avec la crainte de voir s'accomplir les vœux que notre bouche exprime. Ne voyons-nous pas que Jésus-Christ, dans le sacrement de l'autel, s'est fait notre avocat auprès de son Père ; qu'aujourd'hui, comme autrefois sur la croix, il dit au souverain juge : *Pardonnez-leur, parce qu'ils ne savent ce qu'ils font !* O mon Dieu, ces paroles de miséricorde sont l'expression bien grande de la vérité. Coupables et criminels par le péché, au milieu de nos égarements et de nos révoltes, il est certain que nous ne comprenons pas tout à fait l'étendue de nos fautes et la démence de nos volontés, car nous ne vous connaissons pas bien, car, malgré le souvenir de vos bienfaits, malgré le spectacle de votre agonie et de votre croix, malgré ce que vous a coûté le péché, nous sommes encore trop faibles et trop aveugles pour bien deviner la malice de notre cœur et l'horreur que nos fautes vous inspirent. Si nous ne correspondons pas mieux à l'amour ineffable que vous nous témoignez dans le sacrement de l'Eucharistie, c'est que, nonobstant les mots que nos lèvres prononcent, notre cœur n'a point médité sur la portée de votre charité incompréhensible; c'est que nous n'avons point l'idée juste de votre grandeur et de notre néant, de vôtre pureté infinie et de nos souillures. Seigneur! vous dirons-nous avec les apôtres, *augmentez notre foi!* Chacun de nous vous dira comme l'aveugle : *Seigneur, faites que je voie!*

Le Roi-Prophète, méditant devant le Seigneur sur les perfections infinies du Dieu trois fois saint, s'écriait comme dans le ravissement de son âme : *Que le Dieu d'Israël est bon!* Puisse le même cri sortir sans cesse de notre bouche et de notre cœur; puissions-nous ne jamais perdre de vue la bonté incompréhensible qui embrase Jésus dans le sacrement de l'Eucharistie! Excitons notre âme engourdie; réveillons-nous de cet assoupissement dans lequel nous plonge l'oubli de Dieu. Jésus nous appelle; quittons tout pour aller à lui. Purifions nos cœurs par la pénitence, et apportons à Jésus une affection sans partage, la seule qui doive lui être offerte. N'est-ce pas Jésus qui nous dit : *Venez à moi, vous tous qui souffrez et qui portez votre far-*

deau dans la peine, et je vous soulagerai! Allons donc à lui, pénétrés d'un saint respect et d'une inébranlable confiance en cet amour que rien n'égale, et heureux si, en consultant les élans de notre désir, nous pouvions dire à Jésus avec le prophète David : Mon âme a soif de vous : *Sitivit in te anima mea!*

PRIÈRE DE L'ÉGLISE

Voici le pain des anges qui est devenu la nourriture des hommes : c'est vraiment le pain des enfants, qui ne doit pas être jeté aux chiens.	Ecce panis angelorum Factus cibus viatorum : Vere panis filiorum, Non mittendus canibus.
L'immolation d'Isaac, le sacrifice de l'agneau pascal, et la manne donnée aux Juifs dans le désert, ont été la figure de ce mystère adorable.	In figuris præsignatur, Cum Isaac immolatur, Agnus paschæ deputatur, Datur manna patribus.
Bon Pasteur, pain véritable, Jésus, ayez pitié de nous : soyez notre nourriture et notre soutien, faites-nous jouir des véritables biens de la terre des vivants.	Bone Pastor, panis vere, Jesu, nostri miserere : Tu nos pasce, nos tuere; Tu nos bona fac videre In terra viventium.
Vous dont la science et le pouvoir n'ont point de bornes, Seigneur, qui nous nourrissez de votre propre chair dans cette vie, faites-nous asseoir dans l'autre à votre table, et rendez-nous les compagnons et les cohéritiers des citoyens de la patrie céleste. Ainsi soit-il.	Tu qui cuncta scis et vales, Qui nos pascis hic mortales, Tuos ibi commensales, Cohæredes et sodales Fac sanctorum civium. Amen.

SECONDE MÉDITATION.

Méditons maintenant sur les mérites de Marie ; réfugions-nous aux pieds de celle que l'Église honore du nom de Tour d'ivoire.

« Votre cou est comme une tour d'ivoire (*Cant.*, vii). » Marie est appelée cou parce que remplissant, dans le monde chrétien, l'office du cou dans le corps humain, elle sert d'intermédiaire entre l'Église et Jésus-Christ, entre les membres et la tête, et que par elle arrive à l'homme la grâce, qui est la vie de l'âme. Elle est cette tour d'ivoire qu'avait bâtie Salomon et où souvent il faisait sa demeure. Elle est un chef-d'œuvre de grâce et d'humilité, un trésor ineffable et la résidence aimée de Dieu lui-même. Le trône de Salomon était d'ivoire, et les chrétiens se complaisent à voir en ce même trône le triple emblème de l'innocence, de la force et de la chasteté de Marie. Le trône de Salomon était la plus rare des merveilles qu'ait pu enfanter l'art humain ; Marie, trône de Dieu, est la plus auguste, la plus noble, la plus sainte, la plus parfaite des œuvres qui soient sorties de la main du Tout-Puissant. Quelques écrivains religieux, développant davantage cette comparaison, disent que le trône d'ivoire de Salomon avait six marches, qui sont autant de figures des dispositions que la sainte Vierge avait apportées pour se rendre digne d'être mère de Dieu, savoir : la méditation des choses célestes, la discrétion dans le langage, la justice en ses actions, la charité envers le prochain, le mépris du monde et de soi-même et la persévérance dans le bien commencé.

Aimons principalement à reconnaître en la tour d'ivoire la figure de l'humilité de Marie, de cette vertu précieuse qui a ravi le Seigneur et qui est l'objet de l'admiration des saints, et écrions-nous avec l'un d'entre eux : « Oh ! humilité trois fois « heureuse, qui a donné Dieu aux hommes, qui a « rendu la vie aux morts, qui a renouvelé les cieux, « qui a purifié le monde, ouvert le paradis et déli- « vré l'homme de l'enfer. » (S. August., *Serm.* 35 *de Sanctis.*)

Aucune créature n'a été élevée en grâce et en dignité comme Marie, aucune n'a reçu de plus glorieux priviléges, et cependant elle est restée humble, elle a aimé l'obscurité et la pauvreté, elle n'a jamais eu pour elle-même une parole d'orgueil, et quand elle a exalté *les grandes choses que Dieu avait faites en elle,* c'est en le bénissant d'avoir regardé la *bassesse de sa servante* et en s'en proclamant indigne. En présence d'un pareil modèle, qui de nous oserait se laisser aller à la vanité, qui oserait se croire meilleur que son frère, qui voudrait être appelé grand ? Méditons sans cesse sur les enseignements que nous propose l'humilité de Marie.

Marie, dont la tour d'ivoire est l'emblème, est

vraiment forte, vraiment redoutable au démon, vraiment protectrice de ceux qui ont besoin d'aide. Elle a coopéré à la rédemption du genre humain, à la défaite des puissances infernales. N'oublions pas que Dieu lui a donné le pouvoir d'écraser le serpent et d'ouvrir les portes du salut, et recourons à elle.

Qu'est-ce que la pureté de l'ivoire auprès de celle de Marie? Au témoignage des saints, lorsqu'elle habitait la terre, elle inspirait l'amour de la chasteté à quiconque la rencontrait sur son passage : Marie, dit saint Ambroise, était embellie de tant de grâces, que son aspect procurait le don insigne de la chasteté. Sa pureté plut à Dieu, et l'Église applique à la divine Vierge cette parole du Cantique : « Vous êtes brillante de beauté, et cette beauté « n'est ternie d'aucune tache. » (*Cant.*, IV, 7.) Heureux qui a eu le bonheur de conserver son cœur pur et sans souillure; heureux aussi celui qui, ayant été flétri par le péché, cherche dans le repentir et la pénitence le bonheur dont il a été trop longtemps privé par sa faute.

O Marie immaculée, Vierge sans tache, mère très-pure, cause de notre joie; vous que la sainte Église appelle tour d'ivoire, et qui êtes en effet la tour fortifiée et inattaquable à l'abri de laquelle nous pouvons défier les enfers; ô sainte mère de Jésus-Christ, ne dédaignez pas de considérer les blessures de mon âme et les nombreuses souillures que le péché y a imprimées, mais tournez sur moi un regard de compassion, et par vos prières, qui sont toujours exaucées, obtenez de Dieu ma guérison et mon pardon.

XXᵉ PELERINAGE

NOTRE-DAME DES VERTUS

(A Aubervillers.)

Au nord-est de Paris, à droite de l'avenue de Saint-Denis, à une faible distance de la grande capitale, s'élève le village obscur d'Aubervillers, qui fut le théâtre, lors de l'invasion de 1815, d'un combat assez opiniâtre engagé entre les troupes des deux partis. A part ce souvenir, le village n'a rien qui le distingue des bourgades de la banlieue, mais son nom figure dans les chartes royales des successeurs de Hugues-Capet et appartenait, dès le onzième siècle, à un monastère voisin de l'abbaye royale de Saint-Denis. Vers le milieu du treizième siècle, l'église d'Aubervillers n'était encore qu'une chapelle, succursale de la paroisse de Saint-Marcel de Saint-Denis ; lorsqu'elle fut érigée en paroisse, la présentation à la cure fut dévolue au prieur de Deuil. Quoique anciennement dédiée sous l'invocation de saint Christophe, cette église était beaucoup mieux connue sous le vocable de *Notre-Dame des*

Vertus, dénomination qui lui venait des nombreux prodiges accomplis dans ce pieux édifice par l'intercession de la sainte Vierge.

En 1338, sous le règne de Philippe de Valois, les chroniques attestent que la statue de la sainte Vierge, placée dans cette chapelle, se couvrit d'une abondante sueur : les premiers qui furent témoins de ce miracle sonnèrent la cloche et assemblèrent le peuple, qui s'émerveilla à son tour. Le roi de France, la reine sa femme accoururent pour contempler à leur tour ce phénomène inouï, et à leur exemple tous les seigneurs de la cour vinrent s'en assurer. Dubreuil, religieux de Saint-Germain des Prés, qui raconte cet événement, se doute bien que plusieurs de ses lecteurs ne voudront pas l'admettre, mais il ajoute : *Je narre ce fait pour la consolation des gens de bien et fidèles catholiques ; car, pour autres manières de gens, ne me chaut (peu m'importe) si la chose leur sera agréable ou non.* Les contemporains disent que seul, parmi les seigneurs, le maréchal de Toulouse osa traiter de superstition ridicule la pieuse foi des visiteurs, mais qu'atteint subitement d'une enflure extraordinaire et dangereuse, il fit vœu d'être désormais plus respectueux envers Notre-Dame d'Aubervillers, si elle daignait obtenir sa guérison. A l'instant il se sentit guéri et se hâta d'aller devant l'effigie miraculeuse rendre de justes actions de grâces à Notre-Seigneur et à sa mère. Le portrait en cire de ce courtisan de Philippe VI, fut suspendu à la muraille de la chapelle, en signe d'*ex-voto*.

« Ce miracle, dit le vénérable M. Hamon, fut suivi d'un grand nombre d'autres…. On cite la résurrection de deux enfants, opérée subitement devant la statue et avec un concours de circonstances qui ne permet pas de révoquer les faits en doute. L'un de ces enfants, fils d'un mercier, s'était noyé dans la Seine : le père, qui était absent au moment de l'accident, voyant à son retour le cadavre de son fils, le fait porter à Notre-Dame des Vertus ; bientôt l'enfant revient à la vie, et, pour perpétuer le souvenir du prodige, les merciers du pays forment une confrérie sous l'invocation de la sainte Vierge. Un autre enfant était né mort ; on le porte à Notre-Dame des Vertus, et il est ressuscité : l'historien du fait précise le jour où la chose arriva, c'était le 21 février 1582 ; il nomme le père et la mère, le prêtre qui baptisa l'enfant, le parrain et la marraine qui le tinrent sur les fonts de baptême, et ajoute les noms de cinq à six autres témoins. Quelque temps après, un enfant d'Argenteuil, sourd-muet de naissance, âgé de sept ans, est amené à la même église, et immédiatement il peut non-seulement émettre des sons articulés, mais parler très-parfaitement. Un autre, venu au monde par un douloureux accouchement, après trois jours entiers passés sans aucun signe de vie, ressuscite, est baptisé et grandit heureusement. Un *ex-voto* suspendu au mur contenait le récit de ce miracle, et portait la date de l'année 1598. L'historien qui raconte les faits que nous venons d'énoncer ajoute que, lorsqu'il s'opérait ainsi un miracle, le son des cloches avertissait les populations voisines de venir en prendre connaissance et en rendre grâces à Dieu. *Par l'espace d'une heure, dit-il, on n'oyoit que le son des cloches qui sonnoient en branle et carillon* (1).

Des indulgences furent attachées au pèlerinage d'Aubervillers; Dubreuil cite des lettres du 22 mai 1452, données à Paris, sous le pontificat de Nicolas V, par le légat du saint-siége, et aux termes desquelles le vicaire de Jésus-Christ accorde « et remet à tous ceux qui visiteront et aumôneront de leurs biens à l'église parochiale d'Aubervillers, près Paris, sous le titre de Saint-Christophe, qui seront vrays pénitans et confès aux jours du dict saint, de la dédicace, de l'Assomption et de la Nativité de la Vierge, et le second mardi du mois de mai, et les trois féeries de Pâques et de la Pentecôte, un an et autres jours de susdicts cent jours de pénitence à eux enjoincts. » Quelques annalistes rapportent, en outre, qu'en 1529, sous le règne de François Ier, toutes les paroisses de Paris s'assemblèrent dans l'église cathédrale, « et de là allèrent en procession à Notre-Dame des Vertus, à la clarté d'un si grand nombre de flambeaux, que ceux qui estoient sur les hauteurs de Montlhéry, crurent que

(1) *Notre-Dame de France*, par M. Hamon, p. 101 et 102.

le feu était à Paris. Cette procession avait pour objet de demander à Dieu la destruction de l'hérésie. »

Sous le règne de Henri II on construisit la façade et le clocher de l'église d'Aubervillers. En 1616, la cure de cette paroisse fut réunie à la congrégation de l'Oratoire, du consentement du prieur de Deuil qui en était patron, et sur la démission du titulaire qui était alors Jacques Gallemant, docteur en théologie. Ce changement fut motivé par la nécessité d'avoir dans cette église un personnel fort nombreux de prêtres chargés d'offrir le saint sacrifice et d'entendre les pécheurs au tribunal de la pénitence. Cette union fut confirmée par une bulle du pape Grégoire XV, en date du 16 septembre 1622. La terre d'Aubervillers était alors dans la maison de Montholon. Tous les ans, avant la révolution de 1789, le séminaire de Saint-Sulpice se rendait en corps, avec la paroisse, dans l'église de ce village, et revenait processionnellement après avoir chanté la grand'messe devant l'image vénérée de Notre-Dame des Vertus. Ce pèlerinage avait lieu le mardi de la Pentecôte; de nos jours il s'y fait encore, le second mardi de mai, un grand concours de fidèles, et particulièrement de pauvres mères qui viennent placer leurs enfants sous la protection de Marie.

Associons-nous à ces fervents pèlerins, et comme eux, pleins de confiance en la puissante intercession de la Vierge divine, méditons sur les mérites de celle que l'église se plaît à nommer *Mater castissima*, Mère très-chaste.

MÉDITATION.

Jésus, parlant au peuple sur la montagne, a fait connaître la grande récompense qui est réservée à la chasteté : « Heureux les cœurs purs, parce qu'ils « verront Dieu ! » Ces paroles ont tracé aux chrétiens la voie dans laquelle ils doivent marcher, elles ont été un anathème contre les désordres du paganisme, une sentence de réprobation pour le monde, l'espoir certain de la couronne impérissable du ciel pour quiconque triomphe de la chair et lutte victorieusement contre les penchants déréglés de la nature. L'apôtre saint Jean, révèlant à son tour aux hommes les mystères que Dieu lui a permis d'entrevoir et d'annoncer, nous dépeint en quelques mots la gloire de ceux qui, foulant aux pieds le sensualisme, ne reculèrent pas devant les sacrifices que la chasteté impose : « Les voilà, dit-il... Ils « suivent l'Agneau partout où il va : ce sont les pré- « mices de ceux qu'il a rachetés à Dieu parmi les « hommes. » (*Apoc.* xiv, 4.) L'homme, abandonné à la corruption, oubliait dans les ténèbres de l'idolâtrie et sous le joug du démon que ce qui l'élève, l'ennoblit et le rapproche davantage des esprits angéliques, c'est de conserver intact le trésor de la chasteté que Dieu a confié à sa garde. Jésus est descendu parmi nous pour nous dicter nos devoirs par sa doctrine et par ses exemples : Jésus est la chasteté infinie et sa Mère, vierge et mère tout ensemble, est l'image la plus accomplie de la chasteté de son Fils. Honorons donc la vertu de la chasteté, que Dieu récompense si magnifiquement, et efforçons-nous, en implorant l'intercession de cette divine Mère, de nous conformer à la loi de Dieu et de conquérir le prix incommensurable qu'il daigne réserver à ses serviteurs purs et chastes.

Marie est éternellement bienheureuse; elle a obtenu la plus digne des récompenses qui soient promises à ceux qui ont le cœur pur, elle voit Dieu. Ce n'est point seulement dans le ciel que les chrétiens chastes verront Dieu : il leur est donné, même en ce monde et malgré les obstacles des sens, de jouir par avance, sous quelques rapports, de ce bonheur incompréhensible. Comme leur pensée est dégagée de tout alliage impur; comme elle se porte naturellement vers la contemplation du Créateur, vers la méditation constante de la beauté et de la pureté infinies de Dieu, ils pénètrent plus avant dans cet abîme de splendeurs et de merveilles, tandis que ceux qui sont esclaves des pensées mauvaises et de la corruption du monde, ne voient que le monde et ses plaisirs non moins grossiers que périssables, et ne parviennent jamais à entrevoir, même par l'esprit et le désir, ce Dieu incomparable qu'ils sont indignes de chercher et de rencontrer. Supplions

Marie de nous obtenir cette grâce que nous ne demeurions pas au nombre de ces chrétiens aveugles et dégradés.

L'esprit de Dieu, dit l'Écriture, n'habite point dans l'homme charnel. Qu'est-ce que l'homme qui est privé de l'esprit de Dieu ? Sa condition est plus humiliante et plus abaissée que celle de la brute, car il est déchu et avili par le péché, tandis que la brute ne fait que demeurer dans la condition normale où il a plu au créateur de toutes choses de la placer. L'homme qui renonce à la chasteté pour se livrer aux penchants corrompus de la nature, abandonne volontairement sa haute destinée et abdique l'héritage du ciel que Notre-Seigneur lui a conquis au prix de ses souffrances et de son sang. Que dirait-on du fils d'un roi qui chercherait son bonheur et sa joie parmi les bourreaux ? On se détournerait de lui avec dégoût. Prenons garde, nous qui sommes les enfants de Dieu et de Marie, d'abdiquer la couronne qui nous attend dans le ciel et de chercher notre félicité dans la société des démons. Conjurons Marie de ne pas permettre que nous l'oubliions jamais dans cette dégradation et dans cet excès de misère.

Seigneur, qui aimez les cœurs chastes et qui avez horreur de ceux où l'esprit immonde a établi son empire, daignez regarder du haut du ciel, avec compassion, les pauvres pécheurs que la tentation éprouve et qui élèvent vers vous des regards suppliants; quoi qu'ils fassent, ils ne peuvent, par eux-mêmes et sans votre secours, triompher de leur ennemi, mais daignez combattre pour eux, et ils vraincront. Ce n'est pas en vain que vous leur avez donné Marie pour Mère : vous avez voulu qu'ils trouvassent avec elle et par elle le chemin qui mène à vous ; si nos supplications ne sont pas ce qu'elles devraient être; si elles partent de cœurs souillés ; si elles sont mêlées d'un alliage humain qui vous déplaît, écoutez, ô Dieu infiniment saint, celles que Marie vous adresse en notre faveur, et qui sont toutes-puissantes pour appeler sur nous les grâces qui changent les cœurs et les purifient.

PRIÈRE

O præ mulieribus, Quin et præ cœlitibus, Benedicta filia!	O Vierge sainte ! qui êtes bénie plus que toutes les femmes, et même que les esprits célestes ;
Hauris unde plenior, Hoc e fonte crebrior Stillet in nos gratia.	Maintenant que vous puisez dans la source des grâces, faites-en descendre sur nous une pluie abondante.
Ad Deum ut adeant, Per te vota transeant; Non fas Matrem rejici.	Présentez vous-même nos vœux et nos prières à Dieu ; refusera-t-il une mère qu'il aime si tendrement ?
Amet tuam Galliam, Regi det justitiam, Plebi pacem supplici. Amen.	Demandez-lui qu'il regarde avec bonté la France que vous protégez; qu'il donne au roi la justice et la paix au peuple. Ainsi soit-il.

XXIe PÈLERINAGE

NOTRE-DAME DU PATRONAGE

(A Drancy).

A quelque distance d'Aubervillers, plus à l'est et à l'extrémité de la plaine du Bourget, on rencontre le village de Drancy dont il est fort peu question dans les annales de l'Ile-de-France. C'est une bourgade environnée de prairies ou de terres labourées, et qu'on appelait autrefois Drancy-les-Nouës, d'où l'on pouvait induire, selon d'anciens écrivains, « que quelque canton se ressentait d'un reste de marécages ou de jonchères. »

Drancy existait au neuvième siècle. La principale église de cette paroisse était dédiée sous le vocable de Saint-Germain d'Auxerre ; elle avait été construite dans la section de la commune nommée Drancy-le-Grand ; on reconnaissait à certains vestiges des premiers travaux que cet édifice datait du douzième ou du treizième siècle. Dès le quinzième siècle, il existait dans cette même paroisse une chapelle du titre de Notre-Dame. La seconde église de Drancy, l'église du Petit-Drancy, était située dans la section méridionale de la commune, et consacrée sous l'invocation de Saint-Silvain, évêque, mort le 15 février 718. On la nommait *Noes* ou *Nouës.* L'official de Paris la déclara simple chapelle et en unit les habitants au Grand-Drancy, du consentement du curé; elle fut rebâtie, sous le même titre, en 1620.

Nous n'aurons pas à remonter bien avant dans notre histoire pour découvrir l'origine du pèlerinage qui se fait à Notre-Dame de Drancy. Une œuvre charitable, composée de dames pieuses, a été récemment fondée à Paris sous le titre de *patronage des jeunes ouvrières ou apprenties*. Comme ce nom l'indique, cette œuvre a pour but de préserver des dangers auxquels, sans relâche, sont exposées les jeunes filles honnêtes et pieuses qui vivent à Paris du travail de leurs mains. On les place sous la protection de Marie; on veille à ce qu'elles remplissent leurs devoirs religieux : les dames patronesses les visitent dans leurs ateliers, les réunissent le dimanche, leur donnent des encouragements et des avis, leur distribuent des récompenses, et veillent à ce qu'elles soient placées dans des maisons convenables, à l'écart de la séduction et des mauvais entraînements. Que de familles ont eu l'occasion de bénir cette œuvre inspirée de Dieu ! Combien de jeunes filles seraient devenues la proie du vice, si on les eût abandonnées à elles-mêmes, qui, bien dirigées, encouragées par de saints exemples, soutenues contre les amertumes et les déceptions de la vie, se sont maintenues dans les voies de l'honneur et de la vertu, et sont devenues de chastes épouses, de bonnes mères de famille! Lorsqu'on réfléchit devant Dieu au mal que peut faire une fille du peuple qui se perd, qui demande à la corruption et à la débauche le moyen de vivre dans l'oisiveté et le vice, et qui entraîne continuellement au désordre ceux dont elle est entourée, on se réjouit devant Dieu de l'existence et des progrès d'une œuvre destinée à préserver un grand nombre d'ouvrières et d'apprenties de marcher dans les sentiers de la honte. En sauvant leur âme, elles sauvent les pauvres âmes inconnues et faibles, que leur propre déchéance aurait fait succomber : elles attirent sur elles d'abondantes grâces, et non la moisson de colère qui attend les auteurs du scandale, les instruments de l'iniquité. Remercions Dieu d'avoir fait naître dans les cœurs d'élite la pensée d'une association aussi digne de respect.

Les dames fondatrices du patronage des jeunes ouvrières ont placé leur œuvre sous la protection de Marie, et ont donné à chaque maison de ce même patronage une statue de la Vierge immaculée : elles ont, en outre, érigé à Drancy une chapelle en l'honneur de cette divine mère de Jésus-Christ, et ce lieu de prière a été dédié sous le vocable de Notre-Dame du Patronage. Elles ont obtenu que, deux fois par an au moins, le dimanche dans l'octave de la Nativité de la sainte Vierge, et le dimanche qui suit le 24 mai, fête de Notre-Dame Auxiliatrice, les jeunes ouvrières s'y rendraient en pèlerinage : elles y viennent, en effet, elles y communient, elles invoquent la toute-puissante intercession de Marie et reparaissent ensuite dans leurs ateliers plus fortes contre les séductions du vice, mieux disposées à se maintenir jusqu'au bout sincèrement et courageusement chrétiennes. Touché de ces humbles vertus, désireux d'encourager une œuvre aussi utile, le souverain pontife Pie IX a bien voulu accorder des indulgences à ceux qui, pour les deux jours désignés, s'associeraient au pèlerinage, et le nonce de Sa Sainteté a voulu lui-même porter à Drancy le bref qui accordait cette faveur et bénir la statue de Notre-Dame du Patronage, celle que l'Église appelle la *Mère aimable*, et qui est, entre toutes les créatures, celle que Dieu environne davantage de son amour.

MÉDITATION.

Ces paroles de l'époux des Cantiques : « Que « vous êtes belle, ô ma bien-aimée, que vous êtes « belle ! Vos yeux sont ceux des colombes... ô ma « bien-aimée, il n'y a point de tache en vous... « Vous avez blessé mon cœur, ma sœur mon « épouse ! » Ces paroles mystiques qui sont applicables à l'Église, l'épouse de Jésus-Christ, sont également l'un des titres de Marie à l'amour de ses enfants, et il nous semble que le Saint-Esprit les lui fait entendre. Après le Dieu Sauveur, en qui se résume tout amour sacré, qui, mieux que Marie, est digne d'être aimée des anges dont elle est la reine, et des hommes dont elle est la mère? Puisqu'elle apparaît ainsi aimable aux yeux de Dieu, comment ne devons-nous pas la trouver telle, et quelle créature oserons-nous préférer à celle qui a été choisie de Dieu entre toutes? Aimons-la, s'il est possible, autant qu'elle mérite d'être aimée. Aimons-la dans son saint temple, et avec elle aimons l'humilité, la chasteté, la prière; aimons-la, lorsqu'elle porte Jésus dans ses saintes entrailles, et avec elle efforçons-nous de conserver Jésus dans notre cœur; aimons-la dans la pauvre étable de Bethléem, et avec elle essayons de comprendre les mystérieux abaissements du Dieu Sauveur et les enseignements qu'il nous donne; aimons-la à Nazareth où elle vécut dans l'obscurité, le travail et les privations; aimons-la surtout au pied de la croix, au moment où son cœur fut déchiré de tant d'angoisses, et bénissons Jésus de nous l'avoir alors donnée pour mère. Et depuis qu'il a plu à Dieu de consacrer cette mystérieuse adoption, par quelle série de bienfaits innombrables Marie n'a-t-elle pas acquis de nouveaux titres à notre amour? Quelle est la grâce accordée à un pécheur qui n'ait point été sollicitée par cette tendre mère? Quelle est l'âme qui s'est perdue après avoir mis sa confiance en Marie? Avec quelle sollicitude n'a-t-elle pas écarté les fléaux des peuples qui se sont dévoués à son culte? Ah! il n'y a que des cœurs ingrats que ne fait pas battre l'amour de Marie; il n'y a que des aveugles qui ne voient pas par quels éclatants mérites elle est digne de ce nom si doux : « Mère aimable. »

L'on accorde tout à ceux qu'on aime. Il n'y a donc aucune grâce, aucun bienfait que Dieu veuille refuser aux instances de cette mère aimable et si grandement aimée. Soit qu'elle sollicite en notre faveur des grâces de repentir et de pardon; soit qu'elle demande la persévérance pour les justes; soit qu'elle implore le soulagement pour ceux qui souffrent, la force pour les faibles, la paix pour ceux qu'agitent les orages du monde, toujours elle est exaucée et c'est ainsi que Jésus, son Fils, lui prouve l'amour sans mesure qu'il lui porte. Ayons donc une haute idée de la puissance d'une Mère tant aimée; et, dans quelque abîme qui se soit ouvert sous nos pas et où nos crimes nous aient fait descendre, espérons en Marie et disons-lui : « O Mère aimable, et à cause de cela, Mère toujours exaucée, priez pour nous! » La délivrance ne se fera point attendre, pourvu que nous la demandions avec un cœur repentant et déterminé à servir Dieu.

Si Dieu accorde tout à cette Mère aimable, que devons-nous, de notre côté, offrir à Marie, nous qui sommes ses enfants? Le présent qui davantage peut lui plaire est un cœur dégagé de toute souillure et qui aime Jésus. Sans cela, nous sommes de ceux qui font pénétrer dans son cœur les glaives dont il fut transpercé sur le Calvaire. Comment nous dire enfants de Marie si nous n'aimons pas Jésus notre frère? Marie nous sollicite donc de fuir le péché, qui nous éloigne de son divin Fils.

Pourquoi Marie est-elle aimable aux yeux de Dieu, pourquoi en est-elle aimée plus que toutes les autres créatures? C'est que nulle tache n'a terni la pureté de son âme. Elle nous enseigne le secret d'être, à notre tour, de plus en plus aimés de Dieu. Dégageons notre cœur de toutes les affections terrestres, n'aimons rien en ce monde qu'en vue de Dieu, cherchons sans relâche Dieu et sa loi, et ayons horreur du péché et de tout ce qui conduit au péché. C'est pour avoir vécu dans la constante pratique de sa vertu que Marie a mérité d'être appelée pour l'éternité Mère aimable. Aimer le péché, nourrir en notre cœur des affections coupables, nous rechercher nous-mêmes au lieu de chercher Jésus, voilà ce qui nous rend haïssables aux yeux de Dieu et nous fait prendre place parmi ses ennemis. Redoutons comme le plus grand des malheurs d'être dans la haine de Dieu et de paraître aux yeux de Dieu avec la livrée du péché. Efforçons-nous de régler notre vie et notre cœur sur les exemples de Marie, et nous serons alors aimables à Dieu.

Seigneur, qui aimez Marie plus que tous les saints

ensemble parce que Marie vous a aimé, à elle seule, plus que vous ont aimé tous les saints et tous les anges, accordez-nous cette grâce que, renonçant au péché et attirés par la contemplation de vos divines perfections, nous vous aimions de tout notre cœur, de toute notre âme et de toutes nos forces, à l'exemple de Marie, et qu'aucun sentiment ne l'emporte en nous sur celui de votre amour. Nous vous supplions de *nous donner des ailes comme à la colombe, afin que, prenant l'essor, nous allions nous reposer en vous.* Comme toutes les pensées, tous les regards, tous les soupirs de Marie sont tournés vers vous, appelez à vous toutes les puissances de notre volonté, soyez notre but unique, purifiez-nous et rendez-nous si semblables à notre Mère que nous puissions, nous aussi, et par vos mérites infinis, obtenir le bonheur et la gloire de vous plaire et de vous aimer, durant la bienheureuse éternité.

HYMNE.

Je vous révère, divine Vierge, dans le sein de laquelle le Soleil de justice a pour ainsi dire rétrogradé : en se faisant homme, le Verbe éternel s'est fait chair.	Salve, horologium, Quo retrograditur Sol in decem lineis, Verbum incarnatur.
L'immense s'est abaissé au-dessous des anges, pour retirer l'homme de l'enfer, et l'élever jusqu'au ciel.	Homo ut ab inferis Ad summa attollatur, Immensus ab angelis Paulo minoratur.
C'est des rayons de ce divin Soleil que Marie est tout écla-	Solis hujus radiis Maria coruscat :

Consurgens Aurora
In conceptu micat.

Lilium inter spinas;
Quæ serpentis conterat
Caput : pulchra ut luna,
Errantes collustrat.   Amen.

tante : et au moment de sa conception, elle brille déjà comme l'aurore naissante.

Elle est comme le lis entre les épines, et dès le premier moment de sa vie, elle écrase la tête du serpent : elle est belle comme la lune, et sa lumière éclaire ceux qui sont dans les ténèbres de l'erreur. Ainsi soit-il.

XXII° PÈLERINAGE

NOTRE-DAME DES BLANCS-MANTEAUX

Vers le milieu du treizième siècle, sous le règne de saint Louis, et par la protection de ce prince, un ordre religieux nouvellement fondé vint s'établir de Marseille à Paris. Ceux qui le composaient se glorifiaient du titre de *Serfs de la Vierge Marie* : de la couleur de leurs vêtements ils reçurent le nom populaire de *Blancs-Manteaux*. « Et vînt une autre manière de frères, dit Joinville, que l'on appelle l'ordre des Blancs-Manteaux ; et requirent au roy qu'il leur aidât pour qu'ils peussent demeurer à Paris. Le roy leur acheta une maison et vieilles places autour pour eux de leur héberger, devers la vieille porte du Temple, assez près des tisserans. » Dès la première année de leur établissement, en 1258, la maison du Temple, sur le territoire de laquelle ils se trouvaient, leur accorda la permission d'avoir un cimetière, une chapelle et un couvent, et se démit en leur faveur, moyennant une redevance très-médiocre, de tout droit de censive sur le terrain qu'ils occupaient. Cependant la prospérité des serfs de Marie ne fut pas de longue durée. En 1274, une bulle du pape Grégoire X supprima plusieurs ordres mendiants, du nombre desquels se trouva celui dont nous venons de parler. L'édifice qui leur avait servi d'asile sous saint Louis fut occupé, en 1297, sous Philippe le Bel, et avec l'autorisation du souverain pontife, par des religieux que, du nom de leur fondateur Guillaume, on appelait *Guillemites*. Le peuple, par habitude, continua de les appeler les Blancs-Manteaux, comme de nos jours il persiste à désigner sous le nom d'église des Carmes celle que les dominicains possèdent à Paris.

Le couvent des guillemites se trouvant resserré entre les murs de la ville et d'autres constructions, ces religieux supplièrent Philippe de Valois de leur permettre de percer le mur et d'y faire une porte, tant pour l'usage du peuple qui viendrait plus aisément entendre le service divin dans leur église, que pour jouir plus librement des maisons qu'ils avaient au delà du mur. Le roi, par lettres patentes du mois d'août 1334, accueillit leur demande, leur permit de percer le mur et d'y établir une porte ou *huisserie*. Deux ans après, les guillemites demandèrent encore au roi une tour et une certaine portion des anciens murs de la ville, montant à trente-neuf toises; Philippe de Valois leur accorda ce qu'ils sollicitaient de lui, à condition de payer chaque année quatre livres dix sols huit deniers parisis de rente, avec huit sols six deniers parisis de fonds de terre. De nos jours la requête des guillemites aurait eu peu de succès. Aucun gouvernement moderne n'aurait consenti à confier à des moines l'entrée militaire de la ville. Cependant ce ne fut point la seule concession de ce genre qu'obtinrent ces religieux, sous le règne des Valois.

Le vendredi 30 novembre 1397, Jean de Gonesse, évêque de Nassou, et provincial des guillemites en France, célébra la dédicace de l'église des Blancs-Manteaux. Charles VI de France et Charles III de Navarre assistaient à cette cérémonie. Depuis lors, les guillemites reçurent de nouvelles donations. La plus considérable fut celle qui leur fut faite par la seigneurie du Plessis-Grassot, près Paris, « pour les mettre à couvert, dit Félibien, de la fâcheuse nécessité de quêter. Au commencement du seizième siècle, le prévôt de Paris leur fit accorder le droit de *scholarité*, c'est-à-dire la jouissance de tous les nombreux priviléges dont les écoliers de l'Université étaient investis. En 1407, on transporta dans l'église des Blancs-Manteaux le corps du duc d'Orléans, assassiné le 23 novembre dans la vieille rue du Temple, par Jean sans Peur, duc de Bourgogne.

La communauté des Blancs-Manteaux était peu nombreuse, lorsque, le 3 septembre 1618, elle prit la résolution d'embrasser une réforme. Elle députa Jean Goyer, son prieur, et Maurice de Vaubicour, religieux de l'ordre, pour aller au collége de Cluny trouver dom Martin Tesnier, prieur de Saint-Faron de Meaux, pour lui demander d'agréer leur maison et de l'unir pour toujours à la congrégation française des bénédictins réformés, selon la réforme des bénédictins de Saint-Vanne de Verdun. Dom Martin Tesnier accepta la proposition, et se transporta le même jour au monastère des Blancs-Manteaux, où, d'un commun accord entre les religieux et les prieurs, tout fut approuvé et ratifié. Deux jours après, cette réforme fut solennellement introduite chez les Blancs-Manteaux par Henri de Gondi, évêque de Paris. On refusa d'avoir égard aux protestations et aux plaintes du général des guillemites, qui résidait alors à Liége. Quoi qu'il en soit, le roi Louis XIII approuva l'union des deux maisons, par lettres patentes du 29 novembre 1618 et du 22 février 1622. C'est dans ces dernières lettres que l'on donna pour la première fois le nom de bénédictins de Saint-Maur, aux bénédictins réformés de France.

Le monastère des Blancs-Manteaux fut reconstruit en 1685. Le chancelier Letellier et Élisabeth Turpin, sa femme, posèrent la première pierre du nouvel édifice. Une autre église fut alors élevée près de l'ancienne. Elle n'a rien de remarquable, au point de vue de l'art. L'intérieur est beaucoup trop long pour la largeur. Il règne, dans l'ordonnance de son architecture, une monotonie de pilastres corinthiens dont le trop grand nombre fatigue l'œil. Les arcades, entre lesquelles sont placés ces pilastres, et qui communiquent avec les bas-côtés, sont traitées dans le goût de l'ordre dorique. Les bas-côtés sont trop étroits et n'ont rien d'élégant ni de gracieux. Dans le cours du dix-septième et du dix-huitième siècle, cette église servit de sépulture à un assez grand nombre de personnages, alors illustres, mais dont la célébrité s'est beaucoup effacée. Les bénédictins de Saint-Maur, qui occupèrent le monastère, jusqu'à la dispersion de leur ordre, y avaient rassemblé une bibliothèque d'environ vingt mille volumes, et ce qu'on appelle le *fonds des Blancs-Manteaux* forme aujourd'hui une des plus intéressantes collections de pièces inédites que possède la Bibliothèque impériale. C'est aux Blancs-Manteaux que vécut et mourut dom Bouquet, le premier auteur de ce *Recueil des historiens des Gaules et de la France* auquel travaillèrent avec lui ou après lui les PP. Haudiguier, Poirier, Housseau, Clément, Brial, et que l'Académie des inscriptions et belles-lettres se fait un devoir de continuer aujourd'hui. Les grands travaux pour l'histoire de Bretagne, dont les livres de dom Lobineau et de dom Morice ne sont que la mise en œuvre, avaient été également préparés aux Blancs-Manteaux, et c'est également de ce monastère que sortirent *l'Art de vérifier les dates* et *la Nouvelle diplomatique*, deux des ouvrages les plus célèbres qu'ait produits l'érudition en France.

Aujourd'hui un vaste marché s'élève sur une partie des terrains qui appartinrent jadis aux guillemites, et l'église des Blancs-Manteaux, restaurée et agrandie, est l'une des paroisses de Paris. Bien que, sous le rapport de l'art et du style, rien ne distingue cet édifice, bien qu'il ne révèle aucun effort du talent ni du génie de l'homme, n'oublions jamais que Dieu y réside dans ses sacrés tabernacles, et souvenons-nous que les premiers religieux qui foulèrent ce sol, furent les *serfs de la Vierge Marie.* A ce double titre, prosternons-nous dans cette église, où se manifeste la piété des fidèles, et, après avoir adoré Notre-Seigneur dans le sacrement de l'Eucharistie, efforçons-nous, à notre tour, d'être comme les hommes du treizième siècle, les serviteurs humbles et dévoués de Marie, la servante de Dieu, la Vierge fidèle.

MÉDITATION.

Marie a été fidèle entre toutes les créatures par la foi avec laquelle son cœur a accueilli les révélations divines; remarquons en effet que le mot *fidèle* vient de ce mot *foi* (fides, fidelis). Marie a vu s'accomplir en elle les promesses faites à Abraham, le père de ses pères, et plus que tout autre elle a cru. Est-ce un faible mérite que la foi? Gardons-nous de le croire, et reconnaissons au contraire avec les saintes Écritures que le cœur fidèle est un trésor bien rare. « Sans la foi, dit l'Évangile, il est impossible de plaire à Dieu. » *Beaucoup d'hommes*, dit le livre des Proverbes, *sont appelés miséricordieux, mais qui rencontrera un homme fidèle?* L'homme fidèle est celui qui ajoute foi à la parole de Dieu, qui attend avec une inaltérable confiance l'accomplissement des promesses, qui agit avec simplicité devant Dieu, qui s'acquitte avec une application sincère et constante de l'office qui lui est assigné. Où trouver cet homme inébranlable dans la pratique de la fidélité? où le rencontrer sur la terre? Seule, Marie a possédé dans sa plénitude ce don de foi qui est aux yeux du Tout-Puissant la plus précieuse des richesses, et c'est à elle que pourrait être faite l'application de cette parole adressée au centurion par Notre-Seigneur Jésus-Christ : *Je n'ai pas trouvé une si grande foi dans Israël*. Lorsque Marie se rendit auprès de sa cousine Élisabeth, lorsque la sainte femme, saluant la divine Vierge, s'écria : *Et d'où me vient ce bonheur que la Mère de mon Seigneur vienne à moi?* ne sait-on pas qu'elle ajouta : vous êtes heureuse d'avoir cru! La foi de Marie ne fut jamais ébranlée; dans la pauvre étable de Bethléem, elle salua son Dieu et son Créateur vivant et incarné, présent à ses yeux en ce petit enfant à peine couvert de langes; sur le Calvaire, durant l'agonie, elle ne sentit jamais chanceler sa confiance dans les promesses qui commençaient à s'accomplir par la croix. C'est pour cela que saint Augustin l'appelle « Mère des croyants. » Croyons, ayons la foi, soyons fidèles à l'exemple de Marie, et ce sera un titre de plus pour nous de nous dire ses enfants et de l'appeler notre Mère.

David disait à Dieu : « Créez en moi un cœur pur et un esprit droit. » Et Salomon : « Donnez à votre serviteur un cœur docile. » Les disciples de Jésus-Christ, implorant de lui la grâce qui précède les autres, lui dirent : « Seigneur, augmentez en nous la « foi ! » A leur exemple, demandons à Dieu ce bien précieux que seul il dispense, qui vient de lui et qui fait accomplir les merveilles dont parle Notre-Seigneur, lorsqu'il souhaite à ses apôtres d'avoir une quantité de foi égale à un grain de sénevé. Saint Paul dit expressément que la foi est nécessaire au salut ; ne cessons donc de prier et de supplier tant que nous n'aurons pas obtenu ce don de Dieu : à l'exemple de Marie, méditons sans cesse sur les mystères de la foi, et comme, au témoignage de saint Bernard, « la foi de l'Église demeura dans la seule « Vierge pendant le temps de sa passion, » obtenons du Dieu trois fois saint, par l'intercession de Marie, de croire inébranlablement, en tout, partout, et toujours les grandes vérités que la religion nous enseigne.

Si Marie est bienheureuse d'avoir cru, soyons assurés, d'après le témoignage des saints, que l'imitation de sa foi nous fera participer à son bonheur. Travaillons à former souvent des actes de foi touchant les principaux mystères de notre religion. Occupons-nous des vérités de la foi et ne cachons point ses lumières dans l'obscurité des maximes du monde. N'oublions, d'ailleurs, jamais de rendre grâces à Dieu du don de la foi, et craignons, si nous manquons à ce devoir, que Dieu, en punition de notre ingratitude, ne nous retire cet ineffable bienfait. Enfin attachons-nous sans cesse à propager la foi dans les cœurs qui en sont privés, à instruire les ignorants, à aider les faibles; mettons notre gloire à faire connaître, aimer et servir Jésus.

La foi, sans les œuvres, est un corps sans âme. Si nous avons eu le bonheur d'obtenir le don de la foi, et si nous l'avons laissé stérile, au jour du jugement, notre propre foi servira à nous condamner, elle témoignera contre nous. Redoutons ce malheur. A l'exemple de Marie, efforçons-nous de rendre notre foi active, vigilante, dévouée, et qu'elle ne soit pas comme le grain de blé qui se dessécha pour être tombé sur la pierre aride. Croire et agir selon la foi, telle fut la vie de Marie; on ne peut être chrétien qu'à cette condition.

O Dieu, qui avez béni la foi de Marie, accordez à nos faibles prières, par les mérites de Jésus-Christ, votre Fils, et par l'intercession de sa Mère, la *Vierge fidèle*, que notre foi ne chancelle jamais au milieu des piéges du monde et des épreuves de la vie. Daignez, au contraire, faire croître en nous ce don précieux, afin que, brûlant de zèle pour votre service, nous considérions comme un devoir et comme un bonheur de porter en tous lieux le flambeau de la foi, de communiquer cette lumière à ceux de nos frères qui vivent dans les ténèbres, de vous faire partout connaître, aimer et adorer. Souffrez qu'à l'exemple de vos apôtres nous vous disions : *Adauge nobis fidem,* augmentez notre foi ! et daignez nous exaucer, quoique nous soyons indignes d'une si grande grâce. Faites aussi, ô Dieu tout-puissant, qu'ayant le bonheur de croire, nous ayons toujours soin de conformer notre conduite à notre foi. *Que sert-il d'avoir une croyance catholique et de vivre en païen?* (Petr. Dam.) Souffrez que cette parole émanée d'un de vos saints nous soit sans cesse présente, afin que la foi dont nous nous honorons de faire profession ne cesse d'être la règle de nos mœurs. Vos ennemis précipités dans les enfers sont forcés de croire, et leur foi ajoute à leurs souffrances. Ne permettez pas que nous ayons la foi des démons, c'est-à-dire la foi que démentent tous les actes de la vie. Donnez-nous cette foi dont parle votre divin Fils dans le saint Évangile, et nous glorifierons sans cesse votre nom adorable et nous sauverons nos âmes.

PRIÈRE

(Extraite de l'hymne de l'Assomption.)

Verbum vestieras carne, vicissim Te Verbum proprio lumine vestit. Qui velo latuit carnis, aperti Pleno te satiat Numinis haustu : Et quem virgineo lacte cibasti, In jugem tibi dat se Deus escam. O concessa tibi quanta potestas ! Per te quanta venit gratia terris ! Cunctis cœlitibus celsior una, Solo facta minor, Virgo, Tonante. Quæ Regina sedes proxima Christo, Alto de solio vota tuorum Audi ; namque potes flectere Natum, Virgo mater : amas nos quoque natos.	Vous aviez revêtu d'un corps le Verbe éternel ; le Verbe vous revêt à son tour de sa propre lumière. Celui qui se cacha sous le voile de notre chair, se montre à vous sans nuage, et vous rassasie de sa divinité : vous le nourrîtes autrefois de votre lait ; aujourd'hui il se donne lui-même à vous pour être éternellement votre nourriture. Combien est grand le pouvoir qu'il vous accorde ! et quelles grâces ne procurez-vous pas à la terre ! Élevée au-dessus de tous les bienheureux, vous ne reconnaissez que le Très-Haut au-dessus de vous. Daignez, ô Reine pleine de bonté, de ce trône sublime où vous êtes assise auprès de Jésus-Christ, recevoir les vœux de vos serviteurs, car vous pouvez apaiser votre Fils : Vierge mère, vous nous aimez aussi comme vos enfants.

XXIIIᵉ PELERINAGE

LE JÉSUS

Ceux qui pour la première fois passent dans cette rue de Sèvres, longue, d'un aspect vulgaire, qu'aucun monument ne distingue et qui porte un caractère de province, se doutent fort peu, assurément, qu'en face de l'hospice des Ménages, non loin de la maison des sœurs hospitalières de Saint-Thomas-Villeneuve, à peu de distance de l'Abbaye-aux-Bois et de la chapelle des Lazaristes, ils laissent sur leur gauche une église éminemment remarquable et dont la construction est à peine terminée. C'est l'église du *Jésus*. Entrez par une porte cochère pareille à celle d'une maison particulière : à l'extrémité d'une allée assez étroite, vous rencontrez une cour carrée, extrêmement resserrée, sombre, très-humide, très-froide (ce que l'architecte aurait dû éviter), et en face de cette cour, s'ouvrira pour vous le lieu de prière dont nous parlons. Cette église porte, en souvenir de celle qui existe à Rome, le nom du divin Sauveur, et indique par là qu'elle appartient à la célèbre compagnie de Jésus, dont nous n'avons point ici à faire l'histoire. Cette histoire est partout. Depuis trois siècles, elle se rattache à celle des travaux et des souffrances de l'Église catholique : elle est celle du christianisme militant, victorieux et persécuté.

L'homme illustre, le saint admirable qui en fut le fondateur, demanda à Dieu que cet institut fût préservé des dangers et des écueils contre lesquels s'étaient trop souvent heurtés d'autres ordres religieux : il pria Dieu que la compagnie naissante fût toujours en butte aux contradictions du monde, à l'exemple du divin Maître dont elle inscrivait le nom sur ses enseignes. Ce vœu fut exaucé, et nous sommes témoins de son accomplissement. La société de Jésus a été, depuis le premier jour de son existence, à l'avant-garde des luttes et des épreuves. Elle a livré à l'hérésie et au paganisme les plus durs combats. Les ossements de ses martyrs pavent les territoires de l'Asie orientale et les régions lointaines des deux Amériques. Partout où régnaient les ténèbres de l'idolâtrie, elle a voulu porter les lumières de la foi chrétienne ; partout où les barbares sacrifiaient à de sanglantes divinités, elle a prêché le Dieu de mansuétude et de miséricorde ; partout où s'élevaient des temples consacrés à l'erreur, à la débauche, à l'ignorance, à l'enfer, elle a généreusement planté la croix, proclamé la loi de grâce et annoncé la bonne nouvelle aux multitudes. Sur son passage, elle n'a cessé de laisser une large trace de sang, le sang de ses fils mis à mort par les infidèles, mais ce sang a vivifié les nations, et les reliques des victimes ont enfanté des nouvelles générations de chrétiens. Voyez le Paraguay, voyez le Canada, voyez la Chine, voyez le monde.

Nous savons ce que l'on dit autour de nous. Les ineptes colères que suscite le nom seul de cette société célèbre, ont retenti assez haut, durant notre enfance et notre jeunesse, pour qu'on nous ait initiés à l'existence de préventions ridicules et de haines odieuses. Qui de nous ignore que l'erreur ne hait rien tant que la vérité ? qu'il n'y a pas d'alliance entre ce qui est mal et ce qui est bien ! Du jour où les mépris des hommes gorgés d'or et de luxe, et qui se repaissent de délices coupables, cesseraient de s'adresser à des hommes qui ont fait vœu de pauvreté et d'obéissance, nous dirions que la logique est une science fausse et conjecturale. La compagnie de Jésus s'est rangée autour du camp catholique; comme les Machabées, elle environne le temple, elle sert de muraille au peuple d'Israël. Quiconque veut détruire la papauté et la religion a d'abord à combattre cette milice intelligente et dévouée, dont le foyer principal est à Rome, et dont les rayons se prolongent sur tous les points de la terre. Tant qu'elle est debout, quelque chose dit aux ennemis de la foi qu'ils ne sont pas sûrs de vaincre : tant qu'elle combat, les chrétiens restent tranquilles au second et au troisième rang. A coup sûr, elle n'est point indispensable à l'Église, qui a les promesses de Jésus-Christ et ne périra jamais ; mais elle rend à l'Église des services signalés par de continuelles victoires, mais partout où elle subsiste elle entretient l'ardeur de la foi, l'esprit de dévouement et la résignation au sacrifice. Qu'on ne s'étonne donc pas si la vaste chapelle de la rue de Sèvres, qui porte le nom de *Jésus*, est remplie d'une foule d'élite, toujours agenouillée au pied de l'autel, toujours prête à se relever plus forte pour contribuer à la gloire de Dieu et à l'honneur de Marie.

« Longs et sombres corridors du *Jésus!* écrivait à Rome le plus éminent de nos écrivains catholiques, dignes ministres du Seigneur qui les parcourez, occupés de pieuses pensées et de projets de sacrifices! Maison bénie, d'où s'élèvent comme d'un encensoir toujours brûlant, des prières qui n'implorent que le travail et le martyre. O combien je vous aime! Vous n'êtes pas seuls, grâce à Dieu, ni dans Rome, ni dans le monde ; mais pour la première fois vous m'avez montré la pauvreté sainte et joyeuse, l'humilité couronnée de la seule véritable gloire, les promesses de la foi plus puissantes sur le cœur de l'homme que toutes les réalités de la vie ; et je n'ai bien compris jusqu'où le Seigneur a eu pitié du monde qu'après vous avoir connus (1). »

Lorsque l'on entre à Paris dans l'église du Jésus, on est frappé de la hardiesse et de la simplicité du

(1) Louis Veuillot, *Rome et Lorette*.

monument. Cette fois encore les jésuites ont renoncé aux façades pyramidales en bas-relief de deux ou trois ordres, qu'ils introduisirent en France et que l'on rencontre à chaque pas dans Paris. Aujourd'hui ils s'attachent à reproduire les formes monumentales du treizième siècle et à leur donner à la fois un caractère tout particulier de légèreté et de force. Leurs chapelles de Paris, de Nantes, de Poitiers, construites par deux religieux de l'ordre, les pères Martin et Tournesac, sont des types très-remarquables de cette pensée architectonique. Ce qui frappe dès l'abord dans ces édifices, c'est un dessin noble et riche, une grande majesté et une parfaite harmonie. La chapelle de la rue de Sèvres se compose d'une nef avec chapelles formant quatre travées, et d'un sanctuaire qui en comprend sept, dont trois dans l'abside. Un triforium simulé, de belles croisées géminées avec roses à six lobes, des vitraux à sujets d'ornements sans figures, des voûtes hardiment dessinées, tels sont les détails qu'elle présente. « Tout ici, suivant l'expression de M. Félix Benoît, annonce la main du Maître (1). »

Ne venons pas seulement en curieux et en artistes contempler ce magnifique édifice que l'on complète aujourd'hui par des travaux de détails : souvenons-nous qu'il est consacré au fils de Dieu, et méditons, devant l'autel, sur les miséricordes ineffables de Dieu dans le sacrement de l'Eucharistie.

(1) *Paris dans sa splendeur*, p. 117.

MÉDITATION.

Dans l'adorable sacrement de l'Eucharistie, Jésus-Christ semble nous dire, avec les livres saints : « Mes délices sont d'être avec les enfants des hommes ; *Deliciæ meæ esse cum filiis hominum* (imit. 8). » Quand donc, à notre tour, mettrons-nous notre bonheur à nous trouver avec Jésus, à causer avec lui *comme un ami avec son ami* (imit.)? Pourquoi fuyons-nous ces entretiens auxquels Dieu lui-même nous convie! Quelques instants, quelques heures au pied de l'autel, en présence de Jésus, fatiguent notre intelligence et notre cœur ; on dirait qu'après avoir visité un moment les sanctuaires où réside Jésus, nous avons fait un sacrifice, que nous venons de remplir un devoir difficile. O démence de nos affections ! Pendant que les anges, les séraphins et les vertus d'en haut ; tandis que les martyrs, les confesseurs et les saints, trouvent dans la compagnie de Jésus une douceur sans égale, et ne peuvent se rassasier de sa présence, nous qui avons tant à craindre de l'enfer et des hommes, nous qui sans Jésus ne pouvons ni résister à nos ennemis, ni conquérir aucun titre à l'éternité bienheureuse, nous ne nous décidons que de loin en loin et à de rares intervalles à venir adorer Dieu dans l'Eucharistie, nous mettons notre joie à de vains passe-temps, à des affections périssables, à des jouissances de vanité, trop souvent même à des plaisirs coupables, et c'est sans toucher notre cœur que Jésus nous aime et se donne à nous! « *Fili, præbe cor tuum mihi*: mon fils, donne-moi ton cœur (prov. 23), » nous dit Jésus dans les livres saints, et nous disputons notre cœur à l'amour de Jésus pour le donner, plus ou moins, selon le degré de notre faiblesse, aux amitiés humaines et corruptrices. Nous cherchons, au hasard, le bonheur, la félicité, la richesse, les affections, tout ce qui semble devoir nous rendre heureux, et nous oublions Jésus qui est la source de tout bonheur, le foyer du véritable amour, l'ami dont les promesses ne trompent jamais. N'entendons-nous pas saint Augustin qui nous crie : « Où allez-vous, infortunés ! le bien que vous cherchez vient de lui seul. » Ne savons-nous pas que le Saint-Esprit parlant par la bouche du roi-prophète a dit : « Ceux qui s'éloignent du Seigneur, périront : *qui elongant se à te peribunt* (psal. 72). « Est-il donc impossible à la nature humaine déchue et faible d'aimer Jésus, puisque des anathèmes sont formulés dans les saintes Écritures contre ceux qui ne rendent point à Dieu l'amour qui lui est dû ? Réfléchissons sur cette étrange contradiction entre notre foi et notre cœur, et humilions-nous aux pieds de Jésus.

Qui d'entre nous, si Jésus ne le commandait expressément, oserait s'approcher de ce Dieu, infiniment saint, qui a les paroles de la vie éternelle? Qui d'entre nous sera assez insensé pour se perdre en marchant dans les sentiers qui ne conduisent pas à Jésus? Il semble que poser ces questions si simples, c'est appeler de tous les hommes cette unique réponse : « Non, je ne serai pas de ceux qui cherchent un autre consolateur que Jésus? » Eh bien, pour la honte du genre humain, pour la condamnation des multitudes ingrates et oublieuses, c'est le plus grand nombre, c'est l'immense majorité des hommes qui abandonnent Jésus et se rallient aux étendards de son ennemi! N'allons pas bien loin chercher ces insensés et ces coupables; nous avons été avec eux chaque fois que par le péché, qui fait perdre la grâce, nous avons fermé notre cœur à Jésus; nous sommes avec eux, nous avons le malheur d'être leur complice et de *contrister l'Esprit-Saint*, tant que, différant de revenir à Jésus et de purifier nos âmes par le sacrement de pénitence, nous persévérons dans le péché. N'ouvrirons-nous jamais les yeux sur notre misère? Résisterons-nous à lutter contre l'amour de Jésus? Ne payerons-nous que par les mépris cet amour inconcevable qu'il nous témoigne dans l'Eucharistie? Humilions-nous profondément aux pieds de Jésus; confessons notre aveuglement et nos ingratitudes; détestons nos péchés dans toute l'amertume de notre âme; prenons la résolution de changer de vie et de rendre à Jésus, en échange de son amour, tout l'amour que notre cœur est capable de concevoir et de ressentir. O divin Jésus, désormais nous voulons vous aimer; aidez-nous, daignez nous donner votre grâce.

N'est-ce donc rien que les trésors immenses de bénédiction et de charité que renferme le sacrement adorable? Est-il donc si difficile d'aimer Jésus? Pour reconnaître dignement les bienfaits d'un ami dévoué et fidèle, pour plaire à un grand du monde, pour mériter le sourire d'un monarque terrestre, nous bravons avec enthousiasme les souffrances, la mort même, et nous sommes comme ces gladiateurs païens qui mouraient heureux, parce que César daignait considérer leur mort dans une représentation du cirque. Jésus sera-t-il donc le seul à nous aimer sans que nous nous attachions à l'aimer aussi, à nous dévouer pour son service, à rompre tout pacte avec ses ennemis et ses bourreaux? De quel opprobre n'est pas revêtu, à nos yeux, le déserteur qui, au milieu de la bataille, passe avec armes et bagages dans les rangs du parti contraire? Eh bien, la vie humaine est un combat durant lequel, à chaque instant, nous, qui portons le nom de chrétiens, et qui sommes rangés sous les bannières du Christ, nous abandonnons notre maître pour aller servir le monde qui le hait et voudrait le détruire. Quelle horreur ne nous inspirerait pas un fils qui, au lieu de demeurer fidèle et dévoué à son père, s'unirait aux malfaiteurs armés pour le spolier, le déshonorer et le mettre à mort? Nous sommes les enfants de Dieu, les cohéritiers de Jésus, les fils adoptifs de Marie, et nous ne cessons de nous rallier aux démons qui, par la promesse de satisfactions criminelles, nous embauchent à leur suite et font la guerre à notre père, à notre frère, à notre ami. Oh! hâtons-nous, la vie est courte, le temps est incertain, les jours de miséricorde passeront : renonçons au péché et au monde ; éloignons-nous avec tremblement de ce qui peut perdre éternellement notre âme. Est-il donc si difficile d'aimer Jésus qui nous aime tant, et ne pourrons-nous jamais nous écrier, avec saint Philippe de Néri, en présence de Jésus-Christ caché dans l'Eucharistie : « Voici mon amour, voici l'objet de tous les désirs de mon cœur ! »

PRIÈRE

AU SAINT SACREMENT.

Adoremus in æternum sanctissimum Sacramentum.
Laudate Dominum, omnes gentes, laudate eum, omnes populi.
Adoremus, etc.
Quoniam confirmata est super nos misericordia ejus, et veritas Domini manet in æternum.
Adoremus, etc.
Gloria Patri, etc.
Adoremus, etc.
Sicut erat in principio, etc.
Adoremus, etc.

XXIVᵉ PÈLERINAGE

SAINT-DENIS DU SAINT-SACREMENT

Sous le règne de Louis XIV, vers l'an 1674, des religieuses, connues sous le nom de *Filles de l'adoration du Saint-Sacrement,* vinrent de Toul à Paris, à cause des guerres, et fondèrent un couvent, d'abord rue Cassette, bientôt après rue des Jeûneurs, et enfin, près de la porte Richelieu. La duchesse d'Aiguillon fut leur protectrice. Elle céda au cardinal de Bouillon la terre et la châtellerie de Pontoise, et obtint en échange l'hôtel de Turenne dont elle fit don, en 1684, aux Filles du Saint-Sacrement qui s'y établirent le 16 septembre de la même année. Ce couvent fut supprimé durant la révolution, mais, lorsque les jours d'orage eurent fait place à des temps meilleurs, on songea à élever, sur l'emplacement de l'ancien hôtel de Turenne, une église destinée à servir de paroisse à la rue Saint-Louis et aux rues voisines. Sur ce même terrain où, dans le cours du dix-septième siècle, les calvinistes protégés par la maison de Bouillon avaient tenu l'un de leurs prêches et nié la présence de

Notre-Seigneur dans l'Eucharistie, on construisit, de 1826 à 1835, une église qui fut dédiée sous le vocable de Saint-Denis du Saint-Sacrement. Elle est l'une des succursales de la paroisse de Saint-Merry. Élégante, simple, bâtie sur un plan régulier, elle ne saurait passer pour l'un des beaux monuments de Paris : la façade est décorée de colonnes, elle a trois nefs, et l'autel est placé sous une voûte au fond de la nef principale. On remarque à l'intérieur des peintures de MM. Abel de Pujol, Picot, Court, Decaisne, et une *Vierge de douleur* d'Eugène Delacroix. On nous pardonnera de ne pas décrire plus au long cet édifice où les chrétiens affluent bien plus que les touristes.

Certes, ce n'est pas sans émotion que l'on doit entrer dans une église dont le nom rappelle les hommages rendus pendant plus d'un siècle au Fils de Dieu, présent dans les sacrés tabernacles : de pieuses recluses, de chastes vierges, qui étaient demeurées exemptes des souillures du monde, et dont l'innocence plaisait à Dieu, venaient là, nuit et jour, la corde au cou, un cierge à la main, se prosterner devant la divine hostie et faire amende honorable des outrages et autres profanations qui se commettaient contre l'auguste mystère de l'Eucharistie. Leurs prières apaisaient la justice de Dieu ; elles s'élevaient vers le ciel pour retomber en rosée de pardon et de miséricorde sur les générations oublieuses de leurs devoirs. Dieu seul connaît ce qui revient à l'homme de grâces et de dons célestes de ces offrandes mystérieuses, de ces supplications incessantes qui émanent des cloîtres et s'adressent au Tout-Puissant pour désarmer sa colère.

Pour nous, émus du plus humble respect, entrons à notre tour dans l'église de Saint-Denis du Saint-Sacrement, et, le cœur plein des souvenirs du passé, méditons sur les ineffables merveilles d'amour que Jésus-Christ nous prodigue dans le sacrement de l'Eucharistie.

MÉDITATION.

Jésus-Christ, l'agneau de Dieu, l'agneau dominateur, qui est le roi du ciel et de la terre, est vraiment, dans le sacrement adorable de nos autels, la source de la vie et le vainqueur éternel de la mort. Écoutons ses paroles : « Je suis, dit-il, le pain vivant. » Ailleurs il a dit : « Je suis la voie, la vérité et la *vie!* » Jésus-Christ est la vie, dans la signification la plus complète de ce mot. Comme Dieu Créateur, il est l'auteur de la vie; comme Dieu Tout-Puissant et éternel, lui le Verbe incréé, dont la volonté a fait toute chose, il est le principe nécessaire de la vie; il a donné la vie au corps; il donne la vie à l'âme. En dehors de lui et contre lui, il n'y a que la mort. Jésus-Christ, seconde personne de la très-sainte Trinité, est de sa nature et de son essence la vie et le principe de la vie. En nous, il est la vie de la grâce, la vie de l'âme; par lui, en vertu de ses promesses, et si nous observons ses commandements, nos corps ressusciteront pour la vie éternelle. Nous ne pouvons rien sans lui; par lui nous pouvons tout. N'a-t-il pas dit à ses disciples: « Je suis le cep de la vigne et vous en êtes les branches. Celui qui demeure en moi et en qui je demeure porte beaucoup de fruit, car vous ne pouvez rien faire sans moi. » Porter des fruits, c'est vivre; n'en porter aucun, c'est être mort. Voulons-nous vivre, soyons unis à Jésus. Et comment, après nous avoir donné la vie naturelle, la vie organique, dont chaque homme est en possession, tant que son âme demeure unie à son corps, comment, disons-nous, Jésus nous donnera-t-il cette autre vie qui est la vraie, sans laquelle il n'y a que désolation et angoisses mortelles, et que nous définirons l'union de l'homme à Dieu? Jésus nous la donnera par la grâce; l'aurons-nous perdue, il nous la rendra par l'application des mérites infinis de son sang dans le sacrement de pénitence; mais surtout il nous la conférera par la nourriture eucharistique. Il est le *pain vivant*. Celui qui mange de ce pain, avec les dispositions requises, et non comme en mangea le traître, celui-là, dit Jésus, *ne mourra point*, mais il vivra. C'est Jésus lui-même qui l'atteste et il a les paroles de la vie éternelle. Cherchons Jésus, et en lui nous trouverons la vie. *Qui me invenerit, inveniet vitam* (Prov. 18).

Que cherchent les hommes, abandonnés aux entraînements de leur propre nature? Bien rarement ils cherchent Jésus, c'est-à-dire la vie. L'ambitieux poursuit l'accomplissement de ses projets de puissance et de gloire; l'avare travaille à amasser d'immenses richesses; le débauché rêve la satisfaction des sens; l'envieux s'efforce d'abaisser le mérite de ses rivaux et de détruire la réputation des autres. Voilà ce que convoitent avec tant d'avidité les pécheurs et les esclaves du monde, et la réalisation de leurs vœux et de leurs efforts, c'est après tout, la victoire de l'enfer, le triomphe des ennemis du Dieu vivant. Oh! que de temps perdu à chercher la mort ou les occasions de la mort, et comment le besoin de vivre nous rapproche-t-il pas sans cesse de Jésus-Christ! Jetez les yeux sur le monde. Regardez, non avec les yeux du corps, mais avec ceux de la foi, ce qui se passe autour de vous dans cette atmosphère de plaisirs, d'agitations et de scandales. Vous serez spectateurs de cette scène étrange que les légendaires du moyen âge appelaient la danse des morts. Ces femmes follement parées pour le bal, ces hommes livrés à l'orgueil ou au vice, ces courtisans, chamarrés de dorures et de rubans et qui vivent de flatteries, de mensonges et d'injustices; ces jeunes gens adonnés aux désordres les plus honteux; ces multitudes qui vivent de lucre, de spoliations et d'usure, tout cela est la tourbe des morts. Regardez, au contraire, dans les sentiers de

Jésus-Christ; voyez ceux qui, pour suivre l'agneau, ont renoncé aux pompes de Satan et aux joies impures, ceux qui ont embrassé la pauvreté, l'humilité, la vérité et la justice, ceux qui trouvent leur bonheur dans la compagnie de Jésus, ceux-là vivent, ceux-là ne mourront point, pourvu qu'ils persévèrent, et Jésus est la cause de leur vie.

Le monde ne comprend pas ces vérités; il continue, depuis des siècles, à considérer comme une folie la doctrine du renoncement à soi-même et de la croix; le monde affirme que Dieu a créé l'homme pour être heureux, ce qui est vrai, et se méprenant ensuite sur la portée et le sens de ce mot bonheur, il ne trouve digne d'envie que ceux qui, exempts d'afflictions ou de peines, librement adonnés au plaisir, investis de la redoutable félicité du mauvais riche, passent de jouissances en jouissances et oublient l'âme pour le corps, l'éternité pour le temps. Pour le monde, la vie est seulement dans la joie grossière des sens. Parlez aux hommes du siècle de souffrances, de larmes, de privations, ils vous répondent tantôt brutalement, tantôt avec pitié : « Ce n'est pas vivre ! » Les serviteurs de Jésus-Christ comprennent la vie aujourd'hui; ils s'efforcent de marcher dans les chemins où Jésus les a précédés; ils ne confondent pas la courte épreuve qu'on appelle la vie humaine avec cette vie qui ne finira jamais et qui les récompensera au delà de toute espérance de ce qu'ils auront souffert dans le pèlerinage terrestre. A leur tour, lorsqu'on étale sous leurs yeux le spectacle des sensualités et des désordres du monde, lorsqu'on parle devant eux des joies trompeuses de la vanité et des passions, ils disent : « Ce n'est pas vivre, c'est mourir, que de s'abandonner à l'ennemi de Dieu et à ses pompes. » Les chrétiens fervents et fidèles comprennent que la vie est en Jésus et en lui seul, qu'elle n'émane que de lui, et que partout où il est, là aussi est la vie, partout où il n'est pas, règne la mort. Est-ce vivre que marcher au dernier supplice, que se débattre dans le désespoir de l'agonie? N'est-ce pas du moins s'approcher de la mort et la recevoir, en quelque sorte, d'avance? Ceux qui perdent leur âme par le péché ne vivent pas. Ils se meuvent encore; ils ont encore cette existence matérielle de l'homme qui respire et dont le corps n'a point été privé de la vie organique; mais devant Dieu, ce ne sont que des cadavres ambulants; leur âme est morte à la vie divine, et si la mort matérielle surprenait ces malheureux en ces heures que Dieu leur laisse encore, ils périraient dans l'impénitence, dans l'oubli de Dieu, au service de Satan, et on reconnaîtrait bien que nous n'exagérons pas en disant que dès aujourd'hui ils sont vraiment morts. Puissent-ils ne pas se faire illusion sur leur état. Puissions-nous, misérables pécheurs que nous sommes, user saintement des jours ou des heures que Dieu nous donne encore, dans sa miséricorde, pour que nous revenions à lui, pour que nous recommencions à vivre. Hélas! si nous sommes assez aveugles pour ne pas discerner la vie de la mort, n'en soyons pas surpris, c'est le sentiment de notre peu de foi. Demandons avec ardeur à Jésus qu'il dissipe les ténèbres de notre âme, qu'il augmente en nous la foi, que nous cessions d'être aveugles sur nos péchés, sur nos devoirs, sur les dangers qui nous environnent, sur le néant des choses humaines, sur l'importance du salut; demandons-lui qu'il nous fasse vivre, qu'il réveille du sommeil de la tombe ces Lazares impénitents que la mort a déjà surpris, qui commencent à être la proie des vers. Puisse-t-il nous dire, comme à Lazare : « Sortez du sépulcre ! » ou comme au paralytique : « Lève-toi et marche ! » N'a-t-il pas dit à Marthe : « Je suis la résurrection et la vie ; celui qui croit en moi, encore qu'il soit mort, vivra. »

O Seigneur, parlez à notre âme; faites-lui bien comprendre que vous êtes la vie, que quiconque croit en vous et observe vos commandements, ne mourra pas. Et vous, pécheurs morts à la grâce, ne fermez pas plus longtemps l'oreille à la voix de Jésus ; considérez l'état horrible dans lequel vous languissez; hâtez-vous d'en sortir et de revenir puiser aux sacrements la source d'une vie nouvelle ; parlez à notre cœur, ô Jésus, et la vie nous sera rendue, et l'Esprit-Saint reprendra possession de notre être, pour y répandre la grâce de la justification et nous rendre cette existence que nous ne tiendrons que de l'application de vos mérites et de la voix intérieure de votre grâce : nous vous le demandons très-humblement et avec confiance, ô Jésus, qui êtes seul la voie, la vérité et la vie !

« Celui qui me mange vivra par moi. » Nous est-il permis de comprendre et de mesurer l'étendue de cette promesse? Jésus, le pain vivant, l'auteur et la source de la vie, nous annonce que quiconque mangera sa chair adorable vivra par lui. N'est-ce donc pas par Jésus que vivent les multitudes qu'il appelle à lui et qui ne répondent pas à sa voix? De qui ces hommes que nous voyons parler, agir, se mouvoir, tiennent-ils la vie sinon de Jésus? Ce maître adorable a-t-il voulu nous apprendre qu'en dehors de cette vie organique, dont les effets tombent sous les sens, il en est une autre bien préférable, une autre qui, par excellence, a droit à être appelée la vie? Et d'abord, c'est la vie de la grâce, c'est la vie des amis de Dieu. Les pécheurs qui, sur la terre, mangent, boivent, dorment, se livrent à leurs plaisirs, soignent leurs intérêts, croient être réellement doués de la vie. Aux yeux des hommes, en effet, ils sont vivants ; aux yeux de Dieu, ils sont morts. État déplorable et funeste ! Vivre loin de Dieu, dans la haine de Dieu, sous l'empire du démon, ce n'est pas vivre, c'est être mort, c'est être privé de cette vie heureuse qui nous est donnée par Jésus, et qu'on ne peut tenir que de lui seul. Jésus est la vie, le péché est la mort. Dieu qui voit nos âmes et qui a horreur du péché, Dieu est témoin de l'affreux spectacle qu'offre une âme morte à la grâce. Que si nous rencontrons en chemin un squelette décharné, que si nos regards se portent sur un cadavre en décomposition, nous nous détournons avec dégoût, nous ne pouvons supporter la vue de ces objets hideux. Qu'est-ce donc cependant que cet aspect comparé à celui que nous offrirait l'âme des pécheurs si nous pouvions la considérer? De grands saints à qui Dieu a permis d'avoir la vision de leurs âmes ont été effrayés, épouvantés des infirmités et des souillures dont elles étaient atteintes, malgré leur sainteté; en voyant sur ces âmes la trace des blessures faites par le péché véniel qui n'ôte pas la vie, ils n'ont pu se défendre d'une consternation profonde. Que n'auraient-ils pas pensé, de quelle douleur incompréhensible n'auraient-ils pas été saisis s'ils avaient vu leur âme atteinte du péché mortel? Et pourtant cette mort de l'âme, ceux qui s'éloignent de Jésus la trouvent au bout du chemin. Si nous ne mangeons pas son corps infiniment saint, notre mort est certaine; c'est lui qui nous l'annonce et l'Église le croit sur son témoignage. Placés entre cette double alternative de vivre et de mourir, que ferons-nous? hésiterons-nous à aller vers Jésus, à nous asseoir à cette table où l'on reçoit la vie en même temps que la chair infiniment adorable du Fils de Dieu fait homme? Il faudrait être insensés pour agir autrement, et cependant cet aveuglement, cette folie, sont le partage de la plupart des hommes. Pauvres pécheurs, atteints de démence, nous aimons la vie et nous la fuyons ; la seule idée de la mort nous terrifie et nous nous complaisons dans la mort de l'âme qui est mille fois plus à craindre que la mort naturelle à laquelle sont soumis tous les enfants d'Adam, en expiation du péché du premier homme. Non, il n'y a pas de langage pour signaler cette déraison, et cependant c'est la nôtre. Et nous qui appelons nos frères à la vie de la grâce, à cette vie ineffable qu'on trouve dans le saint sacrement de l'autel, de quel droit, misérables pécheurs que nous sommes, espérons-nous être entendus et obéis, alors que Jésus lui-même parle à ces hommes et n'est point écouté?

Méditons sans cesse les paroles de Notre-Seigneur, lorsqu'il nous dit : « Si vous ne mangez ma chair et si vous ne buvez mon sang, vous n'aurez point la vie en vous-mêmes. » Et quand il ajoute, tant il semble craindre de n'être point assez compris des hommes : « Comme mon père vivant m'a envoyé, et que je tiens la vie de lui, de même celui qui me mange vivra par moi. » La vie que Jésus-Christ a reçue du Père éternel, c'est la vie qu'il veut nous communiquer dans l'Eucharistie ; jugeons de l'excellence de cette vie par les toutes-puissantes perfections de l'être de qui elle émane. Cette vie qui est donnée à l'homme dans le saint sacrement de l'autel, c'est d'abord, ainsi que nous le disions tout à l'heure la vie de la grâce, sans laquelle nous sommes réellement morts aux yeux de Dieu ; mais ce n'est pas là la seule vie que nous soyons appelés à recevoir en communiant avec les dispositions requises. Le baptême, la pénitence, nous confèrent et nous rendent cette vie des enfants de Dieu. Dans l'Eucharistie, qui développe et augmente en nous la vie de la grâce, l'homme trouve encore, osons le dire, une participation à la vie divine, et il nous est permis d'appliquer, dans un sens vrai, au banquet adorable cette parole que l'ennemi du genre humain fit entendre à nos premiers pères, dans un sens trompeur, lorsqu'il dit que ceux qui mangeront du fruit de l'Eden « seront comme des dieux. » Le démon cherchait à égarer l'homme dans la désobéissance et dans la révolte ; lui montrant l'arbre de la science du bien et du mal, il l'invitait à se nourrir d'un aliment interdit par Dieu lui-même, et, pour l'encourager au crime, il lui promettait la vie divine. Le démon est le père du mensonge, et, pour avoir suivi ses conseils, l'homme est tombé. Le réparateur, le Sauveur, le Verbe incarné est descendu en ce monde pour terrasser le démon et racheter l'humanité tout entière ; il est venu vaincre la mort et donner la vie : il a entrepris de communiquer à l'homme, par l'Eucharistie, la vie que Dieu le Père lui avait donnée, à lui qui de toute éternité règne avec lui et avec le Saint-Esprit dans une incomparable unité. En vertu de l'union que nous contractons avec Jésus dans le mystère eucharistique, il est notre chef, nous devenons ses membres, et nous vivons de sa propre vie. Voyons ce qui se passe dans l'ordre des faits de la vie naturelle. Quand le corps reçoit une nourriture bien choisie, bien appropriée à ses besoins, il se fortifie, il prospère; quand il ne reçoit que des aliments mauvais ou malsains, il languit et dépérit. Il en est de même de l'âme. Jésus-Christ est sa nourriture par excellence. Jésus-Christ l'appelle à lui pour la fortifier et la soulager. L'âme s'unit à Jésus et Jésus s'unit à elle dans la sainte communion. Est-il bien difficile de reconnaître que l'âme, par proportion, doit trouver dans l'Eucharistie cette existence qui est plus que la vie de la grâce, nous osons le répéter, mais qui est une participation de la vie divine ? Adorons donc ici le Seigneur Jésus, rendons grâce à sa miséricorde et écrions-nous avec l'Église : « C'est ici le pain qui est descendu du ciel, afin que celui qui en mange ne meure point. »

Les Juifs dirent à Jésus : « Nos pères ont mangé la manne dans le désert ! » Et Jésus leur répondit : « En vérité, en vérité, je vous le dis : Moïse ne vous a point donné le pain du ciel... car le pain de Dieu est celui qui est descendu du ciel, et qui donne la vie au monde. » Et il ajouta : « Je suis le pain de vie ; celui qui vient à moi n'aura point de faim ; et celui qui croit en moi n'aura jamais soif (*Jean*, vi). »

La manne était un pain délicieux que Dieu faisait pleuvoir pour la nourriture de son peuple; le pain eucharistique, aliment bien autrement miraculeux, entretient la vie de l'âme. Les Israélites mangèrent la manne dans le désert, et cependant ils moururent; celui qui jusqu'à la fin de sa vie mortelle prend place au banquet eucharistique et reçoit humblement et dévotement le corps du Sauveur, celui-là, d'après la promesse de Jésus, ne mourra pas. Reconnaissons à ces caractères ce qu'il faut penser de la communion, avec quelle ardeur nous devons aspirer à nous approcher de la sainte table. Jésus est vraiment le pain descendu du ciel, le pain qui donne la vie; *il a les paroles de la vie éternelle*, et nous n'avons pas à invoquer d'autre témoignage que le sien. « Le Fils de Dieu, dit saint Thomas, reçoit la vie de son père, parce qu'il est un avec son Père. Donc celui qui est uni à Jésus-Christ par la communion reçoit la vie de Jésus-Christ. »

Le prophète Élie fuyant la persécution et la mort mangea d'un pain qui lui fut porté de la part de Dieu, puis, fortifié par cette nourriture, il marcha pendant quarante jours et échappa à ses ennemis. Ce pain mystérieux qui communiqua une si grande force au prophète est l'image du pain adorable que nous recevons à la sainte table. Mangeons, puisque Jésus nous y convie lui-même, la chair vivante du Fils de Dieu, réellement présent sous les espèces eucharistiques, et mille fois plus forts que le prophète, et soutenus par un aliment incomparablement plus saint, nous aurons la force de poursuivre ici-bas notre pèlerinage et de nous dérober aux atteintes du démon. Plus en danger qu'Élie, nous avons encouru la haine non d'un homme faible, non d'une reine cruelle, mais de l'enfer et des puissances du mal. La tentation nous environne ; nous sommes entourés de périls sans cesse renaissants ; de toutes parts le péché nous sollicite ; le monde nous convie à ses festins impurs, il nous appelle à ses joies coupables, et nous nous sentons faibles dans les sentiers de Jésus-Christ, faibles sous le joug du Seigneur, ce joug si doux d'ailleurs et que nous ne savons pas accepter. Qui nous donnera la force de triompher de nos ennemis et de nous-mêmes. Comment nous soutiendrons-nous dans le combat? Jésus nous l'enseigne : « Venez à moi, dit-il, vous qui travaillez et qui êtes chargés ; et je vous donnerai une nourriture qui réparera vos forces (*Matth.* xi, 28). » Allons donc à lui puisqu'il nous le commande ; recevons-le puisqu'il se donne à nous ; reconnaissons en lui l'auteur et le soutien de notre vie ; supplions-le de dire en voyant nos infirmités et nos misères ce qu'il dit autrefois des multitudes qui l'avaient suivi à travers les plaines et les collines de la Judée : « J'ai compassion de ce peuple... je ne veux pas renvoyer ces gens qu'ils n'aient mangé, de peur qu'ils ne tombent en défaillance sur le chemin (*Matth.*, xv, 32). » Ne nous a-t-il pas dit par les prophètes : « Mangez, ô mes amis ; buvez, enivrez-vous, mes bien-aimés (*Cant.*, v, 1) ! Vous tous qui avez soif, venez à la source (*Isaïe*, liv. 1) ? » Oh ! rendons-lui grâces de ce que dans cette vallée de larmes où nous errons pauvres, exilés, loin de notre patrie, il a daigné nous laisser un si puissant secours, une si ravissante consolation ; mangeons de ce pain vivant qui nous rend participant de la divinité, dont la plénitude est en lui ; rassasions-nous de cette chair adorable qui nous transforme en Jésus-Christ lui-même. Le banquet eucharistique est la consommation de l'amour. Voulons-nous n'avoir jamais faim, jamais soif, allons à Jésus qui se donne à nous, qui non-seulement nous convie à sa table, mais qui joint la menace aux promesses lorsqu'il s'écrie : « Si vous ne mangez la chair du Fils de l'homme, et si vous ne buvez son sang, vous n'aurez point la vie en vous (*Jean*, vi, 54). »

PRIÈRE DE L'ÉGLISE

Panis angelicus fit panis hominum.
Dat panis cœlicus figuris terminum ;
O res mirabilis ! manducat Dominum
    Pauper, servus et humilis.
  Te, Trina Deitas unaque, poscimus,
Sic nos tu visita, sicut te colimus,
Per tuas semitas duc nos quo tendimus,
    Ad lucem quam inhabitas. Amen.

XXVᵉ PELERINAGE

L'ASSOMPTION

Au témoignage de plusieurs chroniques, sainte Geneviève fonda le monastère *des Haudriettes* : d'autres se bornent à faire remonter l'origine de cette institution au règne de saint Louis. Le premier acte dans lequel il en soit fait mention est une charte de Philippe le Bel, donnée à Milly, au mois d'avril 1306, par laquelle ce prince permet à Étienne Haudry de bâtir une chapelle sur le terrain qu'il possédait à la Grève, *tenant d'un long à l'hôpital des pauvres qu'il avait fondé.* On n'est point d'accord sur le rang social qu'occupait Étienne Haudry dont la famille, selon Dubreuil, *était jadis grande et célèbre.* Sauval n'est guère plus explicite : « J'ai vu des chartes, dit-il, où tantôt il prend la qualité de bourgeois, tantôt celle d'échevin de Paris, tantôt les deux ensemble ; tantôt celle des panetiers du roi et tantôt de secrétaire de saint Louis. Et quoique je n'aie manié aucun titre de ceux où il soit qualifié de secrétaire ou officier de saint Louis, ce sont pourtant les seules qualifications qui lui soient données tant par le peuple que par les Haudriettes. » Une tradition, au moins suspecte, selon M. de Gaulle, et que nous citons après lui, rapporte qu'Étienne Haudry, de retour de la première croisade de saint Louis était parti pour le pèlerinage de saint Jacques de Compostelle ; ayant été longtemps sans donner de ses nouvelles, Jeanne la Dalome, sa femme qui le crut mort, fit un hôpital de sa maison. Elle s'y renferma avec quelques femmes, et Haudry augmenta plus tard cette fondation. Enfin d'autres prétendent qu'il fit bâtir cet hôpital à son retour de Palestine, *en reconnaissance des soins que plusieurs dames veuves avoient eu de sa femme en son absence.* Il y a là une question d'érudition assez secondaire, que nous ne chercherons pas davantage à éclaircir.

Les femmes qui desservaient cet hôpital embrassèrent plus tard une règle religieuse, et le peuple les désigna sous le nom d'Haudriettes. L'établissement fondé par Étienne Haudry était situé à l'angle de la rue de la Mortellerie et d'une autre rue également appelée rue des Haudriettes. Ce sont là de vieux noms qui disparaissent l'un après l'autre sous le marteau des démolisseurs, et que nous ne regretterons pas beaucoup, parce que le soleil et la vie pénètrent enfin dans les quartiers sombres et humides dont se composait trop souvent le Paris du moyen âge. Les Haudriettes étaient donc religieuses, lorsqu'en 1622, le cardinal de la Rochefoucauld, grand aumônier de France, les transféra dans une maison fondée à l'angle de la rue Saint-Honoré et de la rue Neuve-de-Luxembourg : bientôt après il supprima cette congrégation hospitalière et fit servir l'établissement de la rue Saint-Honoré à une institution nouvelle qu'il fonda sous le nom de couvent des religieuses de l'Assomption, et à laquelle il donna la règle de Saint-Augustin. Cette transformation des Haudriettes en religieuses Augustines ne s'accomplit pas, à ce qu'il paraît, sans une certaine résistance dont il fallut venir à bout à l'aide de mesures coercitives.

Le 4 septembre 1622, il fut enjoint à Berger, conseiller au parlement, et à Hinselin, correcteur en la chambre des comptes, de faire sans retard conduire les Haudriettes à l'Assomption. Le 6, par les soins de ces deux officiers de justice, quinze Haudriettes furent enlevées de leur couvent et transportées dans celui de la rue Saint-Honoré. « Le 20 novembre suivant, dit Sauval, une sentence du cardinal de la Rochefoucauld autorisa cette translation, supprima l'hôpital d'Étienne Haudry, et en attribua les revenus au couvent de l'Assomption. Le pape Grégoire XV et le roi approuvèrent la suppression de cet hôpital et la mutation des Haudriettes; mais celles de ces religieuses qui n'avaient pas voulu être transférées au couvent de l'Assomption, avec leurs corecluses, formèrent un pourvoi au grand conseil et firent opposition à l'enregistrement des bulles du pape et des lettres patentes du roi. Un arrêt du

13 décembre 1624 intervint, qui ordonna que ces filles seraient réintégrées dans leur hôpital et seraient rétablies en tous leurs biens et revenus. Le cardinal de la Rochefoucaud eut le crédit de faire évoquer l'affaire au conseil privé, lequel fit défense aux Haudriettes de se prévaloir du jugement qu'elles avaient obtenu, et cassa, le 11 juillet 1625, l'arrêt du 13 décembre 1624. A peine le cardinal fut-il mort, que les Haudriettes firent intervenir Adam Haudry, l'un des descendants de leur fondateur, et adressèrent requête au parlement, le 16 juin 1645 : « Suppliant la cour d'empêcher que la mémoire et « les monuments de la charité de leur fondateur fus- « sent abolis, et de vouloir bien rétablir dans son « hôpital les veuves qu'il y avait fondées. » En 1649, elles firent intervenir le cardinal Alphonse du Plessis grand aumônier de France, et elles obtinrent, le 9 août 1651, un arrêt condamnant les filles de l'Assomption à rapporter les titres et papiers qui leur constituaient les biens et revenus de l'hôpital des Haudriettes. Les religieuses de l'Assomption formèrent pourvoi par requête civile et obtinrent des lettres patentes du roi qui portaient approbation de leur conduite, et autorisaient les actes du feu cardinal de la Rochefoucauld. Survint un arrêt du 11 décembre qui appointa les parties. Enfin, le 15 juin 1659, les administrateurs de l'hôpital général, étant intervenus au procès, démontrèrent que le roi leur avait accordé, par lettres du mois de décem-

bre 1657, toutes les maisons, revenus, hôpitaux, et tous les autres biens des pauvres de la prévôté de Paris, soit usurpés, délaissés, ou détournés pour un usage autre que pour celui destiné par leur fondateur. Les administrateurs de l'hôpital général durent céder devant le crédit des filles de l'Assomption et ils se laissèrent débouter de leur demande.

En 1670, les filles de l'Assomption firent commencer la construction d'une église, sur les dessins de Charles Érard, ancien directeur de l'Académie royale de peinture. Cet édifice fut achevé en 1676, et le mardi 14 août de la même année, l'archevêque de Bourges y dit la première messe et y officia pontificalement le lendemain jour de l'Assomption.

L'église de l'Assomption est de forme ronde; elle consiste en un dôme décoré de quatre arcs, entre lesquels sont des pilastres corinthiens accouplés qui soutiennent un grand entablement. La circonférence de la voûte sphérique, qui surmonte le dôme, est d'environ soixante-cinq mètres dans œuvre. Le comble est terminé par un lanternin soutenu par des consoles. Le portique qui conduit à l'église s'appuie sur huit colonnes corinthiennes, élevées sur huit degrés. Leur profil est assez correct, mais l'entablement et le fronton ne répondent pas aux modules des colonnes, et la corniche n'a pas assez de saillie. On reproche justement à cette église d'être, à l'intérieur, beaucoup trop élevée pour son diamètre.

L'effet résultant de ce défaut, qu'exagère encore la nudité du mur donne à l'intérieur du dôme la désagréable apparence d'un puits profond, et nullement la grâce d'une coupole bien proportionnée. Ce qu'il y a de plus remarquable dans la construction, c'est la forêt ou charpente. La voûte est ornée d'un grand morceau de peinture à fresque, représentant *l'Assomption de la Vierge* : cette peinture est de Lafosse. Avant la révolution on remarquait dans cette église plusieurs bons tableaux des meilleurs maîtres du dix-huitième siècle. Parmi les peintures modernes qu'on y a placées, on distingue un tableau de M. Gautherot représentant saint Louis donnant la sépulture aux pestiférés.

En 1790, l'Assemblée constituante supprima ce couvent et toutes les communautés religieuses, dont les biens furent aliénés au profit de la nation. Ce décret fut rendu sur le rapport de M. de la Rochefoucauld, membre de la famille du cardinal qui avait détruit le couvent des Haudriettes et réuni leurs biens à ceux des religieuses de l'Assomption. Durant la tourmente révolutionnaire, l'église de ces religieuses fut transformée en magasin et les archives du couvent furent brûlées. Après le concordat, le premier consul décida que l'église de l'Assomption serait à l'avenir la paroisse du premier arrondissement de Paris, en attendant la construction de l'église de la Madeleine. D'après le décret du 26 janvier 1856, elle doit former une nouvelle paroisse. En attendant, on y célèbre des offices, comme dans une chapelle ouverte au public. C'est dans la chaire de l'Assomption que pour la première fois, à Paris, s'est fait entendre l'illustre père Ventura, dont on déplore aujourd'hui la perte. Les paroles qu'il prononça alors produisirent une vive impression : « Bons habitants de Paris, dit-il, j'espère que vous ne serez pas moins indulgents que les habitants du midi pour l'Italien qui a peut-être le plus aimé la France. J'espère que vous voudrez bien lui pardonner le défaut de forme, grâce à l'importance du sujet. J'espère que me trouvant assez zélé pour votre salut, assez chrétien, assez catholique, vous me trouverez, par cela même, assez français. »

Venons à notre tour prier sous le dôme de cette église, dont le nom rappelle les triomphes de Marie, et méditons dans le silence de notre cœur sur la puissance qui environne dans le ciel la Vierge *clémente*, la Vierge *temple de sagesse*.

PREMIÈRE MÉDITATION.

La femme revendique à juste titre comme un de ses attributs essentiels d'être sensible et compatissante ; la nature la porte à la douceur et à la tendresse, surtout elle dilate son cœur dans l'amour maternel. *Une mère*, dit le prophète, *peut-elle oublier son enfant, et n'avoir point de compassion du fils qu'elle a porté dans ses entrailles?* Isaïe fait ensuite entendre cette autre parole du Seigneur : *Mais quand même elle l'oublierait, pour moi je ne vous oublierai jamais.* Ne nous sera-t-il pas permis, après avoir rendu grâces à Dieu de cette consolante parole, d'en faire, par proportion, application à Marie elle-même et de la placer dans la bouche de cette Mère divine qui jamais, nous en avons la ferme confiance, n'oubliera ses enfants d'adoption ? Marie est mère de Jésus ; elle a pris son divin Fils pour modèle, et parce que Jésus est la clémence suprême, parce qu'il est infiniment miséricordieux, Marie a été rendue dispensatrice de cette clémence sans bornes, elle l'exerce en quelque sorte comme ministre de son Fils, elle en est la distributrice, elle met son bonheur, pour emprunter l'énergique expression des livres saints, à la faire descendre sur les hommes *comme une pluie*. Dieu a tellement aimé le monde qu'il lui a donné son fils unique ; eh bien, Marie s'est associée, comme Mère, à ce sacrifice inouï et incomparable, elle a consenti à ce que son Fils bien-aimé mourût sur l'arbre de la croix pour le salut du genre humain, elle s'est vraiment montrée notre Mère, elle a vraiment conquis les louanges que lui décerne l'Église dans le chant sacré où il est dit : *O clemens, ô pia, ô dulcis virgo Maria!* Quelle est grande, quelle est merveilleuse la clémence dont Marie a usé envers les hommes! *Et,* dit saint Bernard, *qui pourrait, ô Vierge bénie, mesurer l'étendue, la largeur, la hauteur et la pro-*

fondeur de votre miséricorde! Dans une autre circonstance, le même saint s'écrie : *Qu'il cesse de publier votre miséricorde, celui qui aura souvenance que vous l'avez abandonné lorsqu'il implorait votre secours.* Saint Bonaventure n'hésite pas à proclamer que Marie, cette vierge clémente, désire avec tant d'ardeur nous prouver sa miséricorde, qu'elle se tient pour offensée lorsque nous n'y avons pas recours. *Et d'ailleurs,* dit Richard de Saint-Victor, *sa compatissante pitié devance la prière qu'on lui adresse.* Quelle serait notre ingratitude et notre folie si nous ne placions notre confiance dans cette Mère miséricordieuse, si nous ne lui disions pas dans nos dangers et dans nos épreuves : *Vierge clémente, priez pour nous !*

Nous ne cessons d'offenser Dieu, et notre conscience nous avertit que si le Tout-Puissant *entrait en jugement* avec nous, que s'il usait, non de rigueur mais de justice, nul d'entre nous ne serait trouvé saint et irrépréhensible à ses yeux. Nous avons besoin que sa miséricorde tempère sans cesse sa justice, qu'elle en suspende les coups, et que le temps du repentir nous soit encore accordé. Ne craignons-nous pas de fatiguer cette clémence et de voir se lever sur nous le jour du châtiment? Implorons Marie, supplions-la d'intercéder pour nous Notre-Seigneur et de montrer qu'elle est vraiment notre Mère : nous la trouverons clémente, *Virgo clemens,* et elle fera descendre sur nous la clémence de Dieu et nous obtiendra la grâce d'un sincère repentir.

Saint Bernard appelle Marie l'inventrice de la grâce, et nous savons, à n'en pas douter, que Marie s'emploie comme médiatrice pour obtenir les grâces qui sont nécessaires à notre salut : les saints s'accordent en outre à proclamer qu'aucune faveur de Dieu n'arrive jusqu'à nous que par Marie. C'est donc à bon droit que l'Église l'appelle Vierge clémente, puisqu'elle met sa gloire à être un instrument de miséricorde et de pardon. Ne l'oublions jamais dans nos nécessités, et jusqu'au dernier souffle de notre vie, comptons sur l'assistance de notre Mère.

Que penserions-nous d'un fils ingrat et rebelle qui, objet des constantes sollicitudes de la plus tendre des mères, n'y correspondrait qu'en la contristant et en l'outrageant? Nous aurions horreur de cet être dénaturé, nous nous détournerions de sa route ; nous le considérerions comme un malheureux réservé aux plus justes châtiments. Eh bien, Marie est pour nous, pauvres et coupables pécheurs, la plus aimante des mères; pour nous, ses fils d'adoption, elle a donné son Fils Jésus-Christ, celui qu'elle avait porté neuf mois dans son chaste sein. C'est dire en quelques mots, qu'elle a épuisé la faculté d'être bonne et bienfaitrice, puisque Dieu lui-même ne pouvait nous donner plus qu'il ne l'a fait en nous donnant Jésus. Comment récompensons-nous Marie? Comment lui témoignons-nous notre reconnaissance? Descendons dans le secret de notre conscience et gémissons.

O Dieu de miséricorde et de clémence, Dieu infiniment bon et le plus tendre des pères, Dieu qui avez tant aimé le monde que vous avez daigné livrer à la mort votre propre Fils pour nous racheter, ne permettez pas que nous soyons davantage sourds à la voix de votre mansuétude et que nous répondions toujours à vos bienfaits par l'oubli et l'ingratitude. Si nous ne considérons que nos offenses et vos perfections, que nos péchés et votre justice, nous sommes saisis d'effroi et d'épouvante, et nous n'osons espérer notre pardon. Mais, ô Dieu infiniment saint et juste, vous êtes inébranlable dans vos promesses, et nous nous rassurons en contemplant les plaies sacrées que Jésus, votre Fils bien-aimé, a endurées pour notre salut, et en songeant que Marie, mère de Jésus, associée à sa gloire pour l'éternité tout entière, intercède auprès de vous pour des fils criminels et repentants. Daignez, ô Seigneur, user jusqu'au bout de clémence envers nous, qui vous en supplions par les mérites de Jésus et les prières de Marie.

DEUXIÈME MÉDITATION.

« L'âme du juste est la demeure de la sagesse, » dit l'Écriture sainte (*Sap.* 7), et Notre-Seigneur parlant à tous les hommes, en la personne de ses disciples, leur dit aussi : « Demeurez en moi et moi en vous. » Marie qui, entre toutes les créatures est vraiment juste par excellence ; Marie dans le sein de laquelle a résidé neuf mois Jésus-Christ, le Verbe incarné, la sagesse même ; Marie qui, plus que tout autre, demeure en Dieu et obtient ainsi que Dieu demeure en elle ; Marie est le trône de Dieu, le temple merveilleux de la Sagesse éternelle, les saints lui ont rendu ce témoignage, et l'Église salue en elle le tabernacle vivant de Dieu. Marie est donc celle en qui la sagesse incréée se plaît à faire son séjour ; elle a puisé sa propre sagesse dans la vive source de toute science ; elle nous a montré de qui l'homme, par proportion, tient le don de la sagesse, glorieux attribut du Dieu tout-puissant.

La sagesse humaine consiste à accumuler les biens, les trésors, les honneurs, les jouissances, à l'emporter sur ses rivaux, à arriver à la richesse par de savants calculs, à prévoir les chances du gain, à ne s'inquiéter de rien, sinon de ce qui peut nuire au trafic et à la vente, à tromper la loi et les hommes par tous les moyens possibles, à faire sa fortune, à l'accroître, à la conserver, à parvenir au faîte des positions humaines, à obtenir à tout prix considération et crédit et à éviter avec soin tout ce qui peut nuire au corps, à la propriété, à la célébrité, en un mot à tous les biens périssables. Réfléchissons sur notre conduite et sur nos œuvres, et reconnaissons que nous ne sommes que trop dirigés par cette fausse sagesse.

La vraie sagesse, celle dont Dieu est la source, celle dont Marie est le temple, consiste à songer d'abord à l'éternité et au salut ; à méditer sur cette parole, *qu'il ne nous sert de rien de gagner le monde entier si nous venons à perdre notre âme ;* à songer que les honneurs, les biens, les jouissances de la terre, tout doit finir avec la mort, que nous comparaîtrons devant Dieu pour être jugés selon nos œuvres, pour voir comparer notre vie aux préceptes de l'Évangile, et qu'au moment terrible où il nous faudra dire adieu aux choses de cette vie, nous préférerions avoir souffert pour Jésus-Christ, avoir été humiliés pour l'amour de Dieu, avoir donné en son nom un verre d'eau à un pauvre, à toutes ces jouissances, à tous ces trésors, à tous ces honneurs que nous aurons acquis aux dépens de notre salut éternel et qu'il nous faudra quitter pour entrer dans le tombeau et devenir la proie des vers et des démons.

Pour acquérir la vraie sagesse, pour se dépouiller de la fausse, pour se présenter à Dieu au jour de la justice, riche en œuvres et en vertus, ce n'est point assez de nos efforts et de notre volonté : il faut un aide, un appui, un secours qui nous fasse vaincre. A qui le demander ? l'Église elle-même nous l'enseigne, elle qui appelle Marie : *Temple de sagesse.* Implorons la Mère de Dieu, supplions celle qui tient dans ses mains bénies le trésor des grâces nécessaires à notre salut, et obtenons, à force de confiance, de courage et de prières, d'être délivrés de la fausse sagesse du monde et d'être remplis de la sagesse qui vient du ciel et qui nous permet d'apprécier toute chose à la mesure de la vérité et du salut.

O Dieu qui êtes la sagesse éternelle, la sapience incréée, et qui nous jugerez un jour selon nos œuvres, et non selon les idées et les opinions du monde, nous vous supplions, par les mérites de Jésus-Christ votre Fils, le Verbe incarné, et par l'intercession de Marie, que l'Église nomme *Temple de sagesse*, de nous accorder la sagesse qui fait les pénitents, la sagesse qui fait les saints, la sagesse qui fait mépriser les biens périssables et conquérir les biens célestes.

PRIÈRE DE L'ÉGLISE

Vous avez conservé tout l'éclat de votre virginité, ô Marie;	Inviolata, integra et casta es, Maria;
Qui, en devenant mère, nous avez ouvert l'entrée du ciel.	Quæ es effecta fulgida cœli porta.
O heureuse Mère, la bien-aimée de Jésus-Christ,	O Mater alma, Christi carissima,
Recevez les éloges que la piété donne à vos vertus.	Suscipe pia laudum præconia.
Demandez à Dieu que nos cœurs et nos corps soient purs.	Nostra ut pura pectora sint et corpora,
Nos cœurs s'unissent à nos bouches pour vous adresser cette supplication.	Tu nunc flagitant devota corda et ora.
Et par vos prières toujours agréables à votre Fils,	Tua per precata dulcisona,

Nobis concedas veniam per secula. O benigna! O benigna! O benigna! Quæ sola inviolata permansisti.	Obtenez-nous grâce pour toute l'éternité. O Mère, pleine de bonté, de tendresse, de charité! La seule qui soyez demeurée vierge en devenant mère.

XXVIe PÈLERINAGE

LA CHAPELLE DE L'ORATOIRE

Cette chapelle est située à Paris, rue du Regard, n° 11. Elle a pris le nom d'un édifice bien autrement connu de la population, et qui, autrefois bâti par les soins du cardinal de Bérulle, premier fondateur de la congrégation de l'Oratoire, s'élève encore entre la rue Saint-Honoré et la rue de Rivoli : l'Oratoire du Louvre, comme on l'appelle, a cessé d'être consacré au service du culte catholique; à la suite de la révolution, il a été affecté aux réunions et aux offices des calvinistes; il est à regretter que la ville de Paris n'ait pas été en mesure de faire face aux dépenses qu'exigeait la construction d'un temple protestant. Si elle avait pris à sa charge des frais de cette nature, les catholiques n'auraient pas vu leur dogme outragé et contredit sous les voûtes de l'ancienne église où s'agenouilla tant de fois saint Vincent de Paul, où Malebranche médita devant Dieu, où prêchèrent Bossuet et Massillon. Mais ne nous arrêtons pas davantage sur ces regrets stériles.

De nos jours, un savant ecclésiastique, qui a laissé

de précieux souvenirs à Saint-Roch et à Saint-Philippe, M. l'abbé Pététot, a de nouveau fondé la communauté des pères de l'Oratoire. Sous sa direction, cette congrégation d'hommes voués à la religion et à l'étude vient de faire bâtir, rue du Regard, une chapelle, où, à certains jours marqués, l'élite des fidèles, de jeunes érudits, des magistrats, des chrétiens appartenant aux classes riches et intelligentes, se réunissent pour entendre des orateurs d'un haut mérite et dont nous contristerions la modestie, si nous osions définir leur talent et les désigner par leurs noms.

La chapelle de l'Oratoire n'offre rien de bien remarquable, comme monument; mais elle est d'un bon style et très-convenablement disposée pour les besoins du culte. L'architecte qui la termine a voulu la construire dans le goût du douzième siècle : c'est donc une imitation des églises romanes, telles qu'elles existaient avant l'introduction du style ogival. Au-dessus de l'autel, le chapiteau d'une colonne sert de support à une statue d'une fort belle exécution, représentant la sainte Vierge, assise et tenant sur ses genoux son divin Fils. La chapelle est dédiée sous le vocable de l'Immaculée Conception. Non loin de là, les regards des chrétiens cherchent encore le couvent de Notre-Dame de Consolation, autrefois habité par des bénédictines, et que la révolution n'a point respecté. Un peu plus loin, il est vrai, la rue de Vaugirard renferme à elle seule cinq chapelles de la sainte Vierge : la chapelle des sœurs de charité, vouées au soulagement des pauvres du sixième arrondissement; la chapelle où les sœurs de Marie-Joseph remplissent la tâche sainte et dfificile de ramener à la religion les jeunes filles qui ont vécu dans le désordre; les religieuses du Saint-Cœur de Marie de Nancy, qui donnent l'instruction professionnelle à de jeunes filles pauvres et les initient aux vertus chrétiennes; les sœurs de Notre-Dame de Lorette, qui se consacrent à la même mission, et enfin, vers le n° 140, le second monastère des visitandines, où l'on élève également des jeunes filles. Peu de quartiers de Paris renferment en aussi grand nombre et dans un aussi étroit espace, des églises, des chapelles, des cloîtres, de saintes maisons, des foyers de charité, de dévouement et de prières.

Unissons-nous aux fidèles pleins de ferveur qui viennent, dans la chapelle des Pères de l'Oratoire, implorer la miséricorde de Dieu par l'intercession de Marie, la Vierge des vierges.

MÉDITATION.

Marie est vraiment la vierge par excellence; elle l'est d'âme, elle l'est de corps; elle est la plus pure des filles d'Adam, et, après Jésus, elle est le modèle le plus accompli de la virginité. Quel n'a pas été son amour de la pureté virginale, lorsque l'ange descendu du ciel est venu lui annoncer qu'elle serait mère du Messie! Au lieu d'accepter cette grandeur inconcevable, à laquelle aspiraient ardemment toutes les filles d'Israël, elle a rappelé à l'ange qu'avant tout, elle avait voué à Dieu sa virginité, et elle n'a consenti aux merveilles que l'Esprit-Saint devait opérer en elle, qu'après avoir reçu du messager céleste l'assurance qu'elle ne cesserait pas d'être vierge en devenant mère.

Jésus a voulu naître d'une vierge; Marie n'a consenti à être mère de Dieu qu'en gardant sa virginité : concevons-nous le prix inestimable de la pureté? Comprenons-nous bien l'infamie qui s'attache au vice contraire, l'horreur qu'il inspire à Dieu? Les âmes pures sont vraiment celles que Dieu aime, celles qui ont une plus intime union avec Jésus. Voulons-nous entrer en commerce avec Dieu lui-même; voulons-nous que ses anges nous appellent leur frère ou leur sœur; efforçons-nous de préserver de toute atteinte l'innocence baptismale conservée, ou l'innocence reconquise par la pénitence!

La pureté est un trésor si précieux, que tout conspire à nous le ravir; elle est une vertu si délicate, que le moindre souffle peut la ternir. Le monde, qui lui rend en secret hommage, lui tend mille piéges. Regards, paroles, livres, parures, danses, spectacles, il se fait une arme de tout contre les âmes pures. Que de fois ne nous semble-t-il pas que le démon de l'impureté emporte les chrétiens sur la montagne, et que là, étalant sous leurs yeux toutes les sollicitations des sens, il leur dise : *Je vous donnerai tout cela, si, vous prosternant, vous m'adorez!* Oh! alors, hâtons-nous de lui répondre : *Retire-toi, Satan!* Et prenons courage ; et comme, de nous-mêmes, nous n'aurions ni la force de combattre, ni celle de vaincre, demandons-la humblement à Dieu par l'intercession de la Vierge des vierges.

La pureté est comme une aile sur laquelle on prend son essor pour s'élever jusqu'à Dieu ; le vice contraire est un fardeau qui, par son poids, nous entraîne dans l'abîme, dans le royaume des démons. C'est pour expier le sensualisme des hommes que Jésus a particulièrement souffert les épreuves de sa passion et les tourments inexprimables de la flagellation. Ne soyons pas complices des Juifs déicides, et n'ajoutons pas, avec eux, aux souffrances de notre Sauveur. Maudissons l'impureté et tout ce qui peut y conduire, et pour échapper à l'abominable joug que Satan veut nous imposer, recourons à l'intervention toujours efficace de la Vierge des vierges.

Une âme est pure quand elle est exempte de la souillure du péché. L'Ancien Testament renfermait de nombreuses prescriptions qui, sous les peines les plus sévères, faisaient aux Juifs une obligation de la pureté extérieure : désormais sous la loi de grâce, dont la loi de Moïse n'était qu'une figure, il n'y a plus de précepte au sujet de la purification corporelle ; Dieu n'exige que la pureté du cœur, et celle-ci consiste dans l'innocence. Comme le souffle enlève au cristal sa transparence, de même la pensée impure souille l'âme, et quand notre cœur est devenu le réceptacle de mauvais désirs, il est un objet de dégoût dont se détournent les regards de Dieu.

Dieu est un pur esprit : la pureté parfaite est son essence ; rien n'est plus contraire à la nature que l'impureté. Ce qui lui complaît dans Marie, c'est qu'elle est une Vierge très-pure, qui a trouvé grâce devant lui et qui a été exempte de tout péché, même du péché originel. Lorsque l'ange lui annonça qu'elle deviendrait la mère du Sauveur promis au monde, elle rappela qu'elle avait voué à Dieu sa virginité, et elle fit voir le haut prix qu'elle attachait à la pureté du corps et de l'âme. Comme elle ne recherche que la gloire de son Fils, elle ne cesse d'avoir horreur de tout ce qui est impur ; mais parce qu'elle est un instrument de pardon et de pitié, elle sollicite et obtient de Jésus qu'il accorde aux pécheurs repentants cette pureté que donne la pénitence ; une seule goutte du sang de Jésus efface tous les péchés du monde, et Marie, victorieuse du démon notre ennemi, se réjouit dans le ciel chaque fois qu'une âme, demeurée trop longtemps impure et souillée, a obtenu, par son intercession, de reconquérir le trésor de la pureté, gage de salut.

Rien d'impur n'entrera dans le royaume du ciel. Dieu, qui est la pureté infinie, éloigne de lui et renvoie au démon son ennemi tout ce qui porte le caractère de l'impureté. Que si le pécheur, ouvrant les yeux sur son état déplorable, et cédant aux inspirations de la grâce, vient enfin à se repentir, le ciel se réjouit et Dieu fait miséricorde. Demandons à Dieu, par l'intercession de Marie, la persévérance pour les justes et le repentir pour les coupables. Pécheurs, considérons jusqu'à quel point Dieu, qui voit des taches jusque dans le cœur des anges, doit avoir horreur de notre âme, souillée de tant de fautes! Sollicitons la Mère très-pure du Sauveur d'implorer notre pardon.

Marie est, de toutes les créatures, le plus pur ouvrage qui soit sorti des mains de Dieu : comme l'épouse du livre des Cantiques, *sa beauté n'a été ternie d'aucune tache*. Elle a pour mission spéciale et pour gloire, entre toutes ses gloires, de terrasser le démon de l'impureté, ce démon qui fait tant de victimes dans le monde. Que ceux-là donc qui aspirent à la pureté ou qui veulent demeurer maîtres de ce trésor aient recours avec confiance à la toute-puissante intercession de Marie. Invoquons-la dans le calme et dans les orages. Si nos passions semblent assoupies et vaincues, prions avec une ferveur persévérante et avec un soin vigilant pour que nos pensées restent pures, car il suffit d'un moment à l'ennemi de notre salut, si nous lui ouvrons la porte, pour reprendre possession de notre cœur et pour s'y établir en maître avec *sept autres esprits plus forts et plus méchants que le premier*. Si nous avons eu le malheur d'avoir succombé dans la lutte, prions encore, prions avec une ferme espérance, et sachons que tant qu'il nous restera un souffle de vie, Marie (si nous la conjurons avec humilité et foi), pourra obtenir notre pardon.

Plus Marie est pure, plus elle a horreur de tout ce qui peut souiller une âme. Elle s'indigne de tout ce qui offense son Fils bien-aimé; et comme mère des hommes, elle ne voit que des enfants rebelles dans les chrétiens qui méconnaissent le précepte de la pureté. Ne contristons pas son cœur maternel. Ne foulons pas aux pieds, en cédant au démon de l'impureté, ses larmes et le sang de son divin Fils sur le Calvaire. Ayons horreur de tout ce qui peut ternir l'éclat de notre âme.

Seigneur, qui êtes la pureté infinie et qui entrevoyez des taches dans les anges eux-mêmes, regardez-nous avec compassion et ayez pitié de notre faiblesse. Nous sommes en votre présence humiliés et prosternés. Une seule goutte du sang de Jésus, votre Fils, suffit pour effacer tous les péchés du monde. Daignez nous accorder la grâce d'y avoir part, vous qui, pour mettre le comble à vos bienfaits, avez consenti à nous donner en Marie, Mère très-pure, la plus tendre des mères et la plus puissante des protectrices.

HYMNE

Salve, mundi Domina,
Cœlorum Regina,
Salve, Virgo virginum,
Stella matutina.

Salve, plena gratia,
Clara lux divina,
Mundi in auxilium,
Domina, festina.

Ab æterno Dominus
Te præordinavit
Matrem Unigeniti
Verbi, quo creavit,

Terram, pontum, æthera;
Te pulchram ornavit
Sibi sponsam in qua
Adam non peccavit.

Je vous révère, Maîtresse du monde, Reine des cieux, Vierge des vierges, Étoile du matin.

Je vous révère, Marie, pleine de grâces, lumière divine, hâtez-vous de secourir le monde, vous qui en êtes la souveraine.

Le Seigneur vous a prédestinée de toute éternité pour être la Mère du Verbe incarné, son Fils unique, par qui toutes choses ont été créées,

La terre, la mer et les cieux; et qui, pour vous rendre sa digne épouse, a orné votre âme d'une beauté incomparable, que le péché d'Adam ne souilla jamais.

XXVIIᵉ PÈLERINAGE

NOTRE-DAME DE BONNE-NOUVELLE

Vers le commencement du seizième siècle, le quartier qui s'étend aujourd'hui de la rue Poissonnière à la rue Saint-Denis, et que peuple le haut commerce de la capitale, était encore presque désert et dépourvu d'habitations. Peu à peu des constructions s'y élevèrent, des rues y furent ouvertes, et cette section de Paris prit le nom de Ville Neuve. Sous le règne de Henri II, le 20 août 1551, les marguilliers de Saint-Laurent posèrent la première pierre d'une chapelle destinée à servir de succursale à leur église paroissiale. L'emplacement choisi était une hauteur appelée la Montagne-du-Moulin, selon l'habitude des Parisiens de décorer du nom très-ambitieux de montagne la moindre colline qui est enclavée dans leur grande cité. Dès que le nouveau bâtiment fut achevé, il fut dédié sous l'invocation de Saint-Louis et de Sainte-Barbe. Durant la Ligue, la Ville Neuve fut en partie démolie, pour faire place à des fortifications destinées à retarder l'avénement du roi huguenot : la chapelle fut détruite, au grand déplaisir des bons bourgeois de Paris, et le quartier fut de nouveau transformé en solitude. Après le rétablissement de la paix, et grâce à la longue sécurité qui suivit le règne de Henri IV, la Ville Neuve fut rebâtie et, en 1654, on y construisit une église qui fut dédiée sous le vocable de Notre-Dame de Bonne-Nouvelle (de l'Annonciation, *de Bono Nuntio*). Par sentence de l'archevêque de Paris, du 22 juillet 1673, cette église fut érigée en cure ou vicairie perpétuelle. L'année suivante, par une convention faite sous seing privé, le 1er avril, d'une part, entre le prieur et les religieux de Saint-Martin des Champs, curés primitifs de la paroisse de Notre-Dame de Bonne-Nouvelle ; et d'autre part, le curé et les marguilliers de la paroisse, il fut stipulé que lesdits prieur et religieux seraient et demeureraient en droit et possession d'aller dire et célébrer en cette église la grande et principale messe paroissiale, les vêpres, le jour de l'Annonciation de Notre-Dame, fête patronale de la nouvelle église. Il y eut à cet égard des prétentions et des résistances dont le récit serait long et n'offrirait aucun intérêt bien sérieux.

L'église de Notre-Dame de Bonne-Nouvelle a été reconstruite en 1825, sur les dessins de M. Godde. Le portail, d'ordre dorique, est décoré de pilastres et de deux colonnes ; l'intérieur est divisé en trois nefs, séparées par des colonnes ioniques. Les peintures sont assez remarquables, et particulièrement celles de la chapelle de la sainte Vierge. L'église tout entière est d'un bon style et, ce qui vaut mieux pour elle, l'une de celles où se manifeste le plus de recueillement et de piété. Nous ne saurions d'ailleurs l'entendre nommer sans une sorte d'émotion. La foi naïve de nos pères avait à son service ces noms qui font image et qui disent beaucoup de choses. De nos jours, on ne rencontrerait pas aisément cette expression *Bonne Nouvelle*, qui rappelle le céleste message de l'ange Gabriel. Ce fut pourtant la bonne nouvelle par excellence et qui n'eut d'égale que la nouvelle annoncée, neuf mois plus tard, aux bergers de Bethléem. Les envoyés de Dieu annoncèrent d'abord à Marie qu'elle avait trouvé grâce devant Dieu, que le Très-Haut la couvrirait de son ombre, et qu'un fils naîtrait d'elle, qui règnerait éternellement sur la maison de Jacob, et dont le règne n'aurait pas de fin. Une autre fois, lorsque César-Auguste eut prescrit le dénombrement de l'empire, dans la froide nuit du 25 décembre, l'ange dit aux pauvres pâtres de la ville de David : « Je viens vous apporter une bonne nouvelle qui sera pour tout le peuple le sujet d'une grande joie... Il vous est né aujourd'hui un Sauveur, qui est le Christ... »

Ce fut, disons-le encore, une touchante inspiration que de dédier à Dieu une église sous le vocable de Notre-Dame de Bonne-Nouvelle, car cette parole rappelle à tous les cœurs chrétiens la mémoire des grandes choses que le Tout-Puissant a daigné accomplir pour Marie : *Fecit mihi magna qui potens est*, et en mémoire desquelles Marie *sera appelée bienheureuse* jusqu'à la consommation des siècles et durant l'éternité tout entière.

MÉDITATION.

Aucune pensée, aucun souffle contagieux n'a porté atteinte à la virginité de notre divine Mère. Marie a trouvé grâce devant Dieu et celle que le Saint-Esprit devait couvrir de son ombre a eu seule, parmi les hommes, le privilége de ne jamais pécher. Lorsque l'ange vint lui annoncer les merveilleux desseins du Très-Haut, elle se troubla, et il la rassura en lui disant : *Ne craignez pas, Marie*; la résolution qu'elle avait prise de demeurer vierge fut la première et la seule objection qu'elle opposa à l'envoyé céleste qui lui fit connaître que le glorieux apanage de la virginité serait respecté en elle. Quel exemple pour nous enseigner ce qu'il y a de grand et de saint dans la pureté ! De tous les sentiments dont l'âme de Marie fut occupée, lorsqu'elle apprit de l'ange les merveilles qui lui étaient réservées, un seul se fit jour, ce fut la crainte de ne pouvoir conserver son vœu de virginité. Parole admirable, qui traversera les siècles et qui rehausse la gloire des vierges, épouses de Jésus-Christ.

Si Marie a paru tenir à sa virginité à ce point qu'elle y a vu un obstacle aux promesses du Très-Haut, et que l'ange a dû la rassurer en lui révélant les desseins de Dieu et l'étendue de la grâce qu'elle allait recevoir; combien les hommes doivent-ils estimer la vertu de la pureté, combien doivent-ils s'attacher à la conserver intacte et à fuir toutes les souillures qui pourraient la ternir dans leurs âmes. Marie redoute la maternité divine, parce qu'elle s'est engagée à rester vierge, et nous, pour obéir aux mauvais instincts de notre cœur, nous renoncerions à la vertu que Dieu chérit, à cette pureté que Marie voulut garder intacte et sans tache! Apprenons, les regards attachés sur les exemples de Marie, qu'il faut préférer la pureté à toute gloire, à toute richesse, à toute félicité, à tous les trônes de ce monde, à la vie même.

Avec quelle déplorable faiblesse nous laissons-nous aller à ces plaisirs, à ces fêtes, à ces amitiés dangereuses, à ces complaisances funestes qui altèrent la grâce dans nos âmes et les disposent aux chutes les plus graves. Ce sont autant de blessures qui, même après la guérison, rendent le malade moins fort contre de nouveaux assauts et plus sujet à la domination du péché. Cependant nous nous permettons ces fautes sans remords, nous nous en accusons sans douleur. Regardons cependant ce que fut la pureté de Marie, mère sans tache, vierge immaculée, épouse de l'Esprit-Saint. Osons, s'il est possible, comparer notre cœur au sien, et saisis ensuite d'une consternation profonde à la vue de nos misères, abaissons-nous aux pieds de cette mère divine et supplions-la de nous obtenir une vive horreur du péché.

Les livres de piété que nous possédons et que nous lisons avec si peu de fruit témoignent à chaque page de ce que Marie a fait pour venir en aide aux âmes qui invoquaient son appui. Les annales de l'Église sont pleines de ces merveilles consolantes; la parole sainte les replace souvent dans notre pensée. N'hésitons donc plus à recourir à Marie. Malades, nous connaissons le remède qui rendra la vie à notre âme. Faibles, nous savons qui nous soutiendra; chancelants et incertains, nous savons par quelle intercession toujours exaucée nous redeviendrons forts; couverts des souillures du péché et exposés aux atteintes du démon, nous savons qui nous ramènera à Dieu et nous viendra en aide dans le combat. Espérons et prions, et ne perdons jamais de vue la puissance des noms de Jésus et de Marie.

O Dieu qui avez accordé à Marie la grâce d'une pureté sans tache, et qui avez en horreur tout ce qui peut souiller les âmes, daignez jeter sur nous un regard de compassion et de miséricorde, prendre en pitié notre faiblesse et nous purifier par les mérites du sang adorable de votre divin Fils, nous vous en conjurons par l'intercession de Marie; et vous, ô Vierge toujours vierge, priez pour nous.

SECONDE MÉDITATION.

La prudence chrétienne est opposée à celle du monde, car il y a une fausse prudence, celle des enfants du siècle, et une prudence qui émane du Saint-Esprit, et c'est celle de Marie. La prudence, selon Dieu, consiste à prévoir et à écarter tout ce qui peut nuire à notre salut : si nous nous engageons sans le secours de cette vertu dans les routes de la vie, nous agissons comme des insensés, et nous ne devons pas être surpris si un abîme se rencontre à l'extrémité de notre chemin. Éclairés et conduits par la prudence chrétienne, nous discernerons les piéges de l'ennemi et nous éviterons ses embûches : nous renoncerons à ces liaisons dangereuses qui commencent par des apparences de vertu, et qui, si nous ne nous hâtons de les rompre, établissent des liens de péchés ; nous redouterons la tiédeur et le relâchement dans le service de Dieu, parce que ce sont là (la prudence nous l'enseigne) deux voies par où l'homme arrive à l'oubli du devoir et à l'amour des choses du monde ; nous rejetterons loin de nous la perspective d'une vie molle, heureuse selon le monde et entourée de jouissances, parce que cette trompeuse félicité corrompt le cœur, l'éloigne du ciel et nous fait appréhender tout ce que Jésus-Christ a aimé et préféré, tout ce qui sert de garantie à notre salut. La prudence chrétienne nous rappelle sans cesse, avec l'Évangile, qu'il ne servirait de rien de gagner le monde, si nous venions à perdre notre âme : elle nous pénètre de cette grande et importante vérité, et c'est elle qui dirige vers Dieu toutes nos pensées, tous nos désirs, toutes nos actions, toutes les puissances de notre âme. Qui, sur la terre, plus que Marie, pratiqua cette admirable vertu ? Ne négligeons rien pour obtenir de Jésus, par l'intercession de sa très-sainte Mère, le don de la prudence qui nous est indispensable, si nous voulons arriver au port du salut.

Lorsque l'ange du Seigneur salua Marie, en l'appelant *pleine de grâce*, il ajouta : « Le Seigneur est avec vous, vous êtes bénie entre toutes les femmes. » Quel sentiment éprouva alors Marie ; fut-elle exaltée dans le bonheur dont elle était comblée ? fut-elle d'abord ravie de la gloire que Dieu lui accordait en lui envoyant un ange, se laissa-t-elle aller à ce transport ? Non, l'Évangile nous dit qu'elle fut *troublée en elle-même,* et qu'elle se demanda quelle *pouvait être cette salutation.* Voyons se manifester au plus haut degré la prudence de Marie ; bien déterminée à n'écouter que l'ordre et la volonté de Dieu, elle se tient sur ses gardes : elle semble craindre les louanges d'un ange qui vient auprès d'elle ; elle se demande sans doute à quoi tend cet événement imprévu et extraordinaire. Songeons combien sa conduite nous apprend ce que nous devons faire à notre tour lorsque nous sommes l'objet des louanges du monde. Marie redouta les louanges qui venaient d'un ange et nous sollicitons celles qui émanent des hommes? Avant de se laisser aller aveuglément au bonheur que venait lui annoncer un envoyé céleste, elle se troubla et réfléchit. Et nous, lorsqu'il s'agit de notre salut, du paradis à conquérir, de l'enfer à éviter, nous agissons à la légère et nous suivons l'impulsion de nos premiers mouvements. Efforçons-nous d'imiter la prudence de Marie.

Marie n'instruisit pas Joseph des merveilles que Dieu avait opérées en elle. En agissant avec cette réserve, elle pouvait craindre les inquiétudes et les soupçons, et cependant elle attendit, elle garda le silence : elle savait bien que Dieu voyait les nuages qui pesaient sur son innocence, et elle voulait laisser à sa providence le soin de les dissiper. Elle s'abstint, par humilité et par prudence, de publier avant lui une grâce merveilleuse dont elle était l'objet. Et nous, imitons-nous cette prudente réserve? Ne cherchons-nous pas, au contraire, à aller sans cesse au-devant des secrets qu'il plaît à Dieu de cacher aux hommes? Attachons-nous à comprendre l'humble et confiante prudence de Marie et demandons à Dieu, par l'intercession de sa Mère, la prudence que l'Écriture appelle la science des saints, *scientia sanctorum prudentia*.

Les enfants du siècle, dit Notre-Seigneur, *sont plus sages dans la conduite de leurs affaires que ne le sont les enfants de lumière.* Marie n'avait pas la prudence des enfants du siècle qui consiste à tromper, à dissimuler, à amasser : elle agissait par des vues droites et se reposait entre les mains de Dieu du succès de ses actions et du soin de sa réputation; elle faisait passer le service de Dieu avant toutes choses. Agissons-nous comme elle? Ne sommes-nous pas sans relâche tourmentés par des craintes temporelles? Ne sommes-nous pas toujours à nous demander si le service de Dieu et la fidélité à sa loi ne nous exposent pas à être méprisés par le monde ou à subir des persécutions? Que sont nos respects humains sinon des actes de fausse prudence? La véritable prudence est celle qui nous fait tout braver pour éviter l'enfer et conquérir le ciel.

O Dieu, qui êtes l'auteur et la source de toute prudence, accordez-nous de prévoir et d'écarter sans cesse loin de nous tout ce qui peut nuire à l'affaire de notre salut, la seule qui soit essentielle et vers laquelle doivent tendre tous nos efforts. Préservez-nous de la fausse prudence des enfants du siècle, qui recherchent les biens de la terre et négligent ceux du ciel. Nous vous en supplions par les mérites de Jésus-Christ votre fils, et par l'intercession de Marie, vierge très-prudente, sa très-sainte Mère.

XXVIIIᵉ PELERINAGE

ÉGLISE DES CARMES ET CHAPELLE DES MARTYRS

La réforme que sainte Thérèse avait introduite dans l'ordre des Carmes, en 1568, s'étant répandue d'Espagne en Italie, et y ayant fait de grands progrès, le pape Paul V engagea le roi de France à les recevoir à Paris. Au mois de mars 1611, les Carmes *déchaussés* obtinrent de la reine régente des lettres patentes qui leur permirent de s'établir en France, et, le 22 mai de la même année, du consentement de Henri de Gondi, évêque de Paris, ils prirent possession d'une maison sise dans la rue de Vaugirard, qui leur fut donnée par Nicolas Vivien, leur fondateur et ancien maître des comptes. Le 20 juillet 1613, Marie de Médicis posa la première pierre de leur église, qui fut achevée en 1620, et dédiée solennellement, le 21 décembre 1625, sous l'invocation de Saint-Joseph.

Cette église est grande et régulièrement construite; elle est surmontée d'un dôme, le premier qui ait été bâti à Paris, si l'on excepte celui de la chapelle Notre-Dame aux Petits-Augustins. Les peintures de la coupole sont de Bertholet Flamaël, peintre, de Liége; elles furent réparées en 1711, et représentent le *prophète Élie enlevé au ciel sur un char de feu*; plus bas, Élisée, son disciple, tend les bras pour recevoir le manteau que son maître laisse tomber, et dont la couleur lourde et sombre ne laisse pas de faire un effet disgracieux. Le grand autel fut construit par les soins et aux frais du chancelier Séguier; il est décoré de colonnes corinthiennes en marbre de Dinan et des statues d'Élie et de sainte Thérèse. La balustrade qui entoure cet autel est d'un très-beau marbre. La chapelle de la Vierge est à gauche du maître-autel, et près du dôme, à droite est la chapelle de Sainte-Thérèse, également décorée de colonnes d'ordre composite. La balustrade de fer qui règne sur la corniche, dans toute l'étendue de l'église, a été posée en 1711.

L'ordre des Carmes prétendit bien longtemps qu'il avait été fondé par le prophète Élie, sur le Mont-Carmel, et que depuis lors il n'avait cessé de se perpétuer. Cette tradition, sérieusement discutée par les érudits du dix-septième siècle, n'a de nos jours aucune autorité, et il paraît avéré que l'ordre date du douzième siècle. Jean Phocas, dans la description de son voyage de 1185, en Palestine, dit que, « quelques années auparavant, un moine de Calabre, respectable par sa vieillesse et ses cheveux blancs, ayant eu une apparition du prophète Élie, était venu dans cette grotte et avait entouré d'un

ÉGLISE DES CARMES.

petit retranchement la place où l'on trouve encore les traces d'un couvent, qu'il y avait bâti une tour, une petite église, et s'y était retiré avec dix moines. » Ce fondateur de l'ordre des Carmes était le croisé Berthold de Calabre. Au milieu d'une bataille engagée contre les infidèles, il avait prié Dieu d'accorder la victoire aux chrétiens, et promis, s'il était exaucé, d'embrasser la vie religieuse. La victoire obtenue, il déposa son armure, et, entouré de quelques compagnons d'armes, il bâtit près de la grotte d'Élie une cabane qui devint bientôt un couvent (1156). Ce lieu ayant été habité depuis des siècles par des ermites, en mémoire des prophètes Élie et Élisée, la foi opiniâtre des Carmes se rattacha à Élie comme au fondateur de leur ordre.

Avant la révolution, les Carmes déchaussés possédaient, indépendamment de leur église et de leur monastère, de vastes jardins situés autour du cloître et de grands espaces sur lesquels ils avaient fait bâtir des hôtels qui existent encore rue du Regard et rue Cassette; on n'a que trop souvent entendu le récit des attentats dont leur sainte demeure fut le théâtre durant les exécrables journées de septembre 1793.

Ce couvent avait été transformé en prison révolutionnaire, et on y avait renfermé deux cent vingt ecclésiastiques, au nombre desquels on remarquait l'archevêque d'Arles, l'évêque de Beauvais et l'évêque de Saintes. Presque tous avaient été inhumainement parqués dans l'église. Des gardes placés au milieu d'eux veillaient à ce qu'ils n'eussent pas même la consolation de se parler. Pour toute nourriture, on leur apportait du pain et de l'eau. On ne souffrait pas qu'ils célébrassent les saints mystères. Cependant le médecin de la prison, craignant l'invasion du typhus, avait obtenu qu'ils pourraient se promener dans le jardin, au fond duquel il y avait un oratoire où se trouvait l'image de la vierge Marie. Ces promenades étaient pour eux une occupation sainte. Les uns se rendaient, par manière de pèlerinage, au petit oratoire; les autres lisaient leur bréviaire. Le dimanche 2 septembre, le canon d'alarme n'ayant cessé de se faire entendre dans Paris, on les contraignit tous de sortir de l'église et de passer au jardin. Bientôt ils entendirent le retentissement des massacres du dehors, et leurs bourreaux firent apparaître les sabres et les baïonnettes dont ils allaient bientôt les frapper. A cet aspect, ils se retirèrent au fond du jardin, s'agenouillèrent, firent le sacrifice de leur vie et se donnèrent mutuellement la dernière bénédiction.

Les massacres commencèrent. L'abbé de Salins, monseigneur Dulau, l'archevêque d'Arles, périrent des premiers, inhumainement égorgés par des monstres qui croyaient servir la révolution. On leur offrit de racheter leur vie en prêtant le serment schismatique : tous refusèrent de souscrire à cette honteuse apostasie et furent dévoués à la mort. Quelques-uns, en bien petit nombre, purent se sauver, grâce à la pitié des témoins de cette horrible scène; les autres périrent, ou massacrés par des bourreaux, ou fusillés au hasard dans les jardins, sous les allées, au pied des arbres. Tandis que les assassins associaient le blasphème au meurtre, pendant qu'ils brisaient les croix et les tabernacles, cette sainte phalange de martyrs, de moment en moment diminuée par la mort, priait encore Dieu pour le peuple et pour la France.

Des traces de ce lamentable événement subsistent encore. Dans le jardin, près du bassin qui en occupe le centre, une petite colonne indique la place où le P. Gérault, directeur des dames de Sainte-Élisabeth, fut mis à mort pendant qu'il disait tranquillement son bréviaire. L'archevêque d'Arles périt sous l'allée de tilleuls. Mais c'est surtout dans le petit oratoire, au pied de la statue de Marie, que l'on retrouve la glorieuse marque du martyre de ces généreux chrétiens. Il était impossible de ne point conserver religieusement de semblables vestiges. L'oratoire, qui n'était alors fermé que par des claires-voies, est devenu aujourd'hui le sanctuaire d'une chapelle. Sous les lambris qui recouvrent les murs, on reconnaît encore, on montre avec une pieuse émotion, de larges taches de sang et les trous des balles. Le peuple de Paris vénère d'une manière toute particulière cette *chapelle des martyrs* : il croit encore entendre la voix de ceux qui tombèrent sous le fer ou sous le feu des assassins, en disant à Dieu, à l'exemple du divin Maître : « Pardonnez-leur, Seigneur, car ils ne savent ce qu'ils font ! »

L'église des Carmes fut l'une des premières où le culte redevint public à Paris. M. de Pancemont, curé de Saint-Sulpice, y reprit, dès l'an 1800, les fonctions de son ministère; l'abbé Frayssinous y commença, en 1801, ses célèbres conférences; l'abbé Legris-Duval y fit entendre cette voix émue qui rappelait la voix de saint Vincent de Paul, et, lorsque la mort vint pour cet homme de piété et de charité, son dernier vœu fut d'être enterré aux Carmes. Les bâtiments de ce monastère étaient alors occupés par un couvent de Carmélites et appartenaient à madame de Soyecourt, leur supérieure. Depuis la mort de cette pieuse femme, ils furent achetés par Mgr Affre, archevêque de Paris, qui les partagea entre les religieux de Saint-Dominique et une institution de hautes écoles ecclésiastiques. Les Dominicains desservent l'église; l'oratoire du jardin sert de chapelle à l'institution qui peut être considérée comme une école normale où de jeunes prêtres viennent s'initier à la science. Cette école est justement célèbre. On trouve ses élèves dans tous les rangs du sacerdoce et dans les carrières de l'État. Mgr Affre, parlant de cette fondation, aimait à en constater les progrès et à lui présager un noble avenir. C'était là qu'il venait souvent lui-même se recueillir et se livrer de préférence aux travaux qui demandent de la tranquillité et de la suite. Le jour vint où ce digne héritier des saints, au spectacle d'un peuple désolé par la guerre civile, résolut de porter à ses enfants égarés des paroles de mansuétude et de paix. Vainement on lui parla des dangers qu'il allait affronter : il repoussa les timides en leur disant : *Le bon pasteur donne sa vie pour ses brebis!* Et quand il fut mort, lui aussi, pour la gloire éternelle de la religion, son cœur fut pieusement déposé dans cette chapelle où avait coulé le sang de tant d'autres martyrs.

Venons-nous prosterner sur ce pavé, encore teint de taches rouges, et dans ce sanctuaire où les martyrs allaient implorer la protection de Marie, avant de tomber sous le sabre ou sous la fusillade, invoquons à notre tour l'intercession toute-puissante de Marie que l'Église appelle *Temple du Saint-Esprit et Vaisseau illustre de dévotion.*

MÉDITATION.

I

Les Pères de l'Église se sont complu à appeler Marie du titre d'Épouse du Saint-Esprit : ce titre, elle a le droit de l'invoquer dans le ciel, alors surtout qu'elle veut dispenser aux hommes les grâces nécessaires au salut, les grâces surabondantes que Dieu nous accorde par son entremise et à sa prière.

Il est de foi que le Saint-Esprit, Dieu comme le Père, Dieu comme le Fils, auteur, avec les autres personnes de l'adorable Trinité, de la sanctification de nos âmes et de notre régénération spirituelle, communique une grande abondance de lumière et de force à ceux qui sont dociles à ses inspirations et ne mettent point obstacle à ses dons. Suivons donc avec humilité et ferveur les mouvements que ce divin Esprit opère en nos cœurs. Ne craignons rien tant que de résister à sa grâce. Adorons-le sans cesse comme l'esprit d'amour et de vérité comme le principe de notre bonheur éternel, comme le consolateur par excellence, le feu sacré de la charité, *l'objet de la promesse du Père.*

Et si nous avons eu le malheur de perdre sa grâce par le péché, recourons au sacrement de pénitence, et, par l'intercession de Marie, supplions la très-sainte et très-auguste Trinité de faire descendre de nouveau sur nous les rayons de l'Esprit-Saint, de cet Esprit divin et ineffable duquel il a été dit : *Oh ! si vous connaissiez le don de Dieu !* Marie est le temple où réside le Saint-Esprit. Allons dévotement à elle implorer les grâces qui nous sont nécessaires pour triompher du démon et conquérir le salut.

Ces grâces que nous dédaignons, que nous laissons s'éteindre dans nos âmes stériles, et qui cependant ont été acquises au prix du sang et des souffrances de Jésus-Christ ; ces grâces si précieuses, que nous mettons si rarement en œuvre, auxquelles nous savons si mal correspondre, il nous en sera demandé compte par le souverain juge, et lorsque nous aurons méprisé cette rosée de bénédiction, elle se transformera contre nous en malédiction et en châtiment : ne l'oublions jamais, et cette seule pensée pourra suffire à changer notre vie.

Les fruits du Saint-Esprit sont doux et magnifiques, et nous serions heureux si nous savions renoncer à nous-mêmes et à nos passions, pour nous abandonner entièrement à la conduite de l'Esprit-Saint. Confions-nous à cet Esprit de lumière, de force et d'amour, demandons-lui la vertu d'en haut et le feu divin qui nous sont nécessaires pour être embrasés de l'amour de Dieu et pour accomplir ses commandements. Cet esprit qui anime les saints, qui crée les cœurs purs, qui renouvelle les âmes, attend, pour nous inonder de ses grâces, que nous cessions de mettre obstacle à son amour. Cessons de lui résister. Livrons-nous à lui. N'écoutons que ses inspirations et foulons aux pieds les doctrines et les maximes du monde.

Si nous tenons notre cœur oisif et vide de saintes pensées, les pensées vaines et mauvaises s'y présenteront en foule et y établiront leur empire. Les apôtres se disposèrent par la prière à recevoir le Saint-Esprit. Employons ce moyen pour l'attirer vers nous, pour qu'il habite en nous et soit l'âme de notre âme. *Et tous*, dit le texte sacré, *persévéraient unanimement dans la prière, avec les femmes, avec Marie, Mère de Jésus.* Eh quoi! les saintes femmes qui avaient suivi Jésus sur le Calvaire et avaient enseveli son corps; eh quoi! Marie, Mère de Jésus, se préparaient par des oraisons continuelles et persévérantes à recevoir l'Esprit de Dieu, l'Esprit créateur; Marie, reine des anges et du ciel, Marie attendait et invoquait le Saint-Esprit, son Époux, avec une foi fervente, humble et respectueuse, et nous ne nous ferions pas un devoir et un bonheur d'imiter la Mère et les disciples de Jésus, et de solliciter avec eux la venue du Saint-Esprit dans nos âmes! Cessons d'être sourds et aveugles; reconnaissons que la possession du Saint-Esprit et la fidélité à ses inspirations sont indispensables pour le salut, et après avoir ouvert nos cœurs à l'Esprit de Dieu, qui est Dieu, attachons-nous par une ardente et humble charité à le retenir en nous et avec nous.

Daignez, ô Marie, Mère de Jésus-Christ et notre Mère, écarter de nous tout ce qui s'oppose à l'action de la grâce, tout ce qui dispute nos cœurs à l'Esprit-Saint. Vous êtes, entre toutes les créatures, celle que ce divin Esprit a choisie par excellence pour y faire sa demeure; Fille du Père éternel, Mère du Verbe incarné, vous êtes l'Épouse du Saint-Esprit : rien ne vous sera refusé de ce qui est nécessaire à notre bonheur et à notre salut. Nous vous supplions d'obtenir que d'abondantes grâces descendent sur nous et que l'Esprit-Saint, à qui nulle puissance ne saurait résister, mette fin, par une victoire éclatante et décisive, à la domination, à l'empire que le monde cherche à exercer sur nous. *Faites voir que vous êtes notre Mère*, ô Marie, et que nos cœurs deviennent à leur tour, à l'exemple du vôtre, autant de demeures de l'Esprit-Saint.

II

« Que chacun de vous, dit l'apôtre saint Paul, sache conserver saintement le vase de son corps. » Et ailleurs il ajoute en parlant de celui qui se garde pur de l'iniquité : « Il sera un vase d'honneur, sanctifié et propre au service du Seigneur, préparé par toutes sortes de bonnes œuvres. » (I *Thessal.* IV, 4, II *Timoth.*, II, 21.) C'est dans ce sens que l'Église appelle Marie *Vase d'honneur;* et comme le précepte de l'Apôtre, qui est la loi de Dieu, n'a été observé par aucune créature plus fidèlement que par Marie, de même aucune n'a mérité, mieux que cette divine Vierge, d'être désignée à nos respects, à nos louanges, à notre admiration, à notre amour.

Jésus est la source de tout honneur; rien ne doit être honoré qu'en vue de Dieu. Marie est la Mère de Jésus; reconnaissons en elle, avec le monde chrétien tout entier, avec les saints et avec les anges, ce vase d'honneur, ce vaisseau mystique, cette demeure où Dieu a daigné résider, ce temple de l'Esprit-Saint, de qui émane toute consolation et toute grâce.

Prenez un vase fabriqué de la main des hommes et remplissez-le de parfums et d'aromates. Longtemps après que vous aurez employé ces parfums, ce vase conservera une odeur embaumée. Marie a gardé, durant neuf mois, Notre-Seigneur Jésus-Christ, dans ses chastes entrailles; elle a, pour l'éternité tout entière, obtenu la gloire d'être la Mère de Dieu et le trône du Tout-Puissant, le bonheur de conserver l'empreinte divine, et c'est pour cela encore que l'Église l'appelle *Vase d'honneur*.

Le bonheur que Dieu accorda à Marie en la choisissant pour demeure, il nous le donne dans la sainte communion, alors qu'il daigne nous servir de nourriture. Sans doute la visite dont il nous honore a moins de durée; sans doute, et ce doit être pour nous le triste sujet de nos remords, nous ne tardons pas, par nos inclinations vicieuses, à nous rendre de plus en plus indignes de servir de demeure à Jésus: mais participer, pour quelques moments, à l'honneur dont fut comblée Marie, être à notre tour, et par proportion, des vases d'honneur! Quelle gloire et que ne devons-nous pas faire pour y parvenir!

Lorsque nous avons le bonheur d'être régénérés par le sacrement de pénitence, lorsque, affranchis du joug du démon, nous redevenons les vrais enfants de Dieu, les enfants qu'il aime, Dieu se plaît à résider en nous, et les corps des justes sont les temples de l'Esprit-Saint. Oh! repoussons avec horreur le péché qui fait de nos corps la demeure du démon et nous transforme en vases d'iniquités.

Marie est vraiment l'épouse du cantique à qui le céleste Époux dit avec amour : « *Vous êtes brillante de beauté, et cette beauté n'est ternie d'aucune tache.* » (*Cant.*, IV, 7.) Nous n'avons pas le même bonheur. Pécheurs, nous avons fermé notre cœur à la grâce, nous avons fermé nos corps au Saint-Esprit, nous sommes devenus ces vases de perdition qui recèlent le péché. Comment arriverons-nous à purifier cette âme où Dieu veut résider? N'oublions jamais que Marie nous tend une main secourable, qu'elle ne demande qu'à aider nos faibles pas, qu'à nous ramener au Seigneur. Allons à elle et nous reviendrons à Jésus.

Dieu tout-puissant, qui avez horreur du péché, mais qui permettez à la miséricorde de tempérer votre justice, n'entrez pas en jugement avec nous, mais daignez nous considérer avec pitié et triompher de la dureté de nos cœurs par l'action de votre clémence infinie. Nous sommes vos enfants coupables, criminels, ingrats, mais nous sommes vos enfants et vous êtes notre Père, et c'est pourquoi, malgré la confusion et la crainte que nous inspirent nos offenses, nous ne cessons d'élever vers vous nos mains suppliantes, et d'implorer secours et pardon. Et maintenant, ô Seigneur, par les mérites infinis de Jésus, votre Fils, et par l'intercession de Marie immaculée sa mère, et notre mère, nous osons vous demander de jeter sur nous des regards de compassion et de tendresse, de nous remplir de l'Esprit de vérité et de piété, de purifier nos âmes afin que, nous aussi, et dans la limite assignée à notre misère, nous puissions devenir des vases d'honneur, où vous daignerez habiter par votre grâce.

XXIXᵉ PÈLERINAGE

NOTRE-DAME DES CHAMPS

Si l'on remonte la rue d'Enfer, si l'on parcourt ces quartiers dont plusieurs sont menacés d'être détruits pour faire place à des voies nouvelles, on laisse à sa gauche le couvent des dames Carmélites. Là était autrefois l'église de Notre-Dame des Champs, située dans la plaine et entourée de sépultures. Vers la fin de la seconde race, elle fut usurpée par des seigneurs laïques : on voit, en effet, qu'en 1084, Adam Payen et Gui Lombard, qui la tenaient de leurs ancêtres, la donnèrent au monastère de Marmoutier, près de Tours, déjà propriétaire de plusieurs terres dans le voisinage de Saint-Étienne des Grés. Notre-Dame des Champs devint alors un prieuré dépendant de l'abbaye de Marmoutier, et fut occupée, jusque vers le commencement du dix-septième siècle, par des religieux de cet ordre. A cette même époque, Catherine d'Orléans, princesse de Longueville, obtint du cardinal de Joyeuse, abbé de Marmoutier, l'église et le vaste enclos de Notre-Dame des Champs ; et, malgré la résistance de quelques religieux occupant le prieuré, elle fit disposer les bâtiments pour y établir un couvent de Carmélites dont elle se reconnut la fondatrice, et qu'elle dota d'une rente de deux mille quatre cents livres. En 1603, le pape Clément VIII approuva la formation, en France, d'un ordre entier de Carmélites dont le chef-lieu devait être le couvent de Paris. Par les soins du cardinal de Bérulle, alors aumônier du roi Henri IV, six religieuses carmélites vinrent d'Espagne en France et, le 17 octobre 1604, prirent possession de Notre-Dame des Champs. C'est là qu'en 1676 se retira Louise-Françoise de la Beaume le Blanc, duchesse de la Vallière; éclairée par une longue suite de déceptions et d'amertumes, elle cessa d'être la favorite de Louis le Grand, et consacra à Jésus-Christ le reste de sa vie. Elle y mourut, sous le nom de Louise de la Miséricorde, après trente-six ans d'austérités et de repentir.

L'église Notre-Dame des Champs, très-riche en monuments artistiques, était l'une de celles qui attiraient à Paris une plus grande affluence de visiteurs. La clôture qui séparait la nef du chœur était formée de quatre grandes colonnes de marbre, chargées de flammes de bronze. Le grand autel, magnifiquement décoré par la libéralité de Marie de Médicis, s'élevait au-dessus de douze marches de marbre entourées d'une splendide balustrade. Sur l'attique de l'autel était un bas-relief de bronze, œuvre d'Anselme Flamen, et représentant l'Annonciation. Le tabernacle, en forme d'arche d'alliance, qui surmontait l'autel, était d'argent ciselé et chargé de bas-reliefs. A de rares intervalles, et lors des plus grandes solennités, on exposait sur cet autel un ostensoir d'or, enrichi de pierreries. Plusieurs tableaux de grands maîtres ornaient cette église, qui pour la plupart sont aujourd'hui dans la galerie du Louvre. Sur les lambris avaient été représentés différents traits de la vie de sainte Geneviève, par Verdier. Les voûtes étaient décorées de peintures à fresque de Philippe de Champagne : on y remarquait le merveilleux effet d'un Christ sur la croix qui paraissait être sur un plan perpendiculaire, bien qu'il fût horizontal. C'est dans cette église que fut déposé le cœur de Turenne. Dans l'une des chapelles était le tombeau du cardinal de Bérulle ; les bas-reliefs du piédestal étaient de Lestocard ; la statue représentait le cardinal à genoux, les mains croisées sur la poitrine : elle était de Sarrazin. Cette œuvre d'art, éminemment remarquable, n'a pas été détruite : nous l'avons vue nous-même, il y a peu d'années, alors que dans une humble chapelle fondée sur les débris de ce couvent, commençait à se réunir l'œuvre de l'adoration réparatrice dont il a été ci-dessus question. Durant la révolution, après la destruction de l'église et du monastère des Carmélites, le tombeau du cardinal avait été déposé au Musée des Petits-Augustins. Lorsque plus tard quelques Carmélites se réunirent à Paris, et s'établirent dans la rue d'Enfer, on leur restitua le monument auquel elles attachent un juste prix.

Au temps où l'église et le couvent de Notre-Dame des Champs dépendaient encore de l'abbaye de Marmoutier, le roi Robert avait fait construire, à peu de distance, et sur la gauche, en regardant la Seine, une maison de plaisance située au milieu des prairies. On l'appelait le Valvert (*Vallis viridis*) et, par contraction, *Vauvert*. Elle était séparée du monastère et de l'enclos de Notre-Dame des Champs par la voie inférieure, *via inferior* (la rue Basse) dont le nom *inférieure*, après avoir subi diverses altérations se trouva insensiblement transformé en celui d'*Enfer*, d'où vient que, de nos jours, cette même route s'appelle du nom étrange de rue d'Enfer.

Au récit de quelques archéologues, un peu dupes, suivant nous, des légendes populaires, ce nom d'enfer fut donné au château de Valvert et à ses dépendances parce qu'on y entendait la nuit, au treizième siècle, des bruits mystérieux et terribles qui épouvantaient le peuple, et qu'on attribuait à l'apparition des esprits et des revenants.

Quoiqu'il en soit, vers l'an 1257, saint Louis résolut de sanctifier cette demeure si redoutée. Ayant entendu parler du monastère de la Grande-Chartreuse fondé autrefois par saint Bruno, près de Grenoble, il manda à dom Bernard de la Tour, général de cet ordre, de vouloir bien lui envoyer quelques-uns de ses frères, qu'il établirait aux environs de Paris. Cinq ou six chartreux ayant répondu à l'appel du roi, ce prince ne tarda pas à leur concéder, à titre de demeure, le château de Vauvert et les jardins qui l'environnaient. Le nouveau monastère occupait des terrains qui font aujourd'hui partie de l'immense jardin du Luxembourg, s'étendent de la rue de l'Est à la rue de l'Ouest, et comprennent l'allée de l'Observatoire, ses abords et une partie des pépinières.

Dès le règne de Saint-Louis, la chapelle des Chartreux, Notre-Dame de *Vauvert*, était en grande vénération. Le sire de Joinville raconte qu'en revenant de la Terre-Sainte, un passager du vaisseau qui le précédait étant tombé à la mer, s'écria : *Notre-Dame de Vauvert, sauvez-moi!* Et qu'aussitôt la Reine du ciel vint à son secours, le soutenant sur l'eau jusqu'à l'arrivée du navire suivant qui le prit à bord. Le couvent des chartreux était riche en monuments des arts. On y remarquait plusieurs tableaux de Philippe de Champagne, de Bon Boulogne, d'Antoine et de Noël Coypel, d'Audran, de Corneille, de Jouvenet, de Boulogne jeune, de Dumont le Romain, de la Fosse, du Poussin, de Restout et de Lagrenée. Le petit cloître du monastère était orné des magnifiques tableaux d'Eustache Lesueur représentant la vie de saint Bruno et qui sont aujourd'hui au musée impérial du Louvre.

Les révolutions ont passé. La tempête a renversé l'un après l'autre sur le sol ces édifices religieux qui faisaient la consolation de nos pères et que les générations s'étaient plu à enrichir de leurs offrandes. Il ne reste rien de l'église et du monastère de Notre-Dame des Champs, et c'est à peine si leurs débris servent à abriter une communauté pieuse qui a voulu jusqu'au bout les disputer au siècle et vivre selon la règle du Carmel. Quant à l'enclos des chartreux, les rues de l'Est et de l'Ouest, et la vaste promenade du Luxembourg ont pris sa place, et les érudits sont peut-être seuls à en garder le souvenir. Mais les âmes pieuses conservent mieux que la foule, mieux que les savants eux-mêmes la mémoire des choses qui se rattachent à l'action miséricordieuse de Dieu et aux miracles obtenus par l'intercession de Marie. Le nom de Notre-Dame des Champs a été donné à une rue dont le vaste parcours semble indiquer jusqu'où s'étendait, du côté de l'ouest, la limite de l'enclos des chartreux. Aux abords de cette rue, dans la voie large nouvellement ouverte, qui conduit à l'embarcadère du chemin de fer de l'Ouest et de la Bretagne, on a tout récemment élevé une église provisoire, entièrement construite en bois, et qui a été dédiée sous le vocable de Notre-Dame des Champs. On y remarque une grande affluence de personnes pieuses qui viennent solliciter l'intervention de Marie et s'en retournent raffermies dans la foi. Cette église, dont l'aspect est assez étrange, et qui ne tardera pas sans doute à faire place à un édifice de pierre, ne saurait être classée au nombre des monuments de Paris. Sa gloire est d'être un foyer de recueillement et de prières, et d'être consacrée au service de Dieu. La population du quartier Montparnasse devenait trop considérable pour que l'autorité religieuse ne cherchât pas à lui épargner la nécessité d'aller au loin assister au divin sacrifice. La modeste église de Notre-Dame des Champs, l'église de bois, a été érigée en succursale.

Son nom rappelle des souvenirs trop chers aux chrétiens pour que nous ne nous empressions pas de nous rendre en pèlerins dans son étroite enceinte. Dieu y réside dans ses saints tabernacles, et Marie nous invite à venir nous prosterner au pied de l'autel. Allons-y donc, et après avoir adoré Dieu, méditons sur les mérites de sa très-sainte Mère que l'Église appelle *Miroir de justice* et *Cause de notre joie*.

MÉDITATION.

1

Un miroir réfléchit la lumière du soleil, et Marie, que l'Église appelle, à si juste titre, miroir de justice réfléchit les rayons mystiques des perfections divines. Elle est l'image de Dieu; aucune créature n'a comme elle le précieux bonheur d'avoir formé sa vie sur les exemples de Jésus-Christ, de ce Verbe incarné que toutes les bouches chrétiennes saluent des noms de « Pureté de la lumière éternelle, *Candor lucis æternæ.* » Marie est le miroir pur, le miroir sans tache qui, sans cesse en face de Dieu, réfléchit la face adorable du Tout-Puissant. La bienheureuse Vierge Marie daigna révéler à sainte Brigitte ce merveilleux effet des grandes choses que le Seigneur avait faites en sa faveur, *fecit mihi magna qui potens est.* « Sache, lui dit-elle, sache, ma fille, que mon corps et mon esprit sont plus purs que le soleil, plus nets qu'aucune glace de miroir. Celui qui jette les yeux sur moi, dit-elle, y voit les trois personnes de la très-sainte Trinité, qui ont reposé en moi d'une manière ineffable... La pureté dont Dieu m'a honorée est si grande que recevant les rayons des perfections divines, elle les représente autant qu'il est possible à une pure créature. » C'est la même pensée qu'exprime saint Augustin lorsque, s'adressant à Marie, il ne craint pas de lui dire : « Si je vous nomme la forme de Dieu, je n'ajoute rien à votre mérite. » Dieu est la justice par excellence, l'Église l'appelle « Soleil de justice. » L'état de justice, c'est-à-dire l'état de grâce sanctifiante, qui donne droit à l'éternel bonheur, l'homme, par sa désobéissance, l'avait perdu pour lui et pour sa race ; mais Marie, destinée à mettre le pied sur le serpent, a eu pour mission de coopérer à la réhabilitation de notre nature déchue.

La justice consiste à ne blesser le droit de personne et à rendre à chacun ce qui lui est dû. Pratiquons-nous cette vertu ? Ne faisons-nous tort à aucun de nos frères soit par nos actions, soit par nos paroles? Rendons-nous à autrui ce que nous devons? Combien se font illusion à cet égard et se croient justes qui reconnaîtront, au grand jour de la justice éternelle, qu'ils ont failli envers leurs frères et ont été en horreur à Dieu parce qu'ils faisaient tort au prochain. Méditons souvent à cet égard sur nos devoirs, et réfléchissons-y avec d'autant plus de motifs que le monde se fait volontairement illusion sur les devoirs que la justice impose.

L'Écriture appelle souvent *justice* l'assemblage de toutes les vertus, et c'est dans ce sens que Notre-Seigneur a entendu ce mot lorsqu'il a dit : « Heureux ceux qui ont faim et soif de la justice parce qu'ils seront rassasiés (1). » Oh! oui, heureux ceux qui, imitant Marie, ont faim et soif de Dieu, et travaillent à former leur vie entière sur le modèle de Jésus-Christ, la justice par excellence! Que ne sommes-nous de ce nombre et pourquoi différons-nous?

La justice de Dieu consiste à rendre à chacun selon ses œuvres. Comme le père de famille dont parle l'Évangile, Dieu a confié à chacun de nous telle portion de ses biens qu'il lui a plu. Dieu nous en demandera compte; il récompensera le serviteur fidèle dans la mesure de ses soins et de son travail; il punira le serviteur infidèle qui aura enfoui son

(1) S. Matth. v, 6.

ta'ent, et n'en aura fait aucun usage. C'est à son gré qu'il distribue les dons de la nature et de la grâce. Ne nous occupons pas de ce qui a été accordé aux autres ; songeons au compte que nous devons rendre nous-mêmes, et mettons à profit le temps qui nous reste.

O Dieu, qui êtes la justice même, nous osons vous supplier de ne point entrer en jugement avec nous, et de ne point nous juger selon la rigueur de votre justice, mais selon votre miséricorde. Qui d'entre nous pourrait supporter la sévérité de vos jugements, ô vous qui voyez des taches jusque dans la pureté des anges. Vous êtes le soleil de justice, mais vous êtes aussi le Dieu bon, le Dieu clément, le Dieu de paix, le père des pauvres. Daignez donc avoir pitié de nous. Nous vous le demandons avec confiance par les mérites infinis de Jésus votre Fils, et par l'intercession de sa Mère.

II.

Toute joie céleste vient à l'âme de l'espérance du salut et de l'union avec Dieu. La joie humaine se rattache aux biens terrestres qui sont périssables. La possession n'en peut être troublée que par le péché, parce que le péché nous sépare de Dieu.

Marie, en sa qualité de Mère de Dieu, a coopéré à l'œuvre de notre salut. Donc c'est à juste titre que l'Église l'honore en l'appelant *Cause de notre joie,* Lorsque l'ange dans la nuit où naquit Jésus parla aux bergers, il leur dit : « Je viens vous apporter « une nouvelle qui sera pour tout le peuple le sujet « d'une grande joie. » La joie réelle, la joie dont Dieu est la source ne vient donc aux hommes que par Jésus-Christ et avec Jésus-Christ, et Marie, Mère du Fils de Dieu fait homme, a coopéré à remplir le genre humain d'une joie sans égale.

Est-il un chrétien qui puisse goûter la joie dans le péché ? Au milieu des plaisirs et des distractions du monde, dans la satisfaction de nos penchants criminels, pour peu que la foi nous reste, ne sommes-nous pas attristés douloureusement par la pensée d'un paradis qui se perd, d'un enfer que l'on mérite, d'un jugement qui décidera de notre éternité, de la mort enfin qui viendra nous surprendre et qui nous enverra devant Dieu rendre compte de nos œuvres ? Oh! alors, quand nous nous laissons aller aux détestables joies que l'homme cherche loin de Dieu, nous comprenons que nous perdons notre âme, et qu'au prix de plaisirs misérables, fugitifs comme le temps, nous engageons notre bonheur éternel. Pensons-y bien, et les joies du monde nous apparaîtront sous leur véritable jour.

La joie des saints et des anges est incompréhensible, et l'homme ne saurait ni la décrire, ni la concevoir. Être uni pour l'éternité à Dieu, le souverain bien, la beauté infinie, la grandeur et la perfection sans mesure. Jouir de sa présence, contempler ses merveilles, l'aimer, être aimé de lui, se reposer en lui pour l'éternité; est-il une bouche humaine capable de proclamer et de raconter cette joie céleste et sublime? Pour y arriver, ne ferons-nous pas quelques efforts, ne nous imposerons-nous pas quelques sacrifices, ne chercherons-nous pas à secouer le joug des passions et du monde? Il faudrait être insensés pour ne pas avoir ce courage.

Qui nous enseignera à choisir entre la fausse joie du monde et la joie sainte qu'on trouve en Dieu seul? Nous avons les exemples et les exhortations de Marie, de cette Mère que les siècles *appellent bienheureuse* et qui se *réjouit en Dieu son Sauveur*. C'est Marie qui, en enfantant Jésus-Christ, notre libérateur, a été cause de notre joie, cause de toute joie sainte; c'est elle qui, même dans les afflictions terrestres dont ses prières nous préservent, nous épargne des pleurs et amène pour nous de nouvelles consolations. Elle est la cause de notre joie, c'est l'Église elle-même qui l'assure. Tournons-nous donc vers elle, nous, pauvres exilés, nous, habitants de cette vallée de larmes; élevons nos regards et nos pensées vers elle, cherchons à arriver à elle en marchant sur ses traces, et elle nous montrera son Fils, la joie éternelle de Marie, des anges et des saints, le prix et la récompense de ceux qui auront renoncé aux joies criminelles du péché.

Seigneur Jésus, qui êtes la joie des anges et des saints, la joie de Marie, votre Mère, nous vous supplions, par l'intercession de cette Vierge sainte qui vous a enfanté et que l'Église appelle « Cause de notre joie, » d'éloigner de nous les embûches du démon, le péché, les occasions du péché et tout ce qui peut diminuer ou éteindre en nos âmes la joie des enfants de Dieu et de Marie.

PRIÈRE DE L'ÉGLISE

Salve, Regina, mater misericordiæ, vita, dulcedo, et spes nostra, salve. Ad te clamamus exules filii Evæ : ad te suspiramus, gementes et flentes in hac lacrymarum valle. Eia ergo, advocata nostra, illos tuos misericordes oculos ad nos converte, et Jesum benedictum fructum ventris tui, nobis post hoc exilium ostende, ô clemens, ô pia, ô dulcis Virgo Maria !

Nous vous saluons, ô Reine, mère de miséricorde, notre vie, notre joie et notre espérance. Dans cet exil auquel nous sommes condamnés comme enfants d'une mère coupable, nous implorons votre intercession : nous vous présentons nos soupirs et nos gémissements dans cette vallée de larmes : soyez donc notre avocate, attendrissez-vous sur nos maux, et après l'exil de cette vie, ô Vierge Marie ! pleine de douceur et de tendresse pour les hommes, obtenez-nous le bonheur de voir Jésus-Christ, le fruit sacré de votre sein.

℣. Invoca Dominum pro nobis; ℟. Et libera nos de morte.

℣. Intercédez pour nous auprès du Seigneur ; ℟. Et délivrez-nous de la mort.

XXXe PÈLERINAGE

NOTRE-DAME DE BON-SECOURS

Laissons sur la droite le sol où s'éleva le sanctuaire de Notre-Dame de Vauvert, où les enfants de Saint-Bruno consacraient leur vie au travail et à la prière, où les Carmélites, dociles aux traditions de sainte Thérèse, résumaient toute une existence en ces deux idées : aimer et souffrir. En remontant vers le faubourg Saint-Germain, nous admirerons de loin le magnifique établissement des Augustines du Saint-Cœur de Marie, dans la rue de la Santé ; nous saluerons, en traversant la rue Carnot, l'église et le couvent des Augustines de Sainte-Marie, et bientôt après, dans la rue Notre-Dame des Champs, Notre-Dame de Sion, asile des jeunes juives qui veulent embrasser la foi catholique, mais qui, lorsqu'elles sont mineures, se voient contraintes d'attendre le consentement légal de leurs parents ou de leurs tuteurs : là aussi se réunissent les mères chrétiennes, association fondée par l'abbé Th. Ratisbonne, et qui se compose de mères toujours empressées à mettre en commun leurs prières pour le salut ou la santé de leurs enfants. Un peu plus loin, c'est Notre-Dame des *Petites-Sœurs des Pauvres.*

Paris, la France, le monde catholique tressaillent à ce nom béni : Sœurs des pauvres. C'est qu'il résume l'humilité, la mortification, le dévouement du christianisme. Cette institution a été fondée, il y a plus de vingt ans, dans un coin obscur de la Bretagne, à Saint-Servan. Deux très-jeunes ouvrières, une ancienne domestique, Jeanne Jugan, après s'être mises sous la protection de Marie immaculée, de saint Joseph et de saint Augustin, se sont dévouées à fonder un petit asile où d'abord ont été reçus douze vieillards réduits à la plus affreuse misère. Pour les aider, les loger, les faire vivre, les héroïques chrétiennes se sont mises à travailler, à quêter; elles ont disposé de leurs petites épargnes ; différentes associées leur ont prêté le même concours ; les aumônes leur sont venues; les populations, émues d'un pareil spectacle, ont apporté leurs offrandes et particulièrement ce denier de la veuve, qui plaît tant au cœur de Jésus-Christ. Dans un grand nombre de villes, la charité a enfanté de pareils dévouements, et l'œuvre a pris un développement rapide. Aujourd'hui, les Petites-Sœurs des Pauvres possèdent à Paris quatre établissements qui reçoivent beaucoup de vieillards des deux sexes et leur fournissent les aliments, l'abri, les soins nécessaires à la santé et à la vie.

« Pour nourrir tant de monde, dit M. l'abbé de

Valette, il faut des ressources et il y en a d'immenses : celles de la Providence. Tous les jours des sœurs sortent et vont recueillir les restes de grands établissements, parmi lesquels on aime à citer le collége Rollin. Les morceaux de pain, abandonnés par les élèves, sont mangés par les sœurs; car, pour leurs chers pauvres, elles ont recours au boulanger : c'est une de ces attentions délicates dont la charité possède le secret. Des mains inconnues ont fourni des provisions d'épiceries; un boucher voisin a plusieurs fois envoyé des provisions de viande : le dévouement de ces admirables sœurs est devenu contagieux... Les sœurs ont été dans les grands cafés demander, au nom de leurs pauvres, le marc qui ne sert à rien, et, au moyen d'une habile préparation, elles ont su en tirer un breuvage bien supérieur à celui que prennent tous les matins les quatre dixièmes de la population parisienne. Le même esprit d'ordre et d'économie a fait établir un vestiaire où les hardes les plus vieilles, les plus hors d'usage, subissent une transformation qui les rend encore utiles aux hôtes de la maison. »

C'est encore l'esprit de Jésus-Christ qui a inspiré le dévouement et les sacrifices des Sœurs garde-malades de Troyes, dont la maison est située rue Saint-Merry, et des Sœurs de Bon-Secours, qui possèdent un couvent et une chapelle rue Notre-Dame des Champs. Sous ce même titre, il existait à Paris, avant la révolution, un prieuré perpétuel de bénédictines mitigées. Il avait été fondé, sous le règne de Louis XIV, par Claude de Bouchavane, veuve de M. de Viguier, directeur des finances ; cette pieuse femme fit venir de l'abbaye royale de Notre-Dame de Soissons, Madeleine-Emmanuelle de Bouchavane, sa sœur qui y était religieuse et qui amena avec elle deux sœurs de la même abbaye. Elles entrèrent, le 1er septembre 1648, dans la maison de Bon-Secours, et cette œuvre si utile s'y maintint jusque vers la fin du dix-huitième siècle, où elle fut, comme tant d'autres institutions catholiques, dispersée par la tempête révolutionnaire.

De nos jours, les sœurs de Bon-Secours, dont le nom est resté cher à tous les chrétiens, se dévouent au soulagement des malades. Rien ne les détourne de l'accomplissement de cette sainte mission : ni la crainte des épidémies, ni le spectacle des plus cruelles souffrances, ni les soins les plus difficiles, ni l'ingratitude de ceux qu'elles servent. La foi catholique peut seule faire surgir dans le cœur un semblable courage ; c'est dans notre divine religion que l'on rencontre ces merveilles incompréhensibles d'abnégation et de sacrifices. Les chrétiens égarés, qui suivent le drapeau de l'hérésie et croient de bonne foi marcher dans la vérité et la vie, ne sont témoins autour d'eux d'aucun dévouement semblable qu'ils puissent nous opposer, dont leur culte puisse se faire un sujet d'orgueil. Ils donnent de l'argent, ils répandent de nombreux bienfaits chez ceux qui sont visités par l'indigence et la misère ; mais ils ne se donnent pas eux-mêmes, et c'est à ce signe que l'on peut reconnaître la charité qui émane de Dieu et la distinguer de la bienfaisance, qui est une vertu humaine. Bien souvent les populations protestantes se sont étonnées de ne pas voir subsister dans leur sein ces admirables institutions qui font la joie du catholicisme : hors d'état de comprendre que hors de l'Église infaillible et universelle, éclairée et animée par le Saint-Esprit, il ne pouvait y avoir que des tentatives sans avenir, des dévouements calculés et limités, elles ont applaudi à des efforts essayés dans le but de doter les calvinistes et les luthériens d'établissements analogues à ceux de nos sœurs de Charité et de nos sœurs de Bon-Secours ; mais ces essais n'ont eu ni persistance, ni durée, et il n'a pas plu à Dieu de les faire prospérer. Que celui qui a des yeux voie et comprenne.

La chapelle de Notre-Dame de Bon-Secours est un monument fort remarquable ; ceux qui la visitent, rue Notre-Dame des Champs, ne se lassent pas d'admirer cet édifice, construit de nos jours dans le style du treizième siècle ; on croyait avoir perdu la tradition de l'art chrétien, lorsque des architectes, revenus aux inspirations catholiques, ont doté Paris de ce bijou. Les nervures des voûtes, fines et hardies, retombent en gerbes de colonnettes, formant des piliers qu'unit entre eux une galerie aérienne ornée de trèfles et de dentelles de pierre; l'autel, de marbre blanc avec des ornements de bronze doré, est surmonté d'une statue de la sainte Vierge, peinte selon la coutume byzantine, et les bas-côtés sont éclairés par des fenêtres ogivales garnies de vitraux, à travers lesquels passe la lumière mystérieuse qui convient à la méditation chrétienne.

Pèlerins d'un jour, laissons-nous attirer par la piété et la charité, et venons, dans cette charmante chapelle gothique, implorer la Mère de Notre-Seigneur Jésus-Christ, celle que l'Église se plaît à nommer « Notre-Dame de Bon-Secours et Rose mystique. ».

MÉDITATION.

I.

Jésus-Christ l'a dit à ses disciples : « Tout pou-« voir m'a été donné dans le ciel et sur la terre, » et ce pouvoir il l'a, en quelque sorte, communiqué à sa sainte Mère pour le salut des pécheurs. On dirait que, comme Salomon, il lui a parlé en ces termes : « Ma mère, dites ce que vous demandez; il ne serait « pas juste de vous renvoyer sans être exaucée. »

Croyons que Marie nous aime, qu'elle désire ardemment notre bonheur, qu'elle ne souhaite rien tant que de voir la multitude de fils qu'elle a adoptés sur le Calvaire se presser dans le temps et dans l'éternité auprès de son divin Fils; croyons qu'elle fera servir son pouvoir à cette fin, mais sachons correspondre au vœu ardent de cette Mère. Est-il juste que nous laissions tout faire à Marie ? Ne porterons-nous pas au moins à ses pieds un sincère repentir, une résolution chrétienne et généreuse ? Oserons-nous nous jouer de sa puissance en y faisant appel du bout des lèvres, tandis que notre cœur demeurera attaché à ses vices et ne trouvera de bonheur que dans les outrages faits à Jésus ? Pour que Marie emploie sa puissance à nous secourir, supplions-la, avec un vrai désir d'être exaucé, et en nous proposant désormais de changer de vie et de nous attacher pour jamais au service de Jésus.

Aucune créature sortie des mains de Dieu n'a eu, autant que Marie, la connaissance des perfections infinies de Dieu, aucune n'a été comblée de tant de grâces. Aussi qui pourrait mesurer la dévotion, la piété, les sentiments de reconnaissance et d'amour dont elle est animée envers son Créateur ? C'est elle-même qui proclame ce qui se passe dans son âme : *Et mon esprit*, dit-elle, *est rempli de joie en Dieu mon Sauveur !* Elle a porté Jésus dans ses chastes entrailles, elle a vu naître et grandir en vertu et en sagesse, devant Dieu et devant les hommes, cet enfant de prédilection, le Fils du Père éternel, celui en qui le Tout-Puissant *a mis toutes ses complaisances*. Voir Jésus, le connaître, n'est-ce pas assez pour l'aimer ? Les saints qui se sont le plus élevés vers Jésus sur les ailes de l'amour divin sont évidemment ceux qui ont le plus médité sur ses perfections infinies ; mais la méditation peut-elle, en matière semblable, tenir lieu de la contemplation? Marie a vu son Fils sur la terre de la crèche au Calvaire ; elle le contemple pour l'éternité dans le ciel ; elle est, plus que toute autre créature, associée à sa puissance et à sa gloire : c'est assez dire qu'elle l'aime plus que toutes les autres créatures réunies et qu'aucune parole humaine ne saurait décrire et dépeindre le saint et ardent amour qu'elle a voué à son Fils. Aussi l'Église, voulant résumer le bonheur qu'elle éprouve et voulant nous la proposer pour refuge et pour modèle, l'appelle à juste titre, dans un langage figuré mais dont le sens ne saurait nous échapper : *Vas insigne devotionis*, « Vase insigne de dévotion. »

Nous sommes froids et insensibles ; nos cœurs sont durs et nos oreilles fermées. Vainement l'Église déroule sous nos yeux le tableau des souffrances et des bienfaits de Jésus, nous écoutons avec distraction, nous regardons sans voir, nous n'avons point l'intelligence des obligations que tant de miséricorde nous impose. Quel malheur est le nôtre ! Nous n'aimons pas Jésus! car ce n'est pas l'aimer que de lui adresser quelques prières qui expirent sur nos lèvres et ne partent pas du cœur ; nous n'aimons pas Jésus! car ce n'est pas l'aimer que de passer sa vie entière à se dire qu'on ira à Jésus, qu'on reviendra à lui, que plus tard on le cherchera, et ne rien faire, en attendant, pour lui prouver notre reconnaissance et notre amour. Aucun malheur sur la terre n'est comparable à celui d'une âme qui n'aime pas Jésus. Le savons-nous bien? le comprenons-nous bien?

Pour aimer Jésus, il faudrait le voir et le connaître comme Marie. Nous ne pouvons, en ce monde, jouir de ce bonheur incomparable; mais au moins pouvons-nous, dans un cœur pieux et dévoué, repasser sans cesse le souvenir des bienfaits dont Jésus nous a comblés et garder la mémoire de ce qu'il a enduré pour notre amour. Jésus, le Fils de Dieu fait homme, est descendu parmi nous; il s'est revêtu de notre chair pour nous racheter et nous sauver. Il a souffert la mort de la croix pour sauver notre âme du joug du démon. Il nous a conquis, au prix de son sang, la couronne immarcessible des saints qu'il tient en réserve pour nous, qu'il nous donnera si, profitant de ses grâces, nous marchons dans la voie qu'il nous a tracée; si nous savons le préférer au monde, si nous l'aimons, si nous le servons. Pourrions-nous avoir le cœur occupé d'autres désirs et d'autres pensées? Si jusqu'à ce jour nous avons été assez à plaindre pour ouvrir notre âme aux inspirations du monde, ah! du moins, à dater de ce jour, les regards toujours attachés sur Jésus, ne cherchons que lui, n'étudions que lui, n'aimons que lui.

Nous ne pouvons aimer Jésus autant qu'il mérite d'être aimé. Ses perfections infinies appelleraient de notre part un amour parfait, et nous ne sommes que de pauvres créatures bornées et impuissantes, et qui ne peuvent donner qu'une certaine mesure d'amour. Du moins, attachons-nous à aimer Jésus de toute notre âme, de tout notre cœur ; et quand, gémissant sous le fardeau de notre iniquité et de notre faiblesse, nous reconnaîtrons que nous ne savons pas aimer Jésus, que notre dévotion est froide, que notre piété est stérile et inerte ; alors, tournons les yeux vers Marie, Vase insigne de la vraie dévotion, et obtenons d'elle une part de cet amour divin dont elle est embrasée pour son Fils adorable.

O Jésus ! qui vous connaît méprise le monde, qui vous aime ne trouve de bonheur qu'en vous seul. Daignez accorder à nos prières, par l'amour qu'a pour vous votre Mère, la grâce de vous aimer par-dessus toutes choses et de mépriser et de fuir le monde par amour pour vous. Allumez dans nos cœurs le feu divin de votre amour et n'en laissez subsister aucun autre, afin que votre amour soit notre règle et notre fin et que nous n'aimions rien que pour vous, rien qu'en vous.

II.

« Mon épouse chérie, est-il dit au sacré Cantique, est pour moi comme un jardin clos. » Ce jardin est l'Église catholique et Marie est la Rose mystérieuse, la rose divine qui l'éblouit de son incarnat et l'embaume de son parfum. Le Sauveur, s'adressant à sainte Brigitte, appelle sa bienheureuse

Mère *la belle fleur du jardin, qui passe toutes les autres en beauté, en senteur et en vertu.* Saint Épiphane disait que Marie avait rempli le monde des fleurs les plus recherchées du paradis. Saluons-la donc avec l'Église du beau nom de *Rose mystique,* et entourons d'honneur et de respect cette fleur incomparable d'où s'est éclos le fruit attendu et désiré de toutes les nations; disons, avec saint Sophrone, qu'elle est « le vrai jardin de délices, où abondent toutes les fleurs, avec l'odeur céleste de toutes les vertus. » Quelle fleur est plus belle, plus suave, plus merveilleuse que la rose? D'une voix unanime on la proclame la reine de nos parterres; si belles que soient les autres fleurs, œuvres du Tout-Puissant, elles semblent obéir à la rose et reconnaître sa royauté. C'est par cette raison que l'Église, voulant honorer Marie, la reine des saints, et la fleur la plus belle du jardin de Dieu, l'appelle « une rose; » et l'Église ajoute que cette fleur est mystique. Sans doute, c'est pour nous apprendre que nul regard profane ne peut voir et comprendre les trésors de grâce et de pureté de la Mère de Jésus-Christ. Toutes les merveilles *que le Tout-Puissant a faites en elle* ne sont point livrées aux regards des pécheurs : Dieu seul qui en est l'auteur, le créateur et la source, les connaît et pourrait les dire; et cependant ce Dieu trois fois saint, qui nous a donné Marie pour mère et pour modèle, permet que nous contemplions avec les yeux de l'esprit et de la foi cette Rose mystique qui se revêt d'un voile d'humilité; il appelle les saints et les anges, les pécheurs eux-mêmes, à environner cette Rose céleste, comme en ce monde les abeilles entourent une fleur et empruntent d'elles le plus doux miel. Allons à cette Rose mystérieuse, enivrons-nous de sa suave senteur, pénétrons-nous de ses parfums, et l'ennemi de notre salut s'éloignera, vaincu d'avance, en reconnaissant que Marie veille sur nous et combat pour nous.

Marie a eu sa croix, son cœur a été transpercé du glaive, et la Rose mystique que l'Église honore et invoque a eu ses épines; non que ces mêmes épines, comme celles qui défendent les roses terrestres, aient fait sentir leurs pointes aux hommes; non, les épines que Marie a endurées l'ont blessée elle-même, et durant la longue et cruelle agonie de son Fils. Lorsque nous songeons aux tourments que Marie a soufferts, ne nous arrive-t-il pas de penser que c'est par nos crimes qu'elle a été déchirée et que, associés par nos péchés aux bourreaux de Jésus, nous avons été cause première des douleurs de Marie? Efforçons-nous désormais, par notre piété et notre fidélité, de devenir pour elle un motif de joie.

L'innocence est une fleur chaste et pure qui réjouit les regards de Dieu. Si nous avons perdu cette précieuse parure, efforçons-nous de la recouvrer par la pénitence. Songeons que dans l'état de péché, privés de la grâce de Dieu, frappés de mort spirituelle, nous ne sommes aux yeux du Seigneur, de Marie et des anges que des êtres atteints de corruption desquels tout regard doit se détourner avec horreur. Qu'il y a loin de cette condition désolée et honteuse à celle de ces âmes saintes qui sont les fleurs du jardin de Dieu, la vivante guirlande de l'Église! Nous connaissons le remède, la foi nous l'enseigne, hâtons-nous d'y recourir et ne supportons pas un seul moment d'être en horreur à Dieu.

Marie est la « Mère du bel amour et des miséricordes éternelles ; » elle a des entrailles de charité pour tous ; il n'est si grand pécheur qui ne rencontre en elle consolation et espérance. C'est assez dire qu'elle nous prendra par la main et nous ramènera à Dieu si nous implorons son assistance avec une vraie dévotion; alors elle fera revivre les fleurs flétries et desséchées de notre âme. Espérons donc en sa toute-puissante supplication et allons à elle comme à notre mère.

Dieu tout-puissant, qui nous avez placés en ce monde comme en un lieu d'épreuves, Dieu qui voyez notre faiblesse et nos misères, qui avez horreur de nos péchés et qui vous complaisez à ouvrir vos bras au pécheur qui revient à vous, daignez, par les mérites de Jésus-Christ, votre Fils bien-aimé, et par l'intercession de Marie, sa Mère, nous attirer à vous par les liens de la charité et de la contrition, effacer nos crimes, ne vous souvenir que de votre miséricorde et nous donner place un jour dans ce jardin céleste où Marie, les anges et les saints resplendissent comme des fleurs mystiques de piété et de divin amour.

XXXIe PÈLERINAGE

NOTRE-DAME DE SAINT-SULPICE

Sous le règne de Philippe-Auguste, vers l'an 1211, l'église paroissiale de Saint-Pierre ou de Saint-Père (d'où est venu le nom que porte la rue des Saints-Pères) ayant été reconnue trop petite pour le grand nombre de fidèles qui la fréquentaient, on fut obligé d'en faire construire une autre, dédiée sous le vocable de Saint-Pierre. Plus de trois siècles après, sous François Ier, cette nouvelle église ayant également paru beaucoup trop étroite, on y ajouta une nef. En 1614, on construisit trois chapelles de chaque côté de cette nef. Cependant, au commencement du règne de Louis XIV, la population du faubourg Saint-Germain avait pris un accroissement si considérable que l'on prit le parti de rebâtir l'église tout entière sur un plan plus large. Le 20 février 1646, Anne d'Autriche, régente du royaume, posa la première pierre du nouvel édifice, et les bâtiments commencèrent à s'élever sur les dessins de Christophe Gamart, remplacé depuis par Louis Levau. La mort de ce dernier, arrivée en 1670, fit confier la conduite des travaux à Daniel Gittard. Cet architecte acheva la chapelle de la Vierge et construisit le chœur, les bas-côtés, les croisées et le portail de gauche; en 1678, les travaux furent suspendus, faute d'argent.

« Le curé et les marguilliers, dit Félibien, présentèrent en 1683 une requête au roi et à son conseil pour demander des secours, et la permission d'asssembler les paroissiens pour aviser aux moyens de payer les dettes contractées et d'achever le bâtiment de leur église. Par arrêt du 12 février, il fut ordonné qu'en présence du sieur Le Camus, lieutenant civil, les paroissiens seraient convoqués pour arriver aux moyens les plus expédients, tant pour acquitter les dettes que pour continuer le bâtiment commencé; pour, sur le procès-verbal qui en serait dressé, être statué par le conseil, ainsi qu'il appartiendra. » L'assemblée eut lieu; mais les dettes s'élevaient à près de 700,000 livres, et l'affaire traîna en longueur. Après de longues vicissitudes, dans le détail desquelles on nous dispensera d'entrer, les travaux furent repris, vers l'an 1718, par M. Languet de Gergy, curé de la paroisse.

Cet homme respectable ne possédait que trois cents francs : il les employa à acheter quelques pierres; à son exemple, des personnes pieuses firent des offrandes, et le roi, en 1721, leur permit d'ouvrir une loterie pour se procurer les ressources nécessaires. Le bâtiment fut continué sur les dessins de l'architecte Oppenord, directeur général des bâtiments du duc d'Orléans. C'était un homme de peu de goût, qui se plaisait aux ornements mesquins ou capricieux. Le portail de la croisée de droite fut élevé en 1719; la nef, commencée en 1722, ne fut entièrement achevée qu'en 1736. Il ne restait plus à faire que le grand portail dont on avait jeté les fondements, en 1733, sur les dessins de Servandoni. Ce portail devait être surmonté d'un fronton et flanqué de deux tours; son ordonnance sévère contrastait avec le style maniéré, si fort à la mode durant le dix-huitième siècle. Servandoni étant mort, son plan fut dénaturé, et la tour qui fut élevée à la droite du portail ne justifia point les espérances du public. Plus tard, sous le règne de Louis XVI (tant la construction de cette église avait exigé de mois et d'années), un habile architecte, nommé Chalgrin, commença les travaux de la tour septentrionale. La révolution les interrompit. Quoique inachevés, et en dépit de contradictions blâmées par les archéologues, le portail de Saint-Sulpice n'en est pas moins l'un des plus majestueux édifices de Paris.

L'impression que produit Saint-Sulpice ne ressemble pas à celle qu'on éprouve en entrant dans les vieilles basiliques du moyen âge : on ne peut néanmoins nier l'effet qui résulte de la noblesse des proportions, de la grandeur des lignes, de la majesté de l'ensemble. Si aucune école artistique n'a droit de revendiquer pour sienne cette vaste église, s'il n'en est aucune qui ne la critique avec plus ou moins de sévérité, elle n'en est pas moins un magnifique monument, un temple qui porte le caractère de la foi et du génie et dont l'aspect ne laisse pas que d'étonner, que d'éveiller l'admiration plus ou moins réfléchie. L'art classique n'y a pas d'ailleurs complétement répudié les traditions chrétiennes : autour du sanctuaire on retrouve les ambulatoires de nos anciennes basiliques. La chapelle de la sainte Vierge, splendidement décorée, peut rivaliser avec les plus remarquables de celles qu'élevèrent jadis, d'après d'autres inspirations, l'art byzantin et, plus récemment, l'architecture ogivale. La statue de Marie y est placée dans une niche qu'éclaire un jour venant d'en haut et nous apparaît comme illuminée par une lumière mystérieuse : cette statue est l'œuvre de Pigalle ; un peu trop admirée par nos pères, elle est trop durement critiquée, de nos jours, par des juges nécessairement exclusifs en matière de goût et qu'il nous est bien permis de récuser.

L'église de Saint-Sulpice renferme des peintures dues au talent d'artistes célèbres. Dans la première chapelle, à côté de la grande sacristie, une *Nativité* et un *Concert d'Anges,* par Lafosse; dans la troisième, une *Sainte-Geneviève,* par Hallé. Dans la chapelle des mariages, deux anges peints sur le plafond, par le même; une *Nativité*, par Carle

Vanloo; une *Présentation au temple*, par Pierre; une *Fuite en Égypte*, par le même; *Jésus-Christ au milieu des docteurs*, par Frontier. Dans la sacristie des messes, une *Apparition,* par Hallé; une *Vierge à genoux,* par Monier. Dans la chapelle de la Vierge, des peintures entre les pilastres, par Carle Vanloo. Dans la coupole, une *Assomption*, par François Lemoine. La sculpture, non moins que la peinture, a contribué à décorer l'église de Saint-Sulpice : on remarque les statues de saint Jean, de saint Joseph, de saint Pierre et de saint Paul, par Dumont; deux anges de bronze doré par Bouchardon; les statues en pierre de Notre-Seigneur, de sa Mère et des douze Apôtres, par le même. Dans la chapelle du Sacré-Cœur, une Vierge en marbre, attribuée à Michel-Ange.

Depuis quelques années, la ville de Paris a voulu orner par des peintures murales la plupart des chapelles de cette vaste église : nous citerons au nombre des plus remarquables la chapelle de Saint-Maurice, la chapelle de Saint-Roch, la chapelle de Saint-Jean l'Évangéliste, la chapelle de Saint-Vincent de Paul, la chapelle de Saint-François de Sales, la chapelle de Saint-François-Xavier : cette dernière a été peinte par M. Émile Lafon, l'un des peintres modernes qui ont mis au service de la foi et de la religion le plus d'intelligence et de talent. Tout récemment on a découvert, dans la chapelle des Saints-Anges, les peintures dont l'a ornée M. Eugène

Delacroix. Les qualités éminentes et les défauts de ce grand artiste s'y font reconnaître, et l'opinion des connaisseurs y est partagée. Pour nous, il nous semble que ces peintures ont le tort de ne prêter en aucune manière au recueillement et à la piété, qu'elles sont trop éclatantes pour un lieu de prières, et que les sujets ont été choisis plutôt pour le peintre qu'en vue du fidèle ; à cela près, nous les trouvons à un haut degré marquées de l'empreinte du talent. Le buffet d'orgues, exécuté par Chicot et renfermé dans une menuiserie dont les dessins ont été donnés par Chalgrin, passe pour le plus complet de l'Europe. Les sculptures dont il est orné sont de Duret. La chaire à prêcher, très-riche, mais d'une forme bizarre, a été élevée sur les dessins de Vailly.

L'histoire de cette église a été mêlée d'événements très-dignes d'intérêt : « L'an 1648, pendant la nuit du 27 au 28 juillet, deux voleurs, entrés par une fenêtre de Saint-Sulpice, forcèrent le tabernacle de la chapelle de la Vierge, enlevèrent le saint ciboire et jetèrent les hosties sacrées dans le coin d'un confessionnal. Le bruit de ce sacrilége s'étant répandu dans Paris alarma toutes les personnes de piété. On crut qu'il fallait réparer par quelque action d'éclat une si grande injure faite au Saint-Sacrement. Henri de Bourbon ou de Verneuil, abbé de Saint-Germain des Prés, ordonna une suite d'œuvres de piété, des messes, des prédications et des processions, dont la dernière se fit le jeudi,

6 août, avec la plus grande solennité. Ce jour-là, toutes les boutiques du faubourg furent fermées et les rues par où devait passer la procession tendues de tapisseries, comme à la Fête-Dieu. Les prêtres de la paroisse, précédés de leur croix, allèrent quérir les religieux de l'abbaye Saint-Germain, et l'on fut en état de commencer la procession générale sur les dix heures du matin. A la tête de la procession marchaient les Jacobins du faubourg, au nombre d'environ cinquante. Après eux, en plus grand nombre, étaient les Petits-Augustins. Ensuite venaient cent ecclésiastiques en surplis, et enfin les religieux de l'abbaye. » (Félibien, *Histoire de la Ville de Paris*.) Le même annaliste ajoute : « Le nonce du pape porta le Saint-Sacrement ; la reine Anne d'Autriche, malgré la longueur du chemin et la chaleur de la saison, accompagna la procession et assista à la cérémonie jusqu'à huit heures du soir... La princesse de Condé, les duchesses d'Enghien et de Longueville et plusieurs dames de la cour accompagnèrent la reine dans toutes les dévotions de cette journée. »

Hélas ! les profanations accomplies vers la fin du dix-huitième siècle eurent encore plus de perversité et plus de durée. Lorsque la révolution eut aboli l'exercice du culte catholique, l'église de Saint-Sulpice fut le théâtre de plusieurs attentats sacrilèges qui rappelèrent les infamies accomplies par l'athéisme dans le sanctuaire de Notre-Dame. Elle fut ensuite transformée en un vaste atelier où l'on fabriquait du salpêtre. Chaque *décadi*, à dater de l'an v, les sectaires qu'on appelait théophilanthropes s'y réunissaient pour la célébration de leur culte dérisoire. Le 2 pluviôse an vi, on y célébra une fête nationale destinée à célébrer l'abominable régicide du 21 janvier; et le Directoire, présent à la cérémonie, vanta comme un acte glorieux ce qu'il osa appeler *la juste punition* du dernier tyran. Ce jour-là, à la place de l'autel du Dieu vivant et du livre des Évangiles, on apercevait un autel dédié à la patrie, et les assistants firent entendre un *hymne à la liberté*. Le président prit ensuite la parole et fit entendre des phrases impies et anarchiques. Deux ans après, l'église de Saint-Sulpice ayant été transformée en *temple de la Victoire*, on y offrit solennellement un banquet au général Bonaparte. Le nombre des convives était d'environ sept cent cinquante.

Lorsque Bonaparte, que ces manifestations mécontentaient, eut enfin terrassé l'anarchie et relevé les autels, l'église de Saint-Sulpice vit s'ouvrir pour elle une ère nouvelle. Autour de son ancien curé, M. de Pancemont, se réunissaient toutes les gloires et toutes les espérances du sanctuaire. Dans cette chaire, où avait paru Brydaine, l'abbé de Frayssinous continua le cours de ses admirables conférences, et l'élite de la société du premier empire se pressa pour recueillir les paroles de l'éloquent prédicateur. Bientôt la vaste étendue de l'édifice ne put suffire à contenir l'auditoire; le monde moral parut subjugué et entraîné, et le mouvement religieux dont nous sommes témoins partit de Saint-Sulpice pour s'étendre sur Paris et sur la France.

Terminons cette série de pèlerinages en nous prosternant, dans l'église de Saint-Sulpice, devant ce majestueux autel où le Saint des saints réside sous les apparences du pain eucharistique.

MÉDITATION

DEVANT LE TRÈS-SAINT SACREMENT.

Le père de famille dont parle l'Évangile avait préparé un grand festin et y avait appelé ses amis et ses proches; indifférents et ingrats, ces conviés n'avaient point voulu se rendre au banquet, prétextant des affaires privées, des intérêts, des plaisirs; et alors le père de famille, irrité de tant de refus, avait convoqué à sa table les boiteux, les pauvres, les infirmes, tous ceux que les riches écartent de ces fêtes. Et toutefois, en prodiguant cette merveilleuse hospitalité au peuple, ce même personnage avait reproché à l'un des convives de s'être rendu au banquet sans la robe nuptiale. Si nous rappelons ici les principaux traits de cette parabole, c'est qu'ils nous enseignent comment les chrétiens reçoivent l'invitation de Jésus, avec quelle charité incompréhensible Dieu les appelle au festin des élus, et avec quelles dispositions nous devons y paraître.

Que de fois, hélas! nous aussi, lorsque la voix de Jésus nous convie à la table sainte, n'avons-nous pas décliné sous de frivoles prétextes l'honneur qui nous est fait! Pour communier, il faudrait s'asservir à une vie régulière et montrer un peu de zèle. Le courage manque. Il faudrait renoncer à telle relation dangereuse, à telle habitude coupable, à tel plaisir, et on ajourne. Au début de la vie, on se dit que l'adolescence a ses priviléges, qu'il faut réserver l'austérité pour l'âge mûr, qu'on se réformera plus tard, et on délaisse Jésus dans le saint Sacrement de l'autel. Viennent les années, et alors, pour justifier sa froideur et son indifférence, on met en avant les soucis de la vie, les procès, les travaux de sa profession, les embarras de famille. Plus tard, la vieillesse trouve en nous des cœurs usés, des volontés fatiguées, et l'on ajourne à la mort. Vient la dernière heure, et qu'elle est terrible pour celui qui rejette ses regards en arrière et ne voit dans le passé que grâces méconnues, que joies stériles, que vanités et remords! C'est l'histoire de l'immense majorité, nous ne disons pas des hommes, mais des chrétiens, et c'est pour cette cause que, sur tant d'appelés, le nombre des élus est si rare. Descendons en nous-mêmes. Ne sommes-nous pas de ceux qui montrent tant d'ingratitude et de lâcheté, ou, pour mieux dire, tant de folie? Qu'un grand du monde nous appelle à sa table, et sur-le-champ nous laissons tout pour nous rendre à son invitation, pour répondre à un honneur dont notre orgueil se trouve flatté. Qu'un roi de la terre fasse ouvrir les portes de son palais, non pour nous admettre à sa table, mais pour nous permettre d'assister en curieux à son repas et de contempler ses traits; nous nous empressons d'accourir, et il faut faire garder par des sentinelles les avenues de la demeure du monarque, afin d'empêcher l'encombrement de la foule et de tenir à l'écart les multitudes. Eh bien, c'est Jésus, le roi du ciel, le Tout-Puissant, le Verbe incarné qui nous appelle à lui et se donne à nous, et nous ne répondons que par le dédain et par l'oubli. Que ne nous dira-t-il pas au jour suprême en nous montrant son corps adorable qu'auront méprisé tant d'indignes chrétiens, son sang infiniment précieux, qui est la source de la vie et dont nous n'aurons point approché nos lèvres? Voulons-nous que jusqu'au bout Jésus fasse tout pour nous sans que nous consentions à faire un pas vers lui? que le bon pasteur continue de se lasser à nous poursuivre, à travers les ronces et les épines, pour nous ramener au bercail, sans qu'un seul instant nous nous arrêtions pour répondre à son appel? Et nous arrêterons-nous alors si nous, les conviés du père de famille, nous sommes repoussés de cette table sainte où viendront s'asseoir à notre place les mendiants et les infirmes?

Que sommes-nous, au surplus, sinon des indigents, des boiteux et des aveugles, que le père de famille, dans sa miraculeuse bonté, consent encore à appeler à son banquet? Si nous avons été du nombre de ceux qui ont négligé de répondre à l'invitation bienveillante de ce Père trois fois saint, soyons du moins de ceux que ses serviteurs ont forcé de prendre place au banquet céleste.

Invités par le père de famille, amenés au banquet par les serviteurs, à quelque titre que nous paraissions parmi les convives, ne soyons jamais assez téméraires pour nous présenter sans être revêtus de la robe nuptiale, et craignons d'être rejetés dans les ténèbres extérieures où sont renvoyés les profanateurs. *Que l'homme s'éprouve lui-même*, dit l'Apôtre; souvenons-nous que les effets de l'Eucharistie sont divers, selon les dispositions de ceux qui y prennent part. *Mors est malis, vita bonis*, nous dit l'Église. Si l'adorable Sacrement confère la vie aux justes et aux pécheurs vraiment contrits, vraiment repentants et qui ont eu recours au sacrement de pénitence, il donne la mort à ceux qui, à l'exemple de Judas, osent y participer indignement, et sans avoir cessé d'être les ennemis de Dieu. Que notre confiance soit donc grande et persévérante, mais que le respect et la crainte, nous avertissent que s'approcher de la table sainte avec une âme souillée par le péché mortel, c'est venir y manger et y boire sa propre condamnation.

Et quand nous nous serons réconciliés avec Dieu par les mérites de l'Agneau; et quand le prêtre, qui au tribunal de la pénitence tient la place de Jésus-Christ, nous aura déliés de nos péchés et les aura effacés par l'application des mérites infinis de la passion et de la mort du Sauveur, alors encore, gardons-nous de nous asseoir au banquet sacré avec une insolente présomption; jetons, au contraire, un regard sur notre bassesse et sur notre néant, et efforçons-nous de plaire à Dieu à force de repentir et d'humilité. C'est la disposition que le Seigneur Jésus veut voir dans nos âmes. Elle nous sera facile, si nous avons un peu de foi, si nous comprenons bien notre indignité, si nous essayons d'envisager les magnificences de Dieu, si nous méditons un moment sur ses perfections infinies. Que sommes-nous pour nous asseoir à la table où le Saint des saints se donne aux hommes pour nourriture? Les anges et les esprits célestes, aux yeux de Dieu, ne sont point exempts de taches, et leur sainteté aussi bien que leur pureté, dont la contemplation nous ravira dans le ciel, apparaissent au Seigneur, qui est saint et pur par excellence, avec des imperfections dont nous ne pouvons nous rendre compte. Et nous, sur cette terre, enchaînés à un corps mille et mille fois souillé par le péché, nous oserions nous faire quelque illusion sur notre bassesse et sur notre néant! Et nous offririons notre corps et notre âme pour demeure à celui que les cieux ne peuvent comprendre et que les chérubins ne sont pas dignes de contempler! A l'indignité de notre nature vient se joindre l'indignité, mille fois plus grande, qui résulte du péché, et nous osons néanmoins être les tabernacles du Dieu vivant! Eh bien, oui, osons, puisque Jésus lui-même nous l'ordonne et nous convie, puisqu'il y aurait ingratitude et démence à ne point répondre à son appel! Osons aller à la table sainte, osons nous nourrir de cette chair sacrée, de ce pain vivant, qui fait l'admiration des anges, de cet Agneau dominateur qui règne sur le ciel et sur la terre; mais au moins descendons en nous-mêmes, et que la vue de nos infirmités nous avertisse de n'approcher de Jésus qu'avec le sentiment profond de notre néant.

Allons à Jésus avec amour. Oh! sans doute il nous est impossible de l'aimer comme il mérite de l'être : un Dieu infini peut seul comprendre l'infini, et si nous portons un regard sur ses perfections adorables, nous sommes inondés d'une lumière si vive que nous ne pouvons, hommes faibles et bornés, en saisir les rayons, en contempler la gloire. Mais nous savons que Jésus est infiniment digne d'être aimé : que cette pensée nous suffise. Nous ne pouvons l'aimer ainsi, puisqu'un tel amour surpasse les puissances de notre nature, mais nous pouvons au moins l'aimer plus que tout, le préférer à tout, ne rien aimer qu'en lui, par lui et pour lui. Il ne nous demande pas autre chose; il connaît nos imperfections et notre faiblesse. Il daigne y compatir ; il se contente d'être aimé de nous autant que nos cœurs peuvent aimer.

Allons à lui avec confiance. C'est la disposition principale qu'il réclame de nous. Et comment pourrions-nous ne point espérer en lui, ne pas attendre de sa toute-puissance les secours dont nous avons besoin? Nous connaissons nos misères et il les connaît mieux que nous. Nous désirons être guéris et il veut avec une volonté mille fois plus ardente que la nôtre soulager nos peines et mettre fin à nos maladies. Que pouvons-nous souhaiter de plus? quel autre motif de confiance et d'espoir serait plus capable de nous attirer à la table sainte? sa puissance s'est-elle affaiblie depuis les jours de bénédiction où, parcourant la Judée, Jésus-Christ guérissait les malades par son ombre seule et disait aux pécheurs : « Ayez confiance, vos péchés sont remis? » N'a-t-il pas ressuscité Lazare et effacé toutes les souillures de la pécheresse? n'est-ce pas à lui que le centenier a dit : « Je ne suis pas digne que vous entriez en ma maison, mais dites une seule parole et mon serviteur sera guéri? » Admirable et touchante parole que nous répétons trois fois avant la communion, au moment même où Jésus, ne se contentant pas d'une seule parole, se dispose à nous servir de nourriture. Quand cette femme qui, depuis dix ans, était affligée d'une perte de sang, eut touché la frange du vêtement de Jésus, elle se trouva subitement guérie, et sa foi fut récompensée : agenouillés devant l'autel, quand nous recevons Jésus, réellement présent sous les espèces eucharistiques, nous sommes mille fois plus heureux et plus honorés que ne le fut la pauvre malade dont nous parlons : pourquoi douterions-nous d'être guéris comme elle le fut? Oh! sans doute c'est que nous n'avons pas en nous le sentiment de confiance qui la conduisit dans la foule, à la suite de Jésus, et lui fit dire : « Si je parviens seulement à toucher la frange de sa robe, ma guérison est certaine! » Ne nous en prenons donc qu'à nous-mêmes, si après tant de commuuions nous sommes aussi faibles, aussi infirmes, aussi malades qu'auparavant, plus malades peut-être : il est évident que nous nous sommes approchés de Jésus sans désir, sans foi, sans charité, sans espérance, ou que nous n'avons eu que dans une très-petite mesure ces dispositions qu'il veut trouver en nous, qu'il veut récompenser, en échange desquelles il tient la guérison toute prête. Mais gardons-nous de nous laisser aller au découragement. Un moment suffit à Jésus pour nous rendre la vie de l'âme, pour nous régénérer dans la grâce. Espérons fortement en lui, avec la ferme volonté de faire ce qui dépendra de nous pour concourir à l'action de sa miséricorde, et il nous dira, comme au paralytique : « Lève-toi, et marche! » N'est-ce pas lui qui, sur l'arbre de la croix, entouré de ses bourreaux, livré aux moqueries et aux outrages, en proie aux ignominies et aux douleurs du supplice des esclaves, ouvrit d'un seul mot au larron pénitent les portes du ciel et racheta le genre humain tout entier de la servitude du démon? Il est venu *apporter le feu sur la terre*, et que désire-t-il *que de le voir allumé?* (Luc, 12.) Présentons-lui nos cœurs dans la communion, et supplions-le de vouloir bien y établir sa demeure. Considérons-nous comme indignes par nous-mêmes de tout secours, de toute grâce, mais hâtons-nous de le conjurer, par ses promesses infaillibles et pour la gloire de son nom, de nous venir en aide et de nous sauver, et nous vivrons de la vie divine par la volonté de l'Agneau de Dieu qui efface les péchés du monde!

MÉDITATION

DANS LA CHAPELLE DE NOTRE-DAME DE SAINT-SULPICE.

Notre-Seigneur Jésus-Christ parlant à ses disciples leur dit : « Je suis la porte : si quelqu'un « entre par moi, il sera sauvé. » Nous ne pouvons, il est vrai, conquérir le ciel que par les mérites de Notre-Seigneur Jésus-Christ ; toutefois Marie, comme médiatrice, et comme médiatrice toujours exaucée, est aussi la porte du ciel ; c'est par elle qu'on va à celui qui est *la vérité, la voie et la vie;* c'est donc à juste titre que l'Église l'appelle à son tour *Porte du ciel*. Le prophète Ézéchiel nous dit : « Il y avait deux portes dans le temple (*cap*. 41). »

Disons aussi qu'il y a deux portes dans le ciel : l'une qui est Jésus-Christ, l'autre qui est Marie : la première (*primaria*), le Fils de Dieu, le Verbe incarné, celui qui a vaincu la mort et dont le sang a racheté les nations ; l'autre, la seconde (*secundaria*), la Mère de Dieu qui sollicite notre conversion, qui obtient de Jésus notre pardon et qui nous ramène ainsi dans la voie du salut. Elle est la mère de tous les hommes, elle est la reine du genre humain et elle intercède pour tous, et il n'en est aucun que sa pitié et sa charité ne reçoivent. Le dévot saint Éphrem l'appelle « l'Espérance des chrétiens auprès de Dieu, » et saint Épiphane dit qu'elle est la seule confiance que nous ayons pour nous adresser à lui. Saint Anselme, s'adressant à Marie, s'écrie avec un transport de piété : « Dieu vous a tellement exaltée, ô Vierge bénie, qu'il a voulu que toutes choses vous fussent possibles avec lui : il ne faut que vouloir et rien ne s'opposera à votre volonté ; vous ne rencontrerez rien d'impossible. » C'est d'elle, c'est à elle qu'il a été dit par l'ange qu'elle *avait trouvé grâce devant Dieu* : par ses prières et par sa toute-puissante intercession, nous trouverons à notre tour grâce et miséricorde.

A l'issue de la vie humaine, deux portes s'offrent à nous, mais il ne nous est plus permis de choisir. L'une est celle que le péché ouvre et qui fait entrer l'homme dans la damnation ; l'autre est celle du ciel, celle par laquelle le juste ou le pécheur qui a reconquis l'état de grâce par la pénitence, prend possession de la félicité éternelle et s'unit à Dieu dans la gloire. Oh! pendant qu'il en est temps encore, dirigeons-nous vers la porte du ciel.

Frappons à cette porte qui, en s'ouvrant devant nous, permettra à nos pieds de franchir le seuil de la demeure inénarrable où réside Dieu lui-même, dans les splendeurs infinies. Si cette porte reste fermée, si elle tarde à s'ouvrir, si notre exil se prolonge dans le péché et dans l'oubli de Dieu, c'est que, bien souvent, nous ne recourons pas à Marie, c'est que nous ne lui demandons pas de nous venir en aide, de nous prendre par la main, de nous conduire à Dieu, de solliciter pour nous sa clémence. Ayons confiance en sa puissante intercession; ses prières nous obtiendront ce que Dieu refuse à la tiédeur et à l'imperfection des nôtres; nous triompherons par Marie et par elle nous irons à Dieu, car elle est vraiment la porte du ciel.

Il n'est point de grâces pour lesquelles l'Église ne recoure à Marie comme à celle par qui le Seigneur les communique à ses enfants. Allons à Dieu par Jésus, et allons à Jésus, Dieu et homme, par Marie, sa Mère. Après le nom de Jésus, *nom au-dessus de tout nom*, il n'en est point de plus vénérable et de plus auguste que celui de Marie. A l'invocation de ce nom, le pécheur se sent rempli d'espérance, le juste sent croître sa charité, l'homme qui combat voit venir à lui la victoire, le pauvre et l'affligé ressentent les doux effets de la consolation. « C'est par elle, dit saint Anselme, que les exilés sont appelés dans leur éternelle patrie. » Dans le saint concile d'Éphèse, saint Cyrille, patriarche d'Alexandrie, fit entendre ces paroles que l'Église a conservées : « Honneur à vous, ô très-douce Vierge ! par votre moyen, la très-sainte Trinité est maintenant glorifiée en ce monde... l'homme rentre en sa première splendeur et en son ancienne dignité. » N'oublions jamais que Marie est la porte du salut, la porte du ciel, et attachons-nous à son service pour être admis dans l'assemblée des saints et des anges.

O Marie, par laquelle la paix du ciel est descendue sur nous, par laquelle (puisque vous êtes Mère de Jésus) les hommes ont recouvré les titres de serviteurs, d'amis et d'enfants de Dieu ; Vierge immaculée et Mère sans tache, vous que l'Église appelle la « Porte du ciel, » ayez compassion de notre faiblesse et de notre impuissance. Voyez nos besoins, prenez pitié de nous et agissez. Aidés de votre secours nous vaincrons l'enfer ; guidés par vos pas, nous suivrons la route qui conduit à Dieu ; soutenus par vos mains maternelles, nous triompherons des obstacles et nous aurons le bonheur de recouvrer, en ce monde, la paix avec Jésus, et dans l'autre, la félicité des saints. Priez pour nous, *maintenant et à l'heure de notre mort.*

FIN.

TABLE DES MATIÈRES

Préface...		v
1ᵉʳ pèlerinage. Notre-Dame de Paris.................		1
2ᵉ — — —		25
3ᵉ — — —		43
4ᵉ — Saint-Séverin........................		55
5ᵉ — —		67
6ᵉ — Saint-Nicolas du Chardonnet...........		79
7ᵉ — N.-D. de l'Abbaye-aux-Bois............		99
8ᵉ — N.-D. des Victoires...................		115
9ᵉ — Saint-Thomas de Villeneuve (N.-D. de B. délivrance).......................		133
10ᵉ — Saint-Laurent. (N.-D. des Malades)......		143
11ᵉ — Saint-Étienne du Mont. Sainte-Geneviève.		153
12ᵉ — Saint-Germain des Prés................		171
13ᵉ — — —		195
14ᵉ — Notre-Dame des Miracles (*Saint-Maur*)...		209
15ᵉ — L'Adoration réparatrice................		219
16ᵉ — N.-D. de Boulogne....................		237
17ᵉ — N.-D. de Lorette......................		247
18ᵉ — Les Maristes..........................		265
19ᵉ — Saint-Germain-l'Auxerrois.............		277

TABLE DES MATIÈRES.

20e	—	N.-D. des Vertus (*Aubervillers*)...........	301
21e	—	N.-D. du Patronage (à Drancy).........	311
22e	—	N.-D. des Blancs-Manteaux.............	321
23e	—	*Le Jésus*.............................	333
24e	—	*Saint-Denis du Saint-Sacrement*.........	343
25e	—	L'Assomption.......................	359
26e	—	L'Oratoire	375
27e	—	N.-D. de Bonne-Nouvelle.............	385
28e	—	Les Carmes et la chapelle des Martyrs...	395
29e	—	N.-D. des Champs....................	409
30e	—	N.-D. de Bon-Secours................	423
31e	—	Saint-Sulpice.......................	437

FIN DE LA TABLE DES MATIÈRES.

CORBEIL. — Typ. et ster de CRÉTÉ.

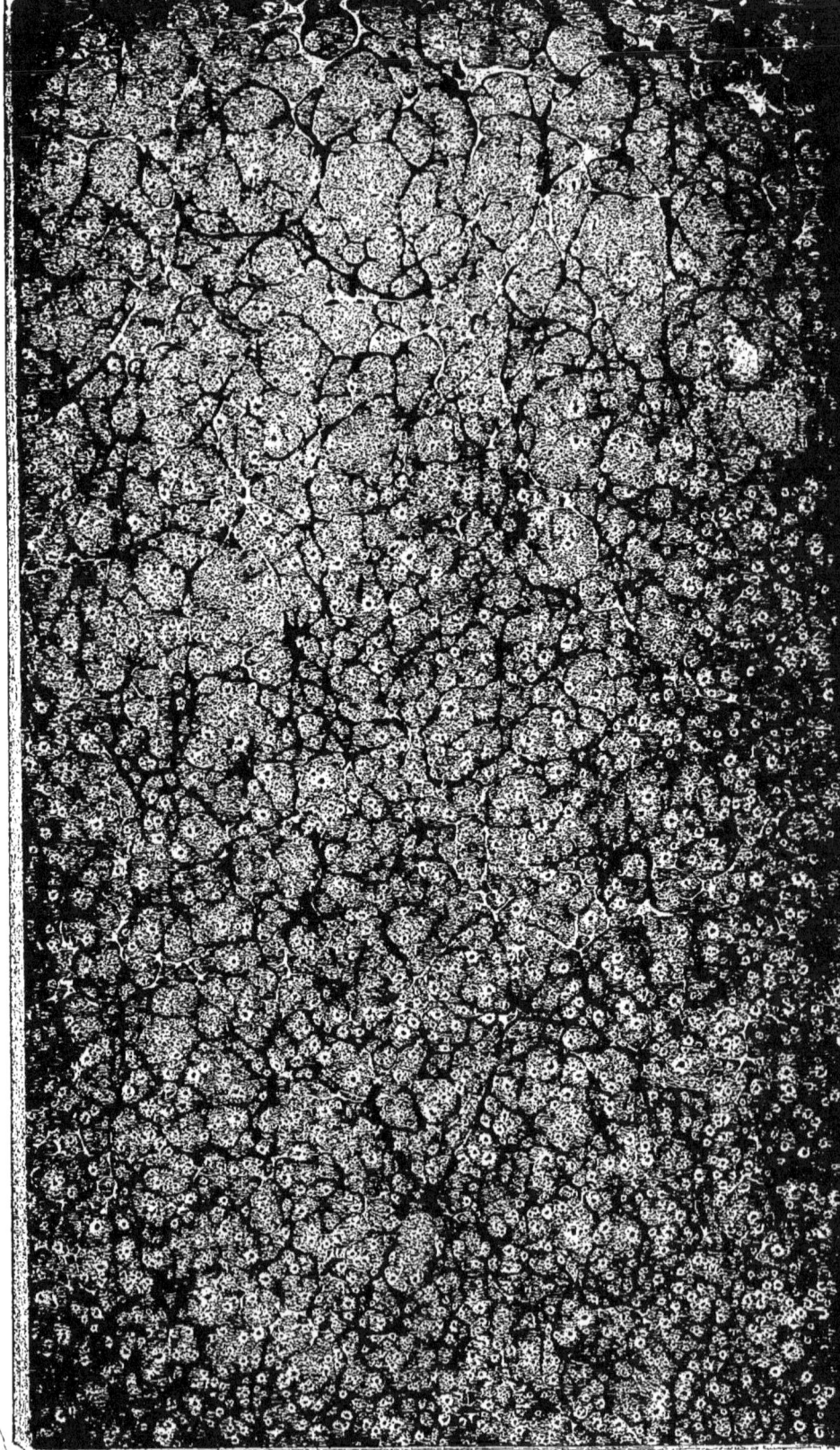

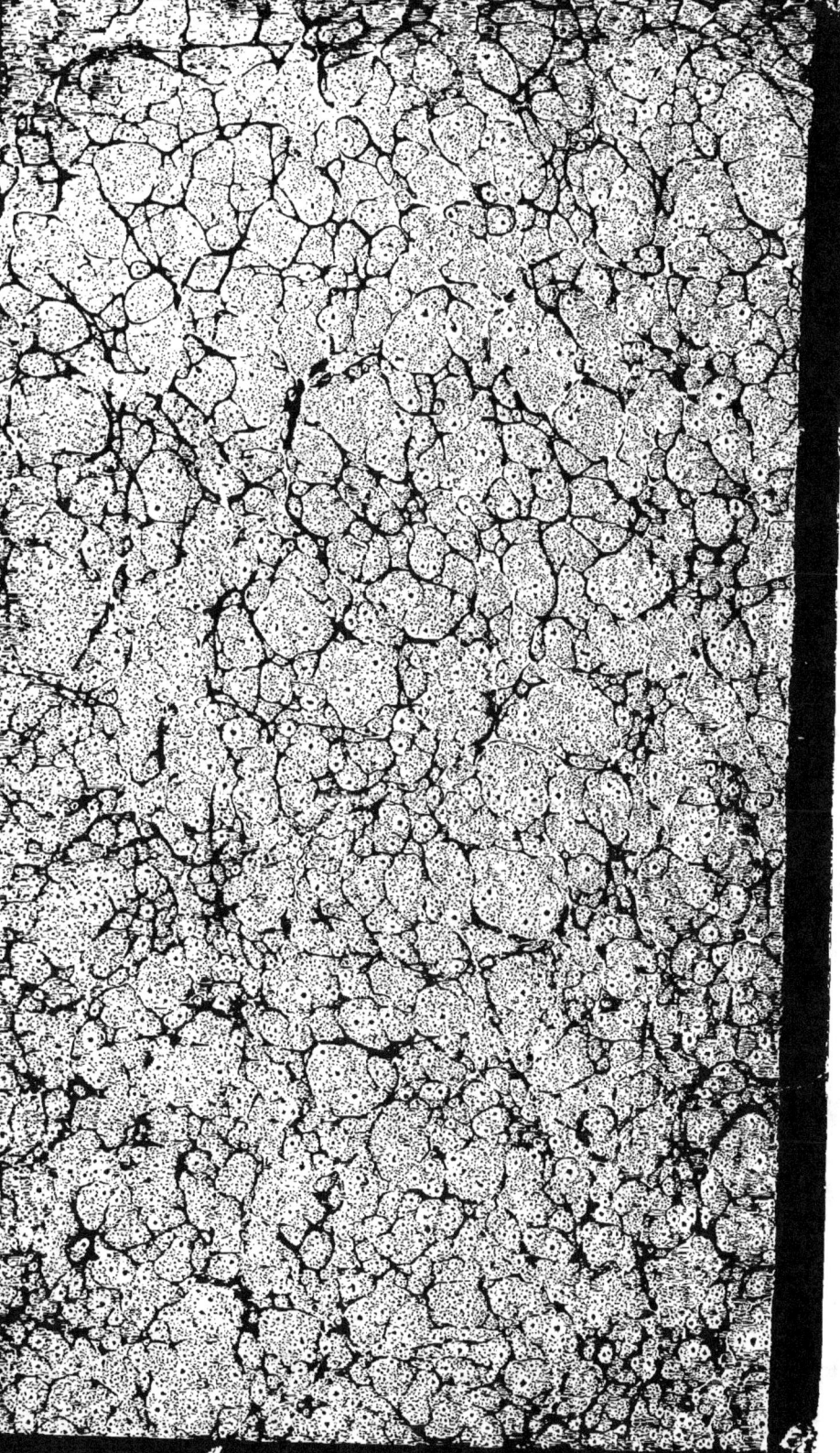

www.ingramcontent.com/pod-product-compliance
Lightning Source LLC
Chambersburg PA
CBHW072126220426
43664CB00013B/2143